中华人民共和国海船船员适任评估教材
交通运输类“十四五”创新教材
符合《海船船员适任评估规范（2024版）》评估要求

U0956695

航海实操评估II
——航次计划、气象传真图分析

中国海事服务中心 组织编写

大连海事大学出版社
DALIAN MARITIME UNIVERSITY PRESS

图书在版编目(CIP)数据

航海实操评估. Ⅱ, 航次计划、气象传真图分析 / 中国海事服务中心组织编写. — 大连 : 大连海事大学出版社, 2025. 6. —(中华人民共和国海船船员适任评估教材). — ISBN 978-7-5632-4723-3

Ⅰ. U675;U692.1

中国国家版本馆 CIP 数据核字第 2025C18A68 号

大连海事大学出版社出版

地址:大连市黄浦路523号　邮编:116026　电话:0411-84729665(营销部)　84729480(总编室)

http://press.dlmu.edu.cn　E-mail:dmupress@ dlmu.edu.cn

大连天骄彩色印刷有限公司印装　　大连海事大学出版社发行

2025 年 6 月第 1 版　　2025 年 6 月第 1 次印刷

幅面尺寸:184 mm×260 mm　　印张:15.25　　字数:380 千

出版人:余锡荣

策　　划:李明阳　　组　　稿:沈荣欣

责任编辑:王　晶　　责任校对:张　慧

封面设计:张爱妮　　版式设计:张爱妮

ISBN 978-7-5632-4723-3　　审图号:GS(2025)3870 号　　定价:55.00 元

中华人民共和国海船船员适任评估教材

编审委员会

主　　任：单红军

委　　员：（按姓氏笔画排序）

于忠武　王　勇　万　健　吴中平　吴丽华　施祝斌

唐强荣　温华兵　曾庆成

审定委员会

主　　任：单红军

委　　员：（按姓氏笔画排序）

马洪涛　王平义　王明春　王　琪　吕　明　刘金华

刘锦辉　闫松银　李忆星　李　丽　李明月　杨甲奇

肖亚明　何江华　张庆宇　张守波　陈东水　陈常晖

周明顺　黄江昆　景向伟

编写委员会

主　　任：曾庆成

执行主任：王　勇　余锡荣　张玉波

副 主 任：（按姓氏笔画排序）

王方金　王希行　方　诚　邓　华　邓志华　叶晓飞

代勇刚　曲　涛　朱永祥　朱耀辉　刘月鹏　刘世伟

前　言

作为全球贸易主动脉的海洋运输，承载着90%以上的国际货物流动，在世界经济格局中发挥着举足轻重的作用。海船船员是全球航运体系的核心，其专业素养与适任能力直接决定着全球海上物流链的安全畅通与运营效能。在智能船舶技术日新月异、新能源装备迭代升级、自动化系统深度应用的当代航运变革中，国际公约和国内海事管理法规亦呈现动态演进态势，这些深刻变化对海船船员的知识架构、技术应用与应急处置能力提出了前所未有的高标准。

为精准对标高素质船员培养标准，打造与世界一流海运强国相匹配的船员队伍，交通运输部海事局颁布了《海船船员适任评估规范（2024版）》，并于2025年4月1日正式实施。此规范旨在通过科学、系统的评估体系，确保船员具备与岗位相匹配的专业技能与素质。鉴于这一重要背景，中国海事服务中心积极响应行业需求，凝聚行业专家智慧，组织编写了这套《中华人民共和国海船船员适任评估教材》。该系列教材严格遵循评估规范要求，结构严谨，重点突出，实用性强，既为船员备考提供精准指导，又着力于培训过程中对船员实操技能与复杂场景处置能力的强化，切实提升船员的岗位胜任能力。

本套评估教材分为航海、轮机、电子电气三大专业，共16册。

航海专业包括：《航海实操评估Ⅰ——船舶操纵、避碰与驾驶台资源管理》《航海实操评估Ⅱ——航次计划、气象传真图分析》《航海实操评估Ⅲ——货物积载与系固》《航海实操评估Ⅳ——航线设计、电子海图显示与信息系统》《航海实操评估Ⅴ——航海仪器的使用、雷达操作与应用》《航海实操评估Ⅵ——GMDSS设备操作》《航海实操评估Ⅶ——水手工艺、水手值班》；

轮机专业包括：《轮机实操评估Ⅰ——轮机模拟器、动力装置测试分析与操作》《轮机实操评估Ⅱ——机舱资源管理》《轮机实操评估Ⅲ——动力设备拆装》《轮机实操评估Ⅳ——电气与自动控制》《轮机实操评估Ⅴ——动力设备操作》《轮机实操评估Ⅵ——船舶电工工艺和电气设备》《轮机实操评估Ⅶ——金工工艺》；

电子电气专业包括：《电子电气员实操评估Ⅰ——船舶电站操作与维护、船舶电子电气管理与工艺》《电子电气员实操评估Ⅱ——通信与导航设备维护、计算机与自动化》。

本套评估教材的出版具有多重意义。一是有利于行业发展，通过系统提升船员实操能力，为航运业转型升级注入强劲动能，推动我国航运业向绿色航运、智慧航运发展；二是有益于船员职业发展，引导船员精准掌握实训要点，提高培训效率和学习效果；三是有助于评估考试管理，为海船船员适任评估工作提供更加符合行业需求的标准和内容，推动海船船员适任评估工作从实施流程、评估方式到评判标准的全国统一。

中国海事服务中心邀请全国航海院校知名专家，航运企业资深船长、轮机长，以及海事局船员考试领域业务骨干共同参与本套评估教材的编写和审定工作。编审团队深度融合国际公约、国内法规最新要求与航海新技术发展趋势，注重理论联系实际，突出“用、学、考”一体化思维，通过贴合实际的案例、深入浅出的讲解，阐明评估要义，突出评估要点，使整套教材既具专业深度又易学易用。我们衷心期望这套凝聚航海智慧的评估教材能够成为广大船员职业成长的加速器，为我国高素质船员队伍建设发挥积极作用。同时，也热忱欢迎行业同仁和广大船员对本套教材提出宝贵意见和建议，以便我们不断完善，使其更好地服务于我国的航海事业。

中国海事服务中心
2025 年 4 月

编者的话

STCW 公约马尼拉修正案生效后，交通运输部对《中华人民共和国海船船员适任考试和发证规则》进行了修订，并配套编制了《中华人民共和国海船船员适任评估规范(2012 版)》。随着海事公约的修订，以及船舶设备的更新和新技术的应用，该规范部分内容与实际已不相适应，亟须修订。于是，《中华人民共和国海船船员适任评估规范(2024 版)》应运而生。与《中华人民共和国海船船员适任评估规范(2012 版)》相比，其在评估项目、内容、时长、任务、场景、要素、评判标准及方式等方面都进行了调整和优化。为配合《中华人民共和国海船船员适任评估规范(2024 版)》的实施，满足海船船员适任评估和培训的需要，我们编写了这本《航海实操评估Ⅱ——航次计划、气象传真图分析》。

本书主要围绕航次计划和气象传真图分析这两个船长适任评估科目的内容进行编写，涵盖了《中华人民共和国海船船员适任评估规范(2024 版)》要求的全部评估任务和要素。全书共分两篇，第一篇为航次计划，第二篇为气象传真图分析。第一篇分为五章，按照每一章对应一个评估任务、每一节对应一个评估要素的方式，对航次计划科目所涉及的各个评估要素的相关内容进行了详细介绍；第二篇分为三章，其内容涵盖该气象传真图分析评估科目的 4 个评估任务，共 9 个评估要素的全部内容。

本书主要面向参加海船船员适任评估的考生，也可作为航海院校航海技术专业学生的实操训练参考资料，以及航运企业对船员进行相关技能培训的教材。通过使用本书，读者能够更好地理解和掌握航次计划和气象传真图分析相关的实操技能，以满足《中华人民共和国海船船员适任评估规范(2024 版)》的要求。

本书由大连海事大学吴卫兵、王辉，中国海事服务中心王希行，江苏海事职业技术学院杨永前，江苏航运职业技术学院夏剑东，天津海运职业学院张海奉主编。参加编写的人员还有张戈、张云鹏、王华伟、白春江、李元奎、吴国生、凌天琦、曹国娇、王忠骏等。全书由吴卫兵统稿。中国海事服务中心刘长青、广东海事局欧阳江萍、山东海事局阚伟担任本书主审。

希望本书能为广大读者在海船船员适任评估及相关航海实践中提供有力的帮助，也期待大家对本书提出宝贵意见和建议，以便我们不断完善。

目　录

第一篇　航次计划

第二篇 气象传真图分析

第一篇

航次计划

绪 论

船舶营运生产是以航次为周期的。航次开始前要制订计划、安排生产;航次结束后必须统计数据资料,总结汇报(如航次报告等)。航次开始时间是上一航次的结束时间;航次结束时间是最后一票货离船或最后一位旅客离船时间。船舶的航次是连续计算的,航次的编号和起止时间必须在航海日志中详细记载。在航次结束前,船公司或租家一般将以航次命令(Voyage Order)的形式提前下达下一航次的运输任务。

航次计划(Voyage Plan)有时也称航行计划(Sailing Plan),是指船舶在接受航次命令后,拟定的从一个港口航行到另一港口的过程中,有关航行安全保证的具体措施与对策。船舶应在接到航次命令后,结合实际,充分考虑本船的技术状态、货物和旅客情况、物料和燃油、淡水数量,以及航区的水文气象资料等因素,综合利用航海技术知识,拟订好本航次的航次计划。船舶航次计划的制订将直接影响到船舶和海上人命的安全以及海洋环境的保护。为此,国际海事组织(IMO)在1999年11月25日通过了A.893(21)号决议——航次计划指南。《海船船员考试大纲(2022版)》要求对船长和三副发证时,其要通过海事局认可的航次计划和航线设计的评估考核。

1.航次计划的内容

航次计划(Voyage Plan)至少应包括从泊位到泊位的全部航程(包括引航员的登船位置)、预计航行的总时间、预计航线上的气象情况和海况、各转向点的经纬度、各段航线的航程和预计到达各转向点的时间、复杂航段的航法以及对航线附近的危险物的避险手段、特殊航区的注意事项等,具体如下:

(1)航海图书资料的准备与改正

应根据最新版的《海图及其他水道图书总目录》查取有关航海图书资料,主要有:

①航用海图,包括总图(大洋图)、航行图(含无线电定位位置线图)及港湾图等。

②参考图,包括航路设计图、大圆海图、空白定位图、洋流图及气候图等。

③航海出版物,包括《世界大洋航路》《航路指南》《灯标和雾号表》《进港指南》《无线电信号表》《里程表》《潮汐表》等。

按照《航海通告》和航海警告提供的改正资料,将以上全部图书资料认真改正到使用之日。

(2)人员、淡水、燃油等的配备,装卸货计划的完成,各种助航仪器的准备和检修

船长对本船船员的适航状况要特别关心,对确定出航人员的素质和水平要做到心中有数。淡水、燃油的储备量应根据航线的长短提前添加。装卸货完成的情况直接影响到开航时间,应

根据航次命令适时调整装卸货计划。

助航仪器的完备状态是执行航次计划的必要保证条件之一,要根据平时的工作记录进行必要的检修,必要时还应对磁罗经测定自差,编制新的自差表。

(3)研究有关航海图书资料,了解航区的详细情况

①查阅有关港口的《航路指南》、《进港指南》、港口介绍、港图、港章等,了解本航次所经港口的详细资料。

②查阅有关气候图、洋流图、航路设计图、气象预报、《潮汐表》和潮流图表等,了解航区航行季节的水文气象条件、可能遇到的灾害性天气及可以利用的风、流条件等。

③查阅《灯标和雾号表》、《无线电信号表》与海图等,了解航区助航设备的条件、制度和必要的图表等。

④查阅海图、航路指南和地方性规则等,了解近岸航区的危险区域、禁航区、渔区、船舶交汇点、分道通航制、推荐航线、海上交通安全法规、内河避碰规则等。

(4)确定航线

根据所查阅的海区信息和本船或他船的具体航行经验,结合本船的船型、吃水、性能、定位条件、船员素质和航线的气象条件等因素,在保证安全和经济的前提下,反复推敲,确定并预画航线,尤其要注意气象预报的风向、风速、波(浪)向、波(浪)高、水流、能见度、大雨和暴风等强对流天气对预画航线的影响。对于超过 1 500 n mile 的长航线,应确定是否采用大圆航线、气象定线等。在某些航区的短航段,出于避风等考虑,还要决定是否采用气象定线或避风、避逆流等措施。

(5)开航时间、航行时间及通过重要航段或物标时机的确定

根据航次命令和出发港口的潮汐情况,确定准确的开航时间。综合各种因素,根据航线的概略航程和计划航速,预算各段航线的航行时间、通过重要航区或转向点的时间,航行中应进行协调世界时和区时的换算,执行区时制,应事先在无线电信号表等资料中查明所属国政府规定的标准时、法定时或夏令时等。

当进出潮流较强的港口时应考虑不同潮时对应的潮流流向和流速,如锚泊船进港航道航行和靠泊或码头在港口纵深地段时,应考虑避开不利于航行安全的潮流时间,并留有充分的余地。

挂靠中途港时,应将旅客上下,货物装卸,燃料、淡水和食物的补充等时间估算进去。

航行于特别困难的狭水道,应避免夜间通过,必须通过时,要特别加强值班,必要时,应对因减速或候潮所耽误的航行时间有思想准备。

对于暗礁、浅滩、孤立障碍物或渔船密集的海面,应充分考虑留出足够的安全距离,尽可能设计绕航航线,这样增加航程不多,而且明显有利于安全。

如前所述,通过障碍物多的海面,应事前计划好多种避险措施。在热带气旋盛行的季节,还应做好避风航线准备。通过重要的转向点,应尽可能具有获得准确船位的条件。

总之,选择通过重要航段或物标的时机应考虑到距离危险物的远近、能否利用航标和陆标定位、来往船只的多少、潮流是否复杂、水深是否足够和能见度的好坏等。

(6)航行中重要水域或狭水道的航法研究

航行中的航法研究是航次计划的重要环节,应根据《世界大洋航路》《航路指南》《航海员手册》等资料和航用海图,确定重要水域或狭水道的具体航行方法(如导航与避险方法)。

(7)航行在某海区可能遭遇的海况及恶劣天气

根据航路设计图、气候图、洋流图、气象预报和传真图等了解航行途中将遭遇到的海况和恶劣天气,制定航行措施(如改变计划航线和选择避风锚地等),做到心中有数,以求万无一失。

(8)抵达港口概况、通信、引航及航道特征等

抵达港口的信息对船舶安全顺利进港至关重要,应根据《进港指南》、无线电信号表和海图等了解港口有关信息,做到悉心准备,采取各种应对措施。

2.拟订航次计划的步骤

(1)研究资料

在接到航次命令后,船长应督促二副仔细研究各种有关的航海图书资料,了解气象情况,选定航线。在总图上粗略画出航线和量出大致的航程。

二副应收集所有必要的资料,以便于对航次计划进行全面的估计。在收集信息之后,可能又会收到更新的信息,例如,《航海通告》和气象报告等。应及时将这些信息补充到计划中去。另外,应对覆盖预定航线水域的海图按《航海通告》中的永久性或临时(预告)性通告内容进行改正。对航次计划进行初步拟订,需要下列资料信息:

①潮流(流速和流向)、潮汐(潮时、潮高);

②航次各阶段的船舶吃水;

③《航路指南》中的推荐和建议;

④航行标志(预定在雷达上或视觉可见到的目标);

⑤分道通航制和其他通航制度;

⑥无线电导航仪器的覆盖范围;

⑦影响航行水域的《航海通告》;

⑧影响航行水域的气候和气象信息;

⑨船舶的操纵性能等。

当所有信息收集好后,船长应对航次计划的情况做出全面估计,并与驾驶员进行商讨,以利于船舶的安全航行。

(2)估算时间

根据概略的航程和航速,估算所需航行时间,初步确定进出港及通过重要航区和物标的时间。

(3)预画航线

在上述工作的基础上,全面权衡,最后确定航线,并在航用海图上准确画出全程航线,求出准确航程和航行时间。

(4)考虑航行时间、航速与燃料装载量的关系

确定燃料装载量应考虑以下几个因素:

①航程、船速以及影响船速的水文气象条件等;

②本船的航海性能,如吃水差和船壳附生物的阻力等;

③主机之外的其他燃料及轮机长的意见;

④过去使用燃料的记录;

⑤航行途中有否燃料补给港口等。

无论在哪个航区航行，燃料总储备量的富余量不得少于船舶2天的耗油量。

(5)做好相关记录备查

航次计划须经船长审核批准后正式确认，但在航行中并不是一成不变的，还可根据当时的实际情况加以修改和补充。为了使航次计划能连续地监控船舶整个航次的营运，该计划应在形成后和实施中有确切的文字记录，最好配备正规的记录簿，执行过程中由驾驶员签字确认，以此作为港口PSC检查的证据之一。

3.拟订航次计划的注意事项

在拟订航次计划时，船长应根据航次任务及时通知各部门有关负责人做好各项开航准备工作；对预定的航次，船长和驾驶员应在研究有关资料后做好航行计划；大副、轮机长应在与船长协商后，预先确定并落实本航次所需各种燃润物料、淡水、伙食以及备品的数量；船长应检查各种船舶证书和船员证件是否齐全、有无逾期，检查运输单证及港口文件是否齐全，保证船舶适航、船员适任。

开航前，船长应充分并恰当地运用预定航线上所必需的、有效的以及最新改正的航海图书资料和其他航海出版物，保证拟订好从出发港到下一停靠港的预定航线，核实了航行计划后，将计划航线清楚地标绘在有关海图上，并且在航行期间供值班驾驶员随时使用，驾驶员在使用之前应认真核实每一个准备采取的航向。拟订航次计划的过程，就是船舶出航前的航海准备过程，必须认真、周密和仔细对待。应将航次计划细节记录在驾驶台记录簿中以便于参考。其他有关的重要资料，如高(低)潮时间及日出(没)时间等也应记入记录簿。拟订航次计划时，力求措施适当、时间准确、切实可行。在执行中根据实际情况及时修改航次计划。开航前拟订的航次计划，在执行过程中会与实际情况有所出入，但是不能因为会变化，就忽视拟订航次计划的重要性。

如果在航行中决定改变停靠港或者因其他原因船舶需要大幅度地偏离计划航线，船长应及早计划好修正航线，并在海图上重新标示。

在执行过程中，值班驾驶员对船位或航行方式有任何怀疑，应立即通知船长，并在必要的情况下，采取对船舶安全有力的措施。

开航之前和进入限制水域或危险水域之前，应对航海仪器的状态进行检查，这种检查也应在整个航次中定期进行。

对于长航线，可以在有了航次计划的总轮廓之后，先把计划的前一段做具体些，然后，在航行过程中逐步充实计划的下一段内容。

对于新航线，特别是在新驾驶员缺乏经验时，船长更应督促他们认真对待航次计划。除分管航线工作的驾驶员外，还应要求其他驾驶员仔细研究航次计划，以利于在航行过程中工作的连续性和彼此互相协同配合。

定线的班轮，拟订航次计划当然要简单得多。但是亦应根据航行的季节和时间，做好应对非常情况的具体准备工作。

具有组合导航设备的船舶，拟订航行计划工作中的许多计算，均可通过系统的辅助功能完成。

《中华人民共和国海船船员适任评估规范》(2024版)中将航次计划科目的评估分为5个评估任务，共有16个评估要素。第一篇按照每一章对应一个评估任务，每一节对应一个评估要素的方式对航次计划科目所涉及的各个要素对应的相关内容进行介绍。

第一章

获取计划航线的航海安全信息

本章的评估任务为获取计划航线的航海安全信息，共包含6个评估要素，分别为航海图书资料的配备要求、抽选航用海图及其他图书资料、审核海图和图书资料的适用性和完整性(关键要素)、获取及选用推荐航线、获取航路安全信息、获取航行规定与港口业务信息。

第一节　航海图书资料的配备要求

无论是在制订航行计划和航线设计时，还是在航行过程中，都应仔细地阅读和分析航海图书资料，以便制订适合于本船的航行计划、设计安全而经济的航线，以确保船舶的安全航行。

对于有关航海图书资料的配备，国际海事组织在《国际海上人命安全公约》中提出了相应的要求，2006年国际海事组织海上安全委员会(MSC)利用通函的方式进一步明确了船舶应配置的航海图书资料。诸多航海国家对船舶配备航海图书资料提出了相应的规定。

一、我国海事主管机关对航海图书资料的配备要求

对于我国沿海和近岸航区的中国籍海船，根据船舶计划航线所经过的航区，开航前必须按照交通部航海安全标准专业委员会制定的《海船航海图书资料配备要求》JT/T 95—94(Requirements for the Carriage of Nautical Chart and Publications on Sea-going Ships)，备妥基本的航海图书资料。

船上一般应配备的航海图书资料有：

1.海图

(1)航用海图：应备有航行海区的各种不同比例尺的海图，如总图、沿岸图和港泊图，用以进行绘画航线、航迹推算和定位等海图作业以及进出港等；并应备有航线附近可能要挂靠的港口图及进入该港所需的海图。

(2)专业用图：如双曲线导航图、中国海区专业图以及中版海图图式等。

2.书表

主要应备有：

(1)《中国航路指南》；

(2)《航海图书目录》；

(3)《航标表》；

(4)《潮汐表》；

(5)《中国海区无线电信号表》；

(6)《港口指南》；

(7)《航海通告》；

(8)《航海图书通告改正登记表》；

(9)《中国沿海船舶定线制及 VTS 指南》；

(10)其他，如航海计算用表、《航海天文历》及天文计算用表、船上仪器的说明书以及有关港口的相关规定等。

中国海事主管机关对船舶应配备的航海图书资料的具体要求如下：

远洋船舶应配备：海图(包括总图、大洋图、航行图、沿岸航行图、洋流图、航路设计图、港图)、《航标表》、《灯标和雾号表》、《潮汐表》、航海表、天体高度方位表、里程表、中国沿海港口信号表、《无线电信号表》、《航海天文历》及附表、太阳方位表、《航海通告》、《航海通告年度摘要》、《航海图书目录》、《进港指南》、中国沿海港口资料、《世界大洋航路》、《航海员手册》、《航路指南》、《1972 年国际海上避碰规则》、《国际信号规则》、《国际无线电规则》、SOLAS 1974 公约及修正案、MARPOL 73/78 公约及修正案、《商船搜救手册》、船舶操纵性能图、《国际海运危险货物规则》、《标准航海用语》。

沿海航区船舶应配备：海图(包括航行图、沿岸航行图、港图)、《航标表》、《潮汐表》、航海表、天体高度方位表、《里程表》、中国沿海港口信号表、《航海天文历》及附表、太阳方位表、《航海通告》、《航海图书目录》、中国沿海港口资料、《航路指南》、《1972 年国际海上避碰规则》、《商船搜救手册》、训练手册、船舶操纵性能表和《标准航海用语》。

二、国际海事组织及世界各主要航海国家对航海图书资料的配备要求

1.国际海事组织对航海图书资料的配备要求

《国际海上人命安全公约》(SOLAS)指出：所有船舶必须配备足够的且改正至最新的海图、《航路指南》、《灯标和雾号表》、《航海通告》、《潮汐表》以及为航次所需的所有其他航海出版物。具体规定可参阅《航海通告年度摘要》的第 18 号。

船上一般应配备的航海图书资料有：

(1)海图

①航用海图：应备有航行海区的各种不同比例尺的海图，如总图、大洋图、航海图、沿岸图和港泊图，用以进行绘画航线、航迹推算和定位等海图作业以及进出港等；并应备有航线附近可能要挂靠的港口图及进入该港所需的海图。

②参考用图：空白定位图、航路设计图、大圆海图、等磁差曲线图、救生艇用图以及海图图

式(5011)等。

(2)书表

主要应备有:

①《世界大洋航路》(Ocean Passages for the World);

②《航路指南》(Sailing Directions);

③《航海图书目录》(Catalogue of Admiralty Charts and Other Publications);

④《灯标和雾号表》(Admiralty List of Lights and Fog Signals);

⑤《无线电信号表》(Admiralty List of Radio Signals);

⑥《潮汐表》(Tide Tables);

⑦《进港指南》(Guide to Port Entry);

⑧《航海员手册》(The Mariner's Handbook);

⑨《航海通告》(Notices to Mariners);

⑩《里程表》(Distance Table);

⑪其他,如航海计算用表、《航海天文历》及天文计算用表、国际信号码语、船上仪器的说明书以及有关港口的相关规定等。

2.世界主要航海国家对图书资料的配备要求

有些国家如美国和加拿大,要求进入该国的船舶另外配备该国的专用书表,具体规定可参阅《航海通告年度摘要》的第 21 号和 22 号通告及《航海员手册》(NP100)。

(1)加拿大对远洋船舶应配备航海图书资料的要求

①海图:所有船舶都应配有适合所航行海域的最新版海图,海图应是国家政府出版的,所参考的航海图书目录内应记载最大比例尺海图,或者比例尺等于其出版比例尺 75%的海图,但是比例尺等于其出版比例尺 75%的海图给出的资料在详细程度、精确程度、可理解程度和改正必须和最大比例尺海图一样。

②文件与出版物:所有船舶应配备所航行区域的航海图书总目录:加拿大水道部出版的《航路指南》《潮流与潮汐表》,运输部出版的《年度航海通告》、《灯标和雾号表》、《无线电导航设备》、航海程序与实践法规、加拿大水域的冰区航行 IMO 的救生信号、商船搜救手册、国际信号规则和标准航海用语。以上出版物可以用其他国家出版的等同出版物替代,但是提供的安全航行信息的详细程度、精确程度、可理解程度和改正需和以上出版物一样。此外,加拿大在年度通告第 13 号通告中给出了海图的临时清单,给出了加拿大每个海区可选用的加拿大海图,还有美国版、英国版、俄罗斯版海图清单供参考。

(2)英国水道测量局对远洋船舶应配备航海图书资料的要求

英国商船运输规则对船舶配备航海图书资料做了规定,在英国注册的船舶和在英国水域的船舶应根据 SLOAS 公约第Ⅴ章第 19 条的规定配备海图和图书资料。新配备的海图比例尺要足够大,能够提供船舶安全航行所需要的信息,并根据《航海通告》和航行警告改正到最新,图书应用是新版并有最新补篇和改正。还应配备:IMO 国际信号规则;英国水道测量局出版的《航海员手册》,英国海事与海岸警备局出版的商船运输通告、海运指南注解和海运信息注释;英国水道测量局出版的《航海通告》《航海通告年度摘要》《无线电信号表》《灯标表》《航路指南》《航海表》《潮汐表》《潮流图集》《航海天文历》和助航仪器的保养说明。

(3)美国对远洋船舶应配备航海图书资料的要求

美国 CFR 第 33 卷"航行与可航水域"第 164 条"航行安全规则"对图书资料配备做了如下要求：

①每一船舶应配备：

• 美国海军工程公司国家海洋服务部或河道当局出版的海图，比例尺须足够大，且提供安全航行所需的足够详细资料，并改正到最新；

• 所航行水域的最近改正过的《美国海岸航路指南》和《海岸警备队灯标表》，或其摘录；

• 所航行水域的美国海军工程公司国家海洋服务部出版的《潮汐表》和《潮流表》或其摘录，或美国海军工程公司国家海洋服务部或者河道当局出版的河流出版物或其摘录。

②上述海图和图书可用外国政府出版的海图和图书代替，代替的海图比例尺须足够大，并提供安全航行所需的足够详细的资料，且改正到最新。代替图书必须单一或联合地提供与美国政府出版物相同的信息以保证航行安全，出版物要改正到最新，《潮汐表》《潮流表》是现行版。

第二节　抽选航用海图及其他图书资料

航线设计的准备阶段需要抽选本航次相关的诸多海图及图书资料，本节主要介绍利用中英版《航海图书目录》抽选航用海图及图书资料的方法以及重要图书资料的作用及用途。

一、利用中版《航海图书目录》抽选航用海图和相关航海图书资料

1.利用中版《航海图书目录》抽选航用海图和相关航海图书资料

(1)中版《航海图书目录》概述

中版《航海图书目录》为中国人民解放军海军海道测量局出版的不定期出版物。其中汇集了中国人民解放军海军海道测量局出版的中国沿海海区总图、航行图、港湾图、渔业图、形势图等专用图，航海图表及其他出版物等，供国内外使用者查阅航海出版物的编号、名称、比例尺、出版时间等内容。该目录的改正根据中国人民解放军海军海道测量局发布的周版《航海通告》进行。

(2)中版《航海图书目录》内容

中版《航海图书目录》主要有五大部分内容。

第一部分为航海图，包括：

①中国海区分区索引：给出中国人民解放军海军海道测量局出版的 1-1 区～1-8 区的分区范围、区域名称和所在分区海图所在页码。

②中国海区及附近(≤1∶50 万)：中国沿海及其附近比例尺≤1∶50 万所有海图图号、图幅、图名、出版时间等。

③中国海区(1∶25 万)：中国沿海及其附近比例尺为 1∶25 万的所有海图图号、图幅、图名、出版时间等。

④1-1 区～1-8 区海图：根据海图图号所在分区，用于查询中国沿海 1-1 区～1-8 区对应

海域的大比例海图。

第二部分为专用图，包括渔业图和其他专用图。

第三部分为航海书表，包括航海书表和其他出版物。

第四部分为其他，提供中国航海图书出版社航海图书专销站信息。

第五部分为航海图书号索引，包括航海图图号索引、专用图图号索引及航海书表、其他出版物书号索引。

附表为“航海通告改正登记表”，用以记录利用《航海通告》对每部分的改正情况。

此外，在正文前列有对《航海图书目录》的说明和目录。

(3) 中版《航海图书目录》相关说明

①图号后缀“ * ”表示该图是诸分图或主附图。

②在中国海区及附近图中紫色框线为比例尺≤1 : 100 万图范围线，黑色框线为比例尺>1 : 100 万图范围线；在其他图中紫色框线为比例尺≤1 : 10 万图范围线，黑色框线为比例尺>1 : 10 万图范围线。

(4) 中版《航海图书目录》的使用

①根据“中国海区及附近(≤1 : 50 万)”“中国海区(1 : 25 万)”按需要抽选中国沿海及其附近总图。

②抽选航用海图：首先根据中国海区分区索引查取航线经过的各分区编号，然后在 1-1 区~1-8 区各分区中便可查得本航线所需要的海图图号，同时在其对页表中，可以找到这些海图的详细说明。

③抽选航海书表：在第三部分“航海书表”中按航行海区找出本航线所需的《航路指南》、《中国港口指南》和《航标表》等。

④查取中版航海图书供应站地点：在第四部分“其他”，根据航海图书专销站信息，便可查知获取中版航海图书资料的地点。

2. 利用英版《海图及其他水道图书总目录》抽选航用海图和相关航海图书资料

(1) 英版《海图及其他水道图书总目录》概况

英版《海图及其他水道图书总目录》包括由英国水道测量局出版的全部海图及其他航海图书，书号为 NP131，每年都会进行修订再版。新版本发行后，上年度旧版本即作废。

本年度该目录的改正，应根据其付印之日以后的周版《航海通告》(Admiralty Notices to Mariners) 中相关改正通告进行，有时《海图及其他水道图书总目录》中亦附有补遗和勘误表，这是为了改正付印中的遗漏或错误。

(2) 英版《海图及其他水道图书总目录》主要内容

每年版本虽稍有改动，但主要包含八方面内容：

①总论：

这部分主要包括：

- 英版海图分区索引图的界限图(Limits of Admiralty Chart Indexes)：以字母和数字标出世界各海图索引分区，便于索查。
- 英国水道测量局授权的海图代销点和分销商一览表(Admiralty Authorised Distributors)。
- 英版水道测量局技术服务提供商(Admiralty Technical Solution Providers)。

②数字服务(Digital Services)：

这部分介绍了英国水道测量局矢量海图、光栅海图、电子海图服务以及英版数字图书资料。

③航用海图(Charts):

这部分内容主要供抽选航用海图之用,亦是该目录的主体部分,主要包括:

• 索引图 A 是世界大洋总图的索引图;索引图 A1 是世界 1∶350 万或同等比例尺的海图索引图;索引图 A2 则是东北大西洋、欧洲水域和地中海小比例尺海图索引图。

• 各分区海图索引图均刊印在 B~W 页的右页,左页为该分区内所有海图的细节说明,包括:图号、图名、比例尺、出版年月、新版年月等。凡图号前注有“ * ”号者,表示该图中另包含一平面图(Plan);注有“I”号者,表示该图为国际海图(International Chart);注有“⊙”号者,表示该图另有光栅扫描海图(ARCS)可供使用。

• 英版海图图夹(Admiralty Chart Folios)印在“X”页:给出了英版海图图夹的范围。

④航行计划图(Planning Charts)及参考图与空白定位用图(Reference and Plotting Charts):

航行计划图(Planning Charts)4A 主要包括下列海图:

• 大圆海图(Gnomonic Charts);
• 空白定位图(Ocean Plotting Sheets);
• 航线制订计划用图(World Planning Chart);
• 航路设计图(Routeing Charts);
• 航路设计指南图(Mariners' Routeing Guides);
• 海上保安用图(Maritime Security Charts);
• 进港指南图(Port Approach Guides)。

参考图与空白定位用图(Reference and Plotting Charts)4B 包括下列海图:

大圆海图(Gnomonic Charts),磁差曲线图(Magnetic Variation Charts),教学用图(Introduction Charts),印有罗经花、经纬度图尺和中央纬度的空白定位图(Ocean Plotting Sheets),领海基线图(Territorial Sea Baseline Charts)等。

⑤英版航海图书(Publications):

这部分包括下列参考图书(Reference Publications):

• 《航路指南》(Admiralty Sailing Directions);
• 《灯标和雾号表》(Admiralty List of Lights and Fog Signals);
• 潮汐用图书(Admiralty Tidal Publications);
• 《无线电信号表》(Admiralty List of Radio Signals);
• 英版航海年历局出版的天文类图书(Admiralty Astronomical Publications)。

⑥海事安全信息:

这部分包括:

• 英版《航海通告》(Admiralty Notices to Mariners);
• 英国水道测量局小艇业务(Admiralty Leisure & H-note);
• 假冒产品识别(Identifying Counterfeit)。

⑦广告(Advertisers):

这部分包括广告商索引与广告。

⑧海图及图书编号索引(Numerical Index)。

(3)英版《航海图书总目录》主要用途

①抽选航用海图

• 利用索引图 A 查取所需总图,利用索引图 A1 查取 1∶350 万的海图,如需要,利用索引图 A2 查取东北大西洋、欧洲水域和地中海小比例尺海图。

• 利用航行计划图(Planning Charts)抽取本航线所需航线制订计划用图(World Planning Chart)、航路设计图(Routeing Charts)、空白定位图(Ocean Plotting Sheets)、大圆海图(Gnomonic Charts)等其他海图。

• 查英版海图分区索引图的界限图,可知本航线将航经的分区索引图字母页。

• 分别翻到本航线所需分区索引图字母页,查取所需航用海图的图号。

例 1-1:抽选拟于 2022 年 10 月 23 日由大连航行至鹿特丹(Rotterdam)的航用海图。

• 利用索引图 A、A1、A2、查取总图和小比例尺海图的区号和图号为 A:4052、4073、4072、4014;A1:4509、4508、4706、4703、4704、4302、4301、4103、4102、4140;A2:87、1104、2675、2182a;

• 利用航行计划图(Planning Charts)查取本航线所需的航线制订计划用图,包括航线制订计划用图:4016;航路设计图:5146(11)、5147(11)、5149(11)、5150(10);大圆海图:5099。

• 利用英版海图分区索引图的界限图,查得本航线海图应查阅索引图 K1、K、J3、I2、I1、I、H1、H2、F、E2、E1、E、B、B2。

• 按航线顺序分别查阅上述各分区索引图字母页,得分区索引图号和航用海图图号为:K1:3695、3697、1255、1254、3480;K:1199、1759、1754、1761、1760、1968;J3:3489、94、3488、3482, I2:2869、1371、2403、3831、4042、4041、4040、4039、3947;I1:3946、3940、3945、1353、3921、3920、3919、2777、2917、827;I:813、709;H1:2738,(A1:4703 总图做参考,航行通过阿拉伯海,并抽选空白定位图)、2970、100、6;H2:3661、452、453、1925、143、157、158、159、2375、2374、333、2373、2133、3214、233;F:240、241、2578、2574、3400、183、3401、176;E2:2124、2123、2122;E1:2121、252、1910、1909、774、773;E: 3578、142、91、89、3636、3635、3634、3633、1111、1104、20 ;B:2643、2647、2648、2656、2669; B2:2613、2451、1892、323、1872、110、122、207、208。

• 为提高大洋航行定位精度,应抽选空白定位图,从目录中"Reference and Plotting Charts"部分查出空白定位图位于 146 页,翻至该页查得该例所需空白定位图为:5340 或 D6323、D6324。

注意:

• 在抽选航用海图之前应初步拟定航线,并绘画到总图上,作为抽选航用海图的依据;

• 航用海图抽选原则是尽量抽选较大比例尺海图,同时视具体情况,抽选必需的航行参考图。

②抽选本航次所需航海图书

根据航次命令,利用该书的英版航海图书部分查选本航次所需有关航海图书。例如《航路指南》《灯标和雾号表》《潮汐表》等。

例 1-2:某船拟于 2022 年 7 月 28 日由新加坡(Singapore)航行至安特卫普(Antwerp),试抽选该航线的《航路指南》《灯标和雾号表》《潮汐表》《无线电信号表》。

• 从图书部分查得《航路指南》所在页码,从《航路指南》部分的索引图中查得该航线需要的《航路指南》为:NP44、NP38、NP3、NP64、NP49、NP45、NP67、NP22、NP27、NP28;

• 从图书部分查得《灯标和雾号表》所在页码,从《灯标和雾号表》部分中的索引图"英版灯标表的分卷界限图(Limits of Volumes of Admiralty List of Lights)”中查得该航线所需《灯标和雾号表》的卷别为F、E、D、N、A、B;

• 从图书部分查得《潮汐表》所在页码,按照各卷覆盖范围结合本航次航经水域可查得所需的《潮汐表》为:NP201、NP202、NP203、NP205、NP208;

• 从图书部分查得《无线电信号表》所在页码,按照各卷覆盖范围结合本航次航经水域可查得所需的《无线电信号表》为:NP281(1)、NP281(2)、NP282(1)、NP282(2)、NP283(1)、NP283(2)、NP284、NP285、NP281(1)、NP281(2)、NP286(1)、NP286(3)、NP286(4)、NP286(8)。

③查阅海图代销点和获取《航海通告》的地点,从而配、添置航海图书资料和获取《航海通告》

在目录的第一部分“总论和其他”中,利用“英国水道测量局授权的海图代销点与分销商的地点分布图”“英国水道测量局授权的海图代销点和分销商一览表”便可查到本航次沿途可购海图和图书的代理店地址。利用“英版航海通告”页,可查得获取《航海通告》的途径和方法。此外,当新船需配置航海图书资料时,可首先在目录中查得需要的航海资料清单,然后选择适当的代销点购置资料。

二、主要图书资料的作用及获取途径

1.主要图书资料的作用

(1)《航路设计图》

英版《航路设计图》(Routeing Charts)共分北大西洋、南大西洋、印度洋、北太平洋、南太平洋、马六甲海峡至马绍尔群岛、墨西哥湾和加勒比海、地中海和黑海、阿拉伯海和红海、孟加拉湾、中国南海和中国东海12个海区,每月各1张,计144张图。其图号分别为5124(1)~(12)、5125(1)~(12)、5126(1)~(12)、5127(1)~(12)、5128(1)~(12)、5141(1)~(12)、5142(1)~(12)、5146(1)~(12)、5147(1)~(12)、5148(1)~(12)、5149(1)~(12)、5150(1)~(12)。它是拟定大洋航线的主要参考图,可与《世界大洋航路》配合使用,以便拟定安全经济的大洋航线。

该图是以墨卡托投影方法制成,可以作为大洋总图使用。

《航路设计图》主要提供了推荐航线、航程、风力、风向、洋流、冰区界限、国际载重线区域界限和气象附图等资料,以此作为拟定该图所表示月份的航线的参考。

资料的主要来源是每月气象图、大洋洋流图,其他资料由气象局提供。

(2)《航路指南》

①英版《航路指南》

英版《航路指南》(Admiralty Sailing Directions)由英国水道测量局出版,包括世界各海区,共有70余卷,书号为NP1~NP72。各卷英版《航路指南》所包括的地区范围,可查阅英版《海图及其他水道图书总目录》中的《航路指南》索引图,也可查阅《世界大洋航路》或《航海员手册》中的索引图。

英版《航路指南》现在有两种版本,一种为十几年再版一次的老版,出版后每3年发行一补篇对原书进行改正,新补篇出版后原补篇作废;另一种称为连续修正版(Continuous Revision),不发行补篇。目前,老版基本已被取消。无论哪种出版方式,各卷出版后至新版或新补篇间的改正资料发布于英版周版《航海通告》(Admiralty Notices to Mariners)的第Ⅳ部分中;月末仍然有效的改正通告清单列在月末版《航海通告》中,每年1月1日仍有效的仅对《航路指南》进行改正的通告汇编在《英版航海通告年度摘要》(Annual Summary of Admiralty Notices to Mariners)中;关于《航路指南》及其补篇的再版消息,均公布于《航海通告》中。

阅读英版《航路指南》时,应注意分析对待每卷的总论中有关沿岸国家的政治、历史、经济、地理等的说明。

各卷第一章是本卷所述地区的总体介绍,各卷均包括以下两部分:

● 国家、一般航海知识与规则(Countries, Navigation and Regulations)

内容有:本卷范围(Limits of the Book);国家信息(Country Information);航海危险(Navigational Dangers and Hazards);交通流及操作(Traffic and Operations);海图(Charts);助航标志(Aids to Navigation);引航制度(Pilotage);无线电设施(Radio Facilities);国际规则(Regulation—International);国内规则(Regulation—National);信号(Signals);遇险与搜救(Distress and Rescue)等。

● 自然条件(Natural Conditions)

内容有:海底的地形(Marine Topography);磁差和地磁异常(Magnetic Variation and Local anomalies);海流、潮流和涌流(Current);海浪和涌(Sea and Swell);海水特性(Sea Water Characteristics);冰况(Ice Condition);气候与天气(Climate and Weather);气候信息(Climate Information)等。

第二章以后各章,一般是分区顺岸分别叙述航海有关说明,个别卷的第二章为该卷所包括海区的总的航线介绍。每章开始有本章各节包括区域的索引图及相关海图,每章的标题指出本章所描述的地区,并在每页的眉头标明本页所述地区;在所述每个地名的首行还注明所述地区的航用海图图号,便于找出海图对照阅读。

各章航海说明的主要内容有:总论(General Information);航线(Route);水深(Depths);灯标(Lights);引航(Pilots);泊位(Berths);锚地(Anchorages);航法(Directions);立标(Beacon);浮标(Buoy);禁止抛锚区(Prohibited Anchorage);潮流(Tidal Streams);码头(Wharf);突码头(Pier);小码头(Jetty);航行规则(Traffic Regulations);海洋牧场(Marine Farms);危险(Hazards);油船泊位(Tanker Berth);登陆处(Landing Place);水上飞机场(Seaplane Station);交通信号(Traffic Signals);港口信号(Port Signals);供应(Supplies)等。

②中版《航路指南》

中版《航路指南》由中国人民解放军海军海道测量局出版,共有20余卷,内容涉及中国沿海、亚洲及太平洋水域。其中《中国航路指南》共分3卷,介绍中国沿海的情况,内容也在不断更新。本书仅介绍《中国航路指南》,其他各卷《航路指南》的使用方法基本相同。

《中国航路指南》出版周期3~5年,每2年出一次补篇,各卷所涉及的范围如下:

第一卷:书号A101,内容从鸭绿江口至长江口北角,包括渤海、黄海及沿海岛屿。

第二卷:书号A102,内容从长江口北角至闽粤交界处的诏安湾的我国东海海区,包括舟山群岛、台湾岛、钓鱼岛及赤尾屿等沿海群岛和岛屿。

第三卷:书号A103,内容从闽粤交界处的诏安湾至北仑河口的我国南海海区,包括海南岛、南海诸岛、黄岩岛和沿岸岛屿。

《中国航路指南》每卷内容的编排基本相同。第一章为总论,介绍本卷所包括海区的自然地貌、水文气象、航路、港湾锚地和航标等情况。第二章开始分区顺岸详细介绍有关航海资料,包括海区概况、水文气象、助航标志、碍航物、水道航法和港湾锚地等,其中包括一些宝贵的航行经验。在详细资料介绍前均首先给出所应参考的海图图号。正文中还附有大量的有关水深、底质、水文气象和航线等的插图和对景图。最后给出几个附录,介绍有关航行安全、船舶管理、海关关于船舶及货物的进出口管理、船舶污染海域管理和危险货物监督管理等的法规和条例。

(3)《进港指南》或《中国港口指南》

①《进港指南》

《进港指南》(Guide to Port Entry)由英国航运指南公司发行,每 2 年发行一版,新版发行,即宣布原版本作废。

目前该书每版由四册组成,其中两册为港口资料正文(Text),另两册为港图和系泊图(Plans)。一册正文配合一册港图和系泊图组成一套,由国名打头字母 A~K 为一套,L~Y 为另一套。该书是船舶进出港口的重要指导书。伴随该书还附送有免费但有使用期限的光盘,内容和原书一样,用光盘所附带的 Acrobat Reader 软件读取。

该书正文前有警告(Warning)、目录(Contents)、更新与修正(Updates and Amendments)、序言(Foreword)和更新光盘说明(Update CD)等。每册最后均有索引(Index),该索引四册相同,可以索引正文和港图与系泊图所在的页数,港图和系泊图的页码以打头字母 P 表示。由于该书每 2 年再版,在第二年用户可通过邮寄原书中所附登记卡(Registration Card)的方式,获取更新光盘。

该书以国名打头字母顺序编排,正文中各国名除印在有关页介绍该国港口内容之前外,还印在单数页的右上角,各国名后又以其主要港口名的字母先后顺序排列。

对各港资料主要提供下列内容:港口经纬度概值写在港名之后,港界(Port Limits)、进港应提交的文件单证(Documents)、引航制度(Pilotage)、锚地情况(Anchorages)、限制进港时间(Restrictions)、最大尺度(Max Size)、健康(Health)、无线电台(Radio)、高频无线电话(VHF)、雷达(Radar)、拖船(Tugs)、泊位(Berth)、起重机械(Cranes)、散货装卸设备(Bulk Cargo Facilities)、特殊货物起运设备(Specialised Cargo-handling Facilities)、桥梁(Bridges)、装卸工(Stevedores)、医疗(Medical)、油船(Tankers)、密度(盐度)[Density(Salinity)]、淡水(Freshwater)、燃料(Fuel)、消防措施(Fire Precautions)、领事(Consuls)、修理(Repairs)、干船坞(Dry Docks)、验船师(Surveyors)、舷梯/甲板看守人(Gangway/Deck Watchman)、开关舱(Hatches)、烟酒的海关允许量(Customs Allowance:Tobacco/Wine Spirits)、货物传送设备(Cargo Gear)、遣返回国(Repatriation)、航空港(Airport)、时制(Time)、节假日(Holiday)、警察/救护/火警(电话号码)(Police/Ambulance/Fire)、船岸电话(Telephones)、服务(Service)、登岸(Shore Leaves)、身份证(Identification Cards)、规章(Regulation)、装或卸燃料预计在泊位的延时(Delays)、发展(Developments)、船舶驾驶员报告(Ship's Officers Reports)、其他有关资料(General)、港口当局(Authority)、代理(Agent)。各港情况有异,因此上述内容各港不一定都有。

②《中国港口指南》

《中国港口指南》由中国人民解放军海军海道测量局不定期出版,主要记述中国沿海主要港口的情况,是船舶进出港航行、停泊、作业、办理手续、申请服务等需要参考的基本航海资料。

《中国港口指南》共分 3 册,出版周期 2~3 年。

各册情况如下：

第一册，书号 C103，介绍黄、渤海海区港口；

第二册，书号 C104，介绍东海海区港口（含长江下游主要港口）；

第三册，书号 C105，介绍南海海区港口（含珠江水系部分港口）。

《中国港口指南》每册内容均由 3 章组成。第一章为总述，主要介绍海区概况、灾害性天气、航标、引航、进出港口检查、港口信号、海难救助、避风锚地和航路里程等。第二章为港口，是该书的主体内容，具体介绍该册所包括港口情况，包括：概况、水文气象、航行条件、航行与泊位限制、进出港航法、引航、锚地与禁航区、通信联络、港口设备、港口服务及有关机构等，在本章开始处给出港口索引图，在每港口资料中给出港口与航道示意图，有助于资料的读取。第三章为规章，介绍海区有关航行规定和港口规章等。

（4）《世界大洋航路》

《世界大洋航路》（Ocean Passage for the World）是英国水道测量局出版的介绍世界主要大洋航线的书籍。该书现用版为 2021 年版（第二版），根据不同海区分为 NP136（1）及 NP136（2）两卷。其中，NP136（1）海区为大西洋，NP136（2）海区为印度洋和太平洋。本书出版后的重要改正内容在周版英版《航海通告》的第Ⅶ部分印出，而至年底仍有效的通告内容重印在英版《航海通告年度摘要》中。

使用该书时必须参阅周版英版《航海通告》第Ⅶ部分和《航海通告年度摘要》。

《世界大洋航路》可供拟定深海航线时参考。书中介绍了气象和其他影响航线拟定的因素、世界上主要航线的航线设计及航程的航时计算、大量的航线插图、航线列表数据及其他相关图表。

各卷第一章内容包括：

航线设计（Route Planning），对本册航线数据来源、航线选择方法、本书的使用方法进行介绍。

航线选择（Route Selection），介绍航线设计与选择工具方法、国际载重线规则、航路指南、航路设计图等。

自然条件（Natural Conditions），包括世界气候图解释说明、世界气候图、各海区波高图。

各卷第二章以后各章内容包括：

海区区域范围、港口及连接点（Coverage，Ports and Connectors），包括位置示意图、港口及连接点的坐标。

所在海区涌浪（Swell）、海流（Current）、冰况（Ice）、注意事项或警告等水文气象资料。

所在海区连接点航线，包括连接点航线示意图、连接点坐标及航线航程、转向点名称及坐标。

所在海区主要港口及连接点推荐航线及航线列表信息，包括港口至港口推荐航线（含地理坐标、航线总航程及航路指南编号等）、港口至连接点推荐航线（含地理坐标、航线总航程）以及典型转向点信息（含转向点编号、名称及地理坐标）。

另外书末有索引（Index），按字母顺序列出港口名称、区域名称及其他关键词组或标题的所在页码。

（5）《无线电信号表》

英版《无线电信号表》（Admiralty List of Radio Signals，ALRs）共分 6 卷，书号 NP281～

NP286，提供有关海上无线电通信各方面信息，内容从海事电台到全球海事安全信息服务。具体各卷主要内容及作用如下：

①第一卷（Volume 1）

该卷是关于海岸无线电台（国际通信）的资料，包括：全球海上公共通信站台，海上卫星服务的使用细节；船舶自动互救系统（AMVER）的船舶报告系统；海盗与武装抢劫报告程序；无线电医疗咨询、检疫报告、污染报告；外来人员走私举报；领海内使用无线电通信的规则和国际无线电通信规则的摘录；相关图表。

该卷按覆盖区域分为两册。第一册包括欧洲、非洲和亚洲（不包括远东地区）；第二册包括大洋洲、美洲和远东地区。

②第二卷（Volume 2）

该卷包括无线电助航标志（包括：无线电测向台、雷达航标和船舶自动识别航标）、船舶自动识别系统（AIS）、卫星导航系统（包括：GPS、DGPS、BEIDOU、GALILEO 和 GLONASS）、标准时、法定时、协调世界时、无线电时号和电子定位系统以及大量相关图表。

③第三卷（Volume 3）

该卷包括无线电天气服务、海上安全信息（MSI）播发、全球范围的航海电传（NAVTEX）和安全网（Safety Net）信息、水下及实弹射击警报及其大量相关图表。

该卷按覆盖区域分为 2 册。第一册包括欧洲、非洲和亚洲（不包括远东地区）；第二册包括大洋洲、美洲和远东地区。

④第四卷（Volume 4）

该卷包括气象观测站一览表及其相关图表。

⑤第五卷（Volume 5）

该卷包括全球海上遇险与安全系统（GMDSS）及相关规则与资料。

⑥第六卷（Volume 6）

该卷是关于引航服务、船舶交通管理（VTS）和港口业务的资料。

该卷按覆盖区域分为 8 册，第一册包括英国和除地中海、北极地区和波罗的海的欧洲各港；第二册包括欧洲的北极地区、波罗的海、冰岛和法罗群岛各港；第三册包括地中海、黑海和苏伊士运河各港；第四册包括印度次大陆、东南亚和大洋洲各港；第五册包括北美洲、加拿大和格陵兰各港；第六册包括东北亚和俄罗斯太平洋沿岸各港；第七册包括中、南美洲和加勒比海各港；第八册包括除地中海、苏伊士运河外的非洲、红海和波斯湾各港。

（6）《灯标和雾号表》和《航标表》

①英版《灯标和雾号表》（Admiralty List of Lights and Fog Signals）

英版《灯标和雾号表》（Admiralty List of Lights and Fog Signals，ALL）简称《灯标表》，按不同地理区域共分为 15 卷，书号为 NP74～NP88，代号为 A、B、C、D、E、F、G、H、J、K、L、M、N、P、Q。

《灯标表》详细记载了全世界各种灯塔、灯桩、灯浮（主要是灯芯高度大于和等于 8 m 者）的雾号资料，作为海图资料的补充。各卷《灯标表》包括的地区界限图均印在每卷《灯标表》的封底及英版《海图及其他水道图书总目录》中的《灯标表》索引图上。

《灯标表》中主表部分的内容共分 8 栏，以载明每个灯标细节和特征，这 8 栏是：

第一栏：灯标的编号，包含灯标的国际编号及国内编号，其中国际编号在国内编号的上边，国内编号字体更小。

第二栏:位置、名称(Location,Name)。位置以大写字印刷,凡射程等于或大于15 n mile的灯标名称用黑体字印刷;射程小于15 n mile者用正体字印刷;灯船名称用大写斜体字印刷,而所有其他灯浮名称则用小写斜体字印刷。

第三栏:纬度、经度(Lat.,Long.)。坐标系采用WGS84坐标系,坐标值均是概值。

第四栏:灯质(Characteristics)。

第五栏:灯芯高度(Elevation),以m为单位。

第六栏:射程(Range),以n mile为单位,如等于或大于15 n mile者,用黑体数字;小于15 n mile者用正体数字。表列射程为主管当局发布的数字,使用额定光力射程(Nominal Range)的国家在"特殊说明(Special Remark)"部分列出。

第七栏:结构的细节和以m为单位的塔(标)高(Structure Height in Metre)。提供有关灯标建筑物结构的说明,所列塔(标)高系指自地面起算的建筑物的高度。

第八栏:备注(Remarks)。注明灯光亮、灭(Phase)的时间分配,光弧(Sectors),可见光弧,较小灯标(烛光较小的自动无人看守灯标)(Minor Lights)。

射程、灯芯高度和塔(标)高的取整规则为五舍六入。

另外,《灯标表》还提供地理能见距离表(Geographical Range Table)与光力射程图(Luminous Range Diagram)(见图1-1)。

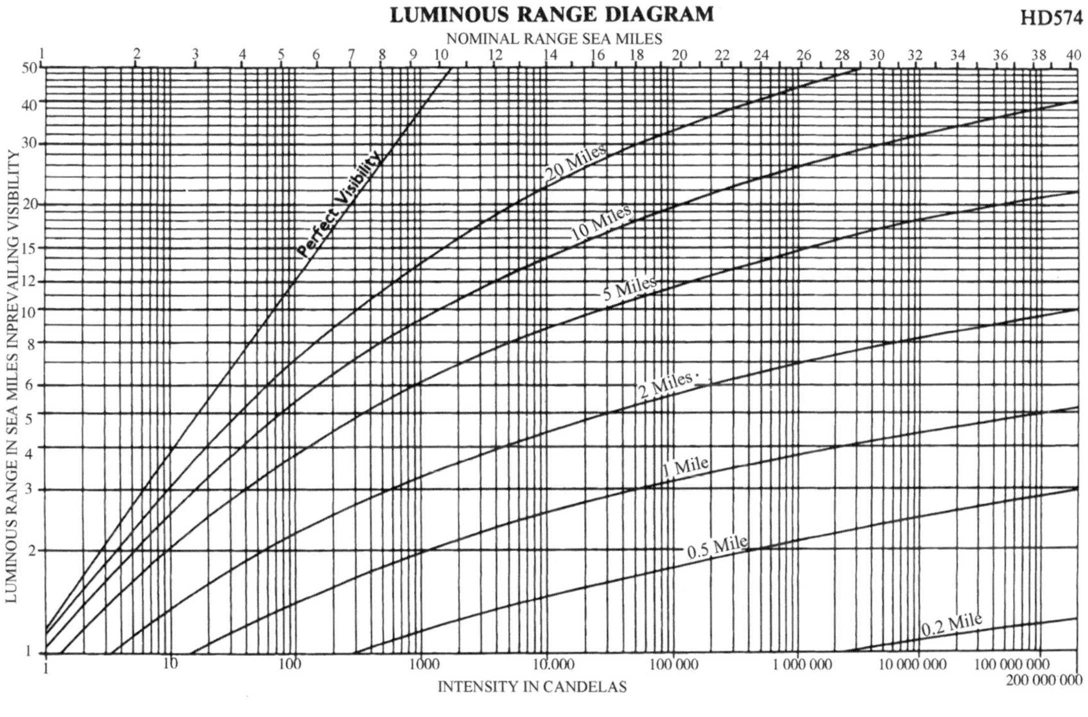

图1-1　光力射程图

地理能见距离表是根据地理能见距离公式编制的,利用眼高和物标的高度作引数可在表内查得物标的地理能见距离。光力射程图可以用来求得不同能见度条件下灯光的可见距离。它的上边横坐标为额定光力射程,下边横坐标是以坎德拉为单位的灯光强度,左边纵坐标是不同能见度时的光力射程,单位均为 n mile,图中画有各种能见度曲线。

②《航标表》

中国沿海《航标表》由中国人民解放军海道测量局出版,按海区分为三册:

• 第一册　黄渤海区,书号为 G101;

• 第二册　东海海区,书号为 G102;

• 第三册　南海海区,书号为 G103。

除此之外,中国航海图书出版社也出版了中国《航标表》。以下对中国人民解放军海道测量局出版的三册中国沿海《航标表》进行介绍。

每卷《航标表》由"航标表"及"罗经校正标、测速标表"组成,卷首部分列有:中、英文两种语言印刷的说明、改正记录表、目录、航标灯质图解、《中国海区水上助航标志》国家标准简图和本卷航标索引图。改正记录表由"航海通告"期号和日期两栏组成,当责任驾驶员根据某期"航海通告"对《航标表》进行改正后,将改正日期填入该"航海通告"期号后面的日期一栏的横线上。

《航标表》的主要内容如下:

第一部分:《航标表》以编号、名称、位置、灯质、灯高、射程、构造、附记八栏列出各航标之详细情况。其中:

• 编号:一般按地理位置由北向南、由东向西、由海进港的顺序,将军用、民用航标统一连续编排。航标与其编号固定对应。若在两个相邻航标编号之间插入新的航标,则用带小数的航标编号表示。

• 名称:均以新版海图为准。凡射程在 15 n mile 以上的灯标,其名称用黑体字排印。名称下注"有"字样,系表明该标有人看守;无注明的,为无人看守。无人看守的航标可靠性较差。

• 位置(经纬度):均为概位,只供航海人员参照海图时便于检查之用。

• 灯质:以光质、光色、周期(明+灭)列出,光质有定、闪、快闪、甚快闪、明暗、等明暗、莫尔斯、互光等共 13 种,详细说明请参阅"航标灯质图解"。

• 灯高:平均大潮高潮面至灯光中心的高度,以 m 表示。

• 射程:通常指在晴天黑夜条件下,按照观察者眼高在海面上 5 m 所能看到灯塔(桩)灯光最大的距离,以 n mile 表示。由于能见度影响,实际灯光射程可能会超过或达不到表上所列数字。

• 构造:指灯标建筑物结构、颜色,便于日间辨认,所列数字为以 m 为单位的灯塔(桩)自地面至塔(桩)顶的高度。

• 附记:记有航标种类、灯光光弧界限、雷达反射器、雾警设备、无线电信标及其他说明。

第二部分:罗经校正标、测速标表以名称、位置、构造、附记 4 项内容编表。罗经校正标、测速标以场为单位,用前面相应注有"L""C"的偶数编排,奇数用作新插入的罗经校正场、测速场的编号。每个罗经校正场、测速场首页均有布标示意图。

雷达应答器、船舶自动识别系统、无线电指向标、差分全球定位系统及差分北斗卫星导航系统等无线电航标的详细信息均刊载在《中国海区无线电信号表》(F101)内。安装在视觉航标上的无线电导航设备均在《航标表》中各航标的附记栏加以提示。

(7)《潮汐表》

①英版《潮汐表》

英版《潮汐表》(Admiralty Tide Tables, ATT)共有 8 卷。书号为 NP201(NP201A 和 NP201B)~ NP208,每年出版,包括世界各主要港口的潮汐预报。各卷范围为:

第一卷:NP201A,英国:英吉利海峡至亨伯河(包括锡利群岛、海峡群岛和欧洲水道各港)[UNITED KINGDOM-ENGLISH CHANNEL TO RIVER HUMBER(Including Isles of Scilly, Channel Islands and European Channel Ports)]。

NP201B,英国和爱尔兰(不包括锡利群岛、英吉利海峡至亨伯河、海峡群岛和欧洲水道各港)[UNITED KINGDOM AND IRELAND(Excluding Isles of Scilly, English Channel to River Humber, Channel Islands and European Channel Ports)]。

第二卷:北大西洋和北极区域[NORTH ATLANTIC AND ARCTIC REGIONS]。

第三卷:印度洋(包括潮流表)[INDIAN OCEAN (Including Tidal Stream Tables)]。

第四卷:南太平洋(包括潮流表)[SOUTH PACIFIC OCEAN(Including Tidal Stream Tables)]。

第五卷:南中国海和印度尼西亚(包括潮流表)[SOUTH CHINA SEA AND INDONESIA (Including Tidal Stream Tables)]。

第六卷:北太平洋(包括潮流表)[NORTH PACIFIC OCEAN(Including Tidal Stream Tables)]。

第七卷:西南大西洋和南美洲[SOUTH WEST ATLANTIC OCEAN AND SOUTH AMERICA]。

第八卷:东南大西洋、西非和地中海(包括潮流表)[SOUTH WEST ATLANTIC OCEAN, WEST AFRICA AND MEDITERRANEAN(Including Tidal Stream Tables)]。

各卷《潮汐表》所包括的海区界限,可查看《潮汐表》内英版潮汐表界限图。

各卷主要内容如下:

• 第一部分:主港潮汐预报(Part Ⅰ Tidal Predictions for Standard Ports)。预报主港每日高、低潮潮时和潮高,潮高均采用 m 为单位。各港潮时均采用当地标准时,并在每页的左上角用“TIME ZONE ××××”注明。

第一卷还有一些主要港口的逐时潮高预报(Part Ⅰa Hourly Height Predictions);第三、四、五、六、八卷还有潮流表(Part Ⅰa Tidal Stream Tables),载有潮流日变化很大的重要海峡和水道的潮流资料,对于具有半日潮性质的潮流的地方,其潮流的推算可以参考适当主港的印在海图上的潮流资料进行。

• 第二部分:用以预报附港潮汐的潮时差和潮高差表(Part Ⅱ Time and Height Differences for Predicting the Tide at Secondary Ports)。表中列出主港(用黑体字印刷)和附港编号(No.)、潮时差(Time Differences)、潮高差(Height Differences),每两页的右下页还印有平均海面季节改正(Seasonal Changes in Mean Level)给出每个月第一天的季节改正值,如果推算潮汐的日期不是 1 号,须在相邻月份内插求取季节改正值;表后有注意事项(Notes),以便用这些资料求取附港的潮时和潮高。

• 第三部分:调和常数(Part Ⅲ Harmonic Constants)。这部分提供了编号、地点、平均海面、四个主要分潮(M_2、S_2、K_1、O_1)的调和常数:振幅 H 和迟角 g、浅水改正(S.W Corrections)数据,每两页的右下页还提供了平均海面和调和常数的季节改正(Seasonal Changes in Mean Level and Harmonic Constants)，以便利用简化的调和常数法预报潮汐。

第三至第八卷其后还印有“关于潮流的调和常数”(Part Ⅲa Harmonic Constants for Tidal Streams)，以便利用简化的调和常数法预报潮流。

其他内容还包括：

• 主港索引(Index to Standard Ports)：印于各卷最前页，按港名字母顺序排列，给出主港预报资料所在页数。港名前注有“ * ”号者，是指有该港每小时潮汐预报资料。

• 地理索引(Geographical Index)：印在各卷书末，按主、附港名字母顺序排列，给出主附港编号，以便用此编号在第Ⅱ和第Ⅲ部分中查取该港的有关资料，其中主港名用黑体字印刷。

• 求任意时潮高曲线图(For Finding the Height of Tide at Times Between High and Low Water)：这是根据潮汐涨落的运动近似为余弦曲线的原理制成的曲线图，分为两种。一种为专用曲线图，是与港口潮汐涨落性质相符合的曲线图，在第一卷和第二卷除威尼斯外的欧洲水域主港和一些比较特殊的附港每港提供一张，主港曲线供求该主港和其附港任意潮时和潮高使用，特殊附港曲线供该附港单独使用。另一种为通用曲线，在第三至第八卷中每卷各提供一张，供求该卷所有港口的任意潮时和潮高。第二卷也给出这种曲线图，供不能用专用曲线图的港口使用。通用曲线计算结果与我国《潮汐表》中的梯形图卡基本相同，可以互用。

②中版《潮汐表》

中国出版《潮汐表》的单位主要有两家，自然资源部海洋信息中心和中国人民解放军海军海道测量局。此外，中国海事局也出版部分港口的《潮汐表》，国家海洋信息中心还在中国海洋信息网(www.nmdis.org.cn)上提供“我国主要港口潮汐预报(月报)”，有条件的使用者可通过网络获取相关的潮汐资料。以下对自然资源部海洋信息中心出版的《潮汐表》进行介绍。

我国自然资源部海洋信息中心编制、海洋出版社出版的《潮汐表》共 6 册，其中中国沿岸和世界大洋区域各 3 册。各册覆盖范围如下：

• 第一册：鸭绿江口至长江口；
• 第二册：长江口至台湾海峡；
• 第三册：台湾海峡至北部湾；
• 第四册：太平洋及其邻近海域；
• 第五册：印度洋沿岸(含地中海)及欧洲水域。
• 第六册：大西洋沿岸及非洲东海岸。

《潮汐表》每年出版一次，下年度《潮汐表》均在本年度提前编好发行。

各册主要内容如下：

• 主港潮汐预报表：刊载了各主港的每日高、低潮潮时和潮高预报以及我国部分港口每日的逐时潮高。

• 潮流预报表：这部分刊载了部分海峡、港口、航道以及渔场的潮流预报(第五册和第六册不含此项内容)。

• 差比数和潮信表：这部分用附港和主港差比数推算附港潮汐，用潮信资料概算潮汐。

还刊有站位分布示意图、部分港口潮高订正值表、格林尼治月中天时刻表、东经 120°月中天时刻表(北京标准时)和月赤纬表(协调世界时 0 时)以及任意时潮高计算方法(梯形图卡使用方法)等。

2.图书资料的获取途径

航海图书资料的获取方式有两种：一是通过官方渠道；二是通过电子渠道，即通过《航海图书目录》上所公布的分布在各国的官方代销点或官方发行网站获得。

三、数字出版物

无论是数字出版物(Digital Publication，DP)还是电子版图书(e-NP)，如果在船上配备，会使查用航海图书资料更加便利、快捷，并提高工作效率，从而降低驾驶员的工作强度。

1.数字潮汐表

数字潮汐表即基于调和常数完成潮汐推算，并将潮汐数据和船舶吃水与高度结合解算船舶安全通过浅滩、高空障碍物的计算机软件。目前，国际上有多款这种软件，其提供的数据的精度与所使用的调和常数的多少有关。根据船舶使用的具体情况，以下仅对英国水道测量局出版的数字潮汐表进行介绍。

Total Tide 是英国水道测量局出版的数字出版物(Admiralty Digital Publication，ADP)的一种，发行载体为光盘和网络。该数字《潮汐表》在设计上主要适合受《国际海上人命安全公约》约束的船舶使用，目前，国际上已经有 70 多个国家认可其在满足所规定的条件时可以替代纸质版《潮汐表》。

该《潮汐表》包括计算程序和全球 7 个数据区共 7 000 多个港口的潮汐和 3 000 多个地方的潮流的数据，每年更新。所使用的调和常数和计算方法与纸质版一样，预报精度也一样(见图 1-2)。

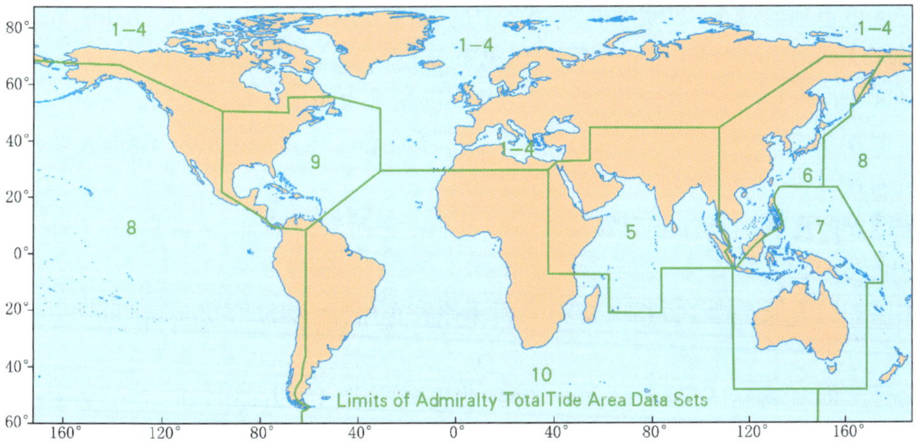

图 1-2　光盘版《潮汐表》数据区

数据区 1 包括海域 1～4：欧洲、北部水域与地中海(Europe, Northern Waters and Mediterranean)；

数据区 2 即海域 5：印度洋北部与红海[Indian Ocean (northern part) and Red Sea]；

数据区 3 即海域 6：新加坡至日本(Singapore to Japan)；

数据区 4 即海域 7：澳大利亚、婆罗洲和菲律宾(Australia, Borneo and Philippines)；

数据区 5 即海域 8：太平洋(Pacific Ocean)；

数据区 6 即海域 9：北美洲东海岸和加勒比海[North America (east coast) and Caribbean]；

数据区 7 即海域 10：南大西洋和印度洋南部[South Atlantic and Indian Ocean (southern part)]。

使用者可以通过购买数据区授权的方式获取该潮汐表的一张包括推算软件和 7 个数据区数据的光盘，或以从英国水道测量局网站下载完整内容后购买数据区授权的方式使用该潮汐表；购买的数据区可以根据需要选择，此后，如果需要其他数据区数据，仅购买授权扩充数据区即可。授权包括一个安装码和两个激活码(一个主激活码一个备用激活码)，即一个授权可以安装两台机器；激活码是为了控制所授权的数据区数据不能在别的机器上使用。

该数字《潮汐表》的改正每周一次，可以通过网络下载更新，如果没有条件进行网络更新，则可以使用更新光盘进行，更新光盘半年出版一次。

该数字《潮汐表》除了包含纸质版《潮汐表》的所有内容外，还可以利用使用者提供的调和常数进行潮汐预报；功能除了纸质版《潮汐表》的潮汐、潮流预报外，还包括过浅滩和横空障碍物的航行计算。

2.英版数字化《灯标表》

英版数字化《灯标表》(Admiralty Digital List of Lights, ADLL)是英国水道测量局出版的数字出版物(ADP)的一种，发行载体为光盘和网络。该数字化《灯标表》设计上主要适合受《国际海上人命安全公约》约束的船舶使用，目前，国际上已经有 70 多个国家认可其在满足所规定的条件时可以替代纸质版《灯标和雾号表》，替代纸质版的相关问题详见第三章第八节。

该数字化《灯标表》包括计算程序和将全球划分为 9 个数据区 70 000 多个灯标的数据，所提供的数据除了纸质版《灯标表》的内容外，还可根据输入的眼高和气象能见度数据提供灯标的地理能见距离和该能见度下灯标最大可见距离。9 个数据区(见图 1-3)为：

数据区 1 包括海域 1~2：欧洲北部和波罗的海(Northern Europe & the Baltic Sea)；

数据区 2 即海域 3：北部水域(Northern Waters)；

数据区 3 即海域 4：地中海与黑海(Mediterranean & Black Seas)；

数据区 4 即海域 5：红海、波斯湾和印度洋北部[Red Sea, the Gulf & Indian Ocean (northern part)]；

数据区 5 即海域 6：新加坡至鄂霍次克海和菲律宾西岸[Singapore to Sea of Okhotsk & Philippines (W coast)]；

数据区 6 即海域 7：澳大利亚、婆罗洲和菲律宾东岸[Australia, Borneo and Philippines (E coast)]；

数据区 7 即海域 8：太平洋，新西兰和南、北美洲西岸[Pacific Ocean, New Zealand, N & S America (W coast)]；

数据区 8 即海域 9：北美东海岸和加勒比海[North America (E coast) and Caribbean]；

数据区 9 即海域 10：南大西洋和印度洋南部[South Atlantic and Indian Ocean (southern part)]。

该数字化《灯标表》的购买、安装和更新与数字版《潮汐表》相同。

3.电子航海图书资料

2014 年，英国水道测量局开始将纸质版的航海图书资料转换为电子版的航海图书资料，该电子版航海图书资料系列命名为英版电子航海图书资料(Admiralty e-Nautical Publications,

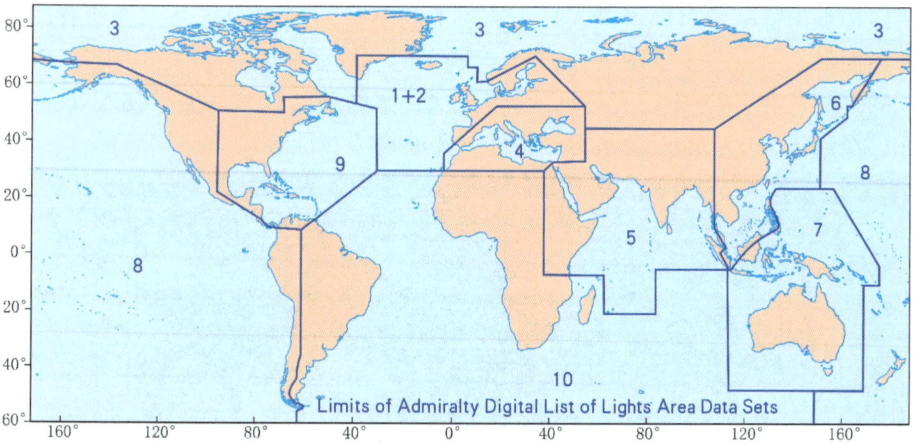

图 1-3　英版数字化《灯标和雾号表》分区图

e-NP）。所进行的转换即把纸质版图书资料转换为加密的可移植文档格式（Portable Document Format，PDF），初期发布的图书包括所有《航路指南》、《航海员手册》和天文表册，同时发布了电子版航海图书读取软件（e-NP Reader）。

该电子版系列航海图书可以通过从英国水道测量局经销店购买资料的 DVD 盘并同时获取授权码或通过网络下载、通过代销店购买授权码的方式获得。购买的授权期限为一年，一个授权码可以安装 3 台计算机。该系列图书资料的改正包括：平时的改正资料可以通过网络下载、经销店拷贝方式获得，并且每一个季度发布一期改正用 DVD 盘。

目前，颁布文件认可英版电子版出版物的国家和相应的注意事项可以从英国水道测量局网站获得。

该电子版航海图书资料在使用上和一般的电子书的阅读软件类似。按照软件的说明安装后，进入软件主界面（如图 1-4 所示）。左侧为主要功能选择，包括：书架（Book Shelf）、读书（View Book）和工具（Tools）；主界面上可以依据不同要求选择要阅读的电子图书的目录，包括：总目录（All Publications）为所有图书的列表，收藏书目录（Favourites）为所选定的某些书的清单，近期阅读过的书（Recent）为近期阅读过的五本书的清单。

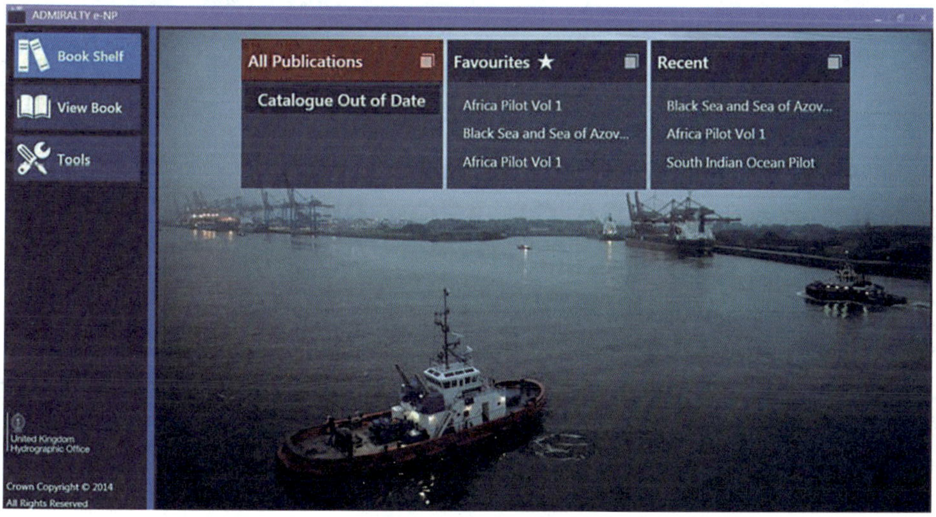

图 1-4　英国水道测量局电子版航海图书软件主界面

利用鼠标点击任一清单即可进入显示该项下的书目列表，图 1-5 所示为所有图书的列表界面。该界面显示所有电子版图书，船舶已经购买的书排在前面，并利用不同颜色和符号显示船舶购买的书的情况、哪些书已经过期或临近过期、哪些书已经购买但没装入等，还可以通过点击船舶已经购买的书上的五角星符号将该书选进收藏书目录。

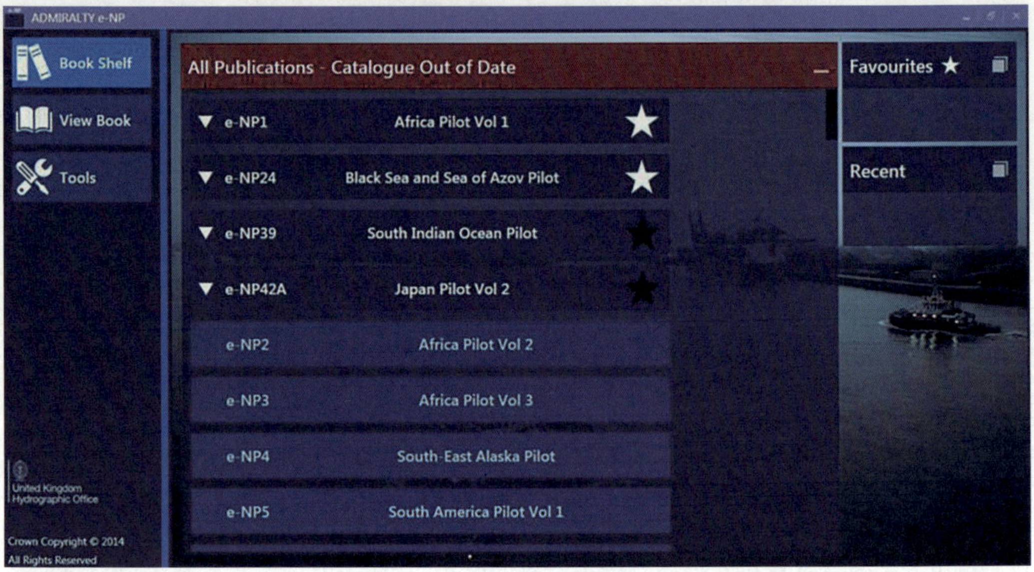

图 1-5 所有图书的界面

通过在目录清单中用鼠标点击某一本书的书名即可进入图书界面，如图 1-6 所示。其中原书内容显示在中间，左侧显示相应的改正通告。可以利用软件的工具按钮或者键盘相应按键进行不同的操作，包括：上下翻页、翻至特定页、不同比例尺放大与缩小页面、旋转页面、内容快照、输入关键词查询相应内容和按照书签查阅内容等。其中书签功能即书的分层次结构目录，可以直接看相应章节内容。

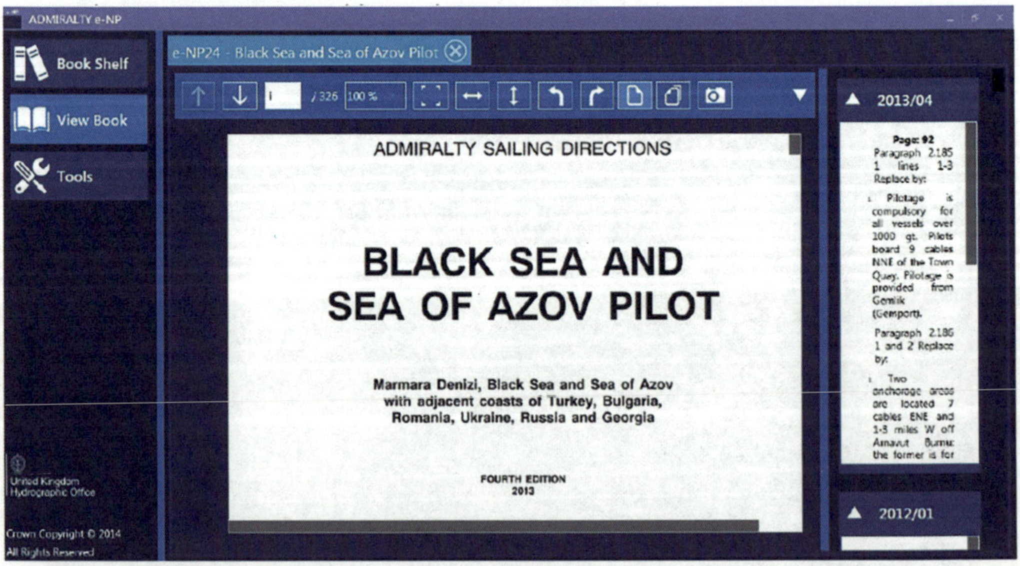

图 1-6 图书界面

该电子书的工具功能包含使用该电子图书资料的设置，包括：网络设置、更新的实现、移动介质上资料的读取和“白天”“夜晚”“昏影”的不同背景颜色显示等。

英版电子版图书资料的详细安装、设置和使用参见其使用手册。

第三节 审核海图及图书资料的适用性及改正的完整性（关键要素）

航次计划的航线设计阶段，必须确保本航次使用的海图和图书资料均为现行版本，并且已改正至最新，这是船舶是否适航的一个关键因素，也是PSC检查的重点检查项目。因此，船长和驾驶员必须掌握审核航次用的海图和图书资料的适用性的方法，并熟练掌握其改正方法，本节主要介绍审核海图及图书资料的适用性和海图及图书资料的改正方法。

一、审核海图及图书资料的适用性

审核海图及图书资料的适用性，即判断被审核的海图及图书资料的版本是否为现行版本，主要通过查阅已改正至最新的《航海图书目录》中该海图及图书资料的现行版本信息，再与被审核的海图及图书资料的版本信息做比较来实现。以下分别介绍中英版《航海图书目录》审核海图及图书资料的方法。

1.利用英版《航海图书总目录》审核海图及图书资料的适用性

利用英版《航海图书总目录》审核海图及图书资料的适用性的方法如下：

（1）翻至英版《航海图书总目录》的最后“数字索引（Numerical Index）”，根据抽选的本船所存的海图图号，查得该图细节所在页数。

（2）翻到该图所在页数，细节分为：图号（No.）、图名（Title of Chart or Plan）、比例尺（Nature Scale）、出版日期（Date of Publication）、新版日期（Date of New Edition），将本船海图的出版日期、新版日期与本年度总目录该图号所在页的这两个日期比较，便可知本船海图是否适用。

（3）利用同样的方法，亦可查验英版航海图书资料的适用性。

例1-3：某船于2022年1月20日从大连开往新加坡，需用图号为2403的海图，船上该号海图的出版日期是Dec. 1983，请审核该海图的适用性。

翻开2022年总目录最后的“海图图号索引”知2403号图在66页；翻至66页，知2403号图现行版（新版）是Jan. 2021，可见某船所存2403号海图已不适用，应购买2021年1月新版同号图。

2.利用中版《航海图书目录》校验海图及航海图书的适用性

利用中版《航海图书目录》校验海图及航海图书的适用性的方法与前述的利用英版《航海图书总目录》类似。首先利用第五部分航海图书号索引，根据航海图图号、专用图图号及航海书表、其他出版物书号可以快速索引到对应的出版信息，利用将本船航海图书和改正到最新的《航海图书目录》中所列的图书对照的方法可检验本船航海图书是否适用。

二、海图与航海图书资料的改正方法

海图的改正是根据《航海通告》和无线电航海警告进行的。考虑到远洋船上航海图书资料的配备情况，以下以英版海图的改正为例进行介绍，其他国家出版的海图的改正方法与此大同小异，可参照使用。

1.《航海通告》的处理

英版《航海通告》是改正英版海图及其他航海图书资料的依据。因此，必须尽可能及时获取《航海通告》，以便及时进行海图等资料的改正工作。每一期《航海通告》到船后，应立即进行处理，以便及早了解最近发生的变迁或变更，同时为海图及其他航海图书资料的改正做好准备。其要点如下：

(1)船舶在到达某一港口前，应提前发报给代理，代为索取未曾收到的各期《航海通告》。可以获取英版《航海通告》的港口可查阅英版《海图及其他水道图书总目录》。对于有条件在UKHO官网下载《航海通告》的船舶应及时下载与本船配备的海图及图书资料有关的通告。如在某一港口停留时间较长，亦应注意获取在停留期间新发布的《航海通告》。

(2)各期《航海通告》送船后，应检查是否缺期，并在每期通告上注明送船日期及停留港名；对于下载的《航海通告》应按照下载的通告顺序存储，并在文件存储目录或打印出来的通告上记录下载港名；做完以上工作后请船长过目。船长及负责驾驶员(二副)应将这些《航海通告》中的资料应用到以后的航线拟定及航行中去。

(3)使用电子海图显示与信息系统和数字版图书资料的船舶，应及时阅读《航海通告》的第Ⅷ部分，了解数字版资料的更新与调整信息，及时采取相应措施更新船舶系统数据。

(4)如果第Ⅶ部分涉及本船图书，应将通告号登记在相应的图书上，以便使用时同时阅读。下载版《航海通告》可以打印出来做同样处理，也可按图书、顺序存储后做相应登记。

(5)将第Ⅴ、Ⅵ部分拆下来(可将下载的《航海通告》有关部分打印出来)，将相应的改正通告分别插入相应的《无线电信号表》《灯标和雾号表》中，以便抽空贴改。

(6)将第Ⅳ部分与第Ⅶ部分做同样的处理。

(7)将第Ⅲ部分拆下来，逐期加以汇订。同时根据最近一期《航海通告》中有效的航海警告号码表勾销已失效的警告。这种“航海警告汇编簿”在航行中应置于驾驶台备查。对于下载的《航海通告》可以按顺序保存在计算机中，以便备查。

在将《航海通告》Ⅲ、Ⅴ、Ⅵ三部分拆下来的过程中，应注意不要将改正海图用的贴图和改正字条失散。

(8)对于第Ⅰ部分的内容应首先阅读出版清单，了解海图及图书的出版情况，进行本船海图新版及作废的登记，同时制订本船海图及图书购置计划，并依此改正英版《海图及其他水道图书总目录》。

(9)最后，进行海图卡片或英版《纸质海图维护登记表》的登记。

2. 海图卡片与英版《纸质海图维护登记表》

(1)海图卡片

海图卡片是船舶海图的档案卡，每张海图配备一张(如果一张不够使用可附加)，用于记载海图的图号、图名和出版发行资料，并留出大部分空间用于登记与该海图改正有关的《航海通告》的编号，如图 1-7 所示。

图号：	海 图 卡 片	航区：________ 编号：________
图名：		出版国家：
出版年月：		海图目录区域：
最近大改正或小改正日期：		
航海通告登记：		

图 1-7　海图卡片实例

（2）英版《纸质海图维护登记表》

英版《纸质海图维护登记表》（Paper Chart Maintenance Record），书号 NP133a，是活页式的出版物，提供管理海图用的空白表格。

该出版物由 2 部分组成：第 1 部分为资料管理登记部分，第 2 部分为海图改正登记部分。

第 1 部分由 2 组表格组成，第 1 组表格用于登记海图图夹和《航海通告》的接收情况，主要包括海图图夹的接收日期与图夹改正到的通告的日期和编号、周版《航海通告》的编号与接收日期。第 2 组表格登记新海图和新版海图的出版与接收情况，内容包括海图图号、图夹编号、宣布该海图出版的《航海通告》的编号和日期、海图收到日期、被替代的海图的编号、出版日期和接收日期之间发布的改正该海图的航海通告。

第 2 部分由 3 组表格组成，每组表格编排格式相同，用于对不同海图的改正进行《航海通告》登记。第 1 组为航用海图，第 2 组为英国复制的澳大利亚和新西兰海图，第 3 组为其他海图。该部分表格的编排方式为：每页分成 14 个横栏，每栏登记 1 张海图，即每页可登记 14 张海图。每个海图栏又分 5 列，如表 1-1 所示。第 1 列填写按海图图号的顺序印出本张海图的图号；第 2 列登记海图所在的图夹号；第 3、4、5 列由数行组成，第 3 列顺序登记与本张海图相关的《航海通告》编号，第 4 列顺序登记与本张海图相关的航海警告编号，第 5 列顺序登记与本张海图相关的临时性通告和预告的编号。

表 1-1　海图改正通告登记部分的一栏

Chart No.	Folio Nos.	Notices to Mariners Affecting Chart	Navigational Warnings	Temporary and Preliminary Notices
2693				

3.海图改正的步骤及注意事项

海图代销店一般负责将海图改正到供应当时最新的一期周版《航海通告》,但不负责对供应前的临时性通告和预告进行改正。因此,海图供应后的一切小改正以及所有的临时性通告和预告均应由海图使用者负责。

(1)海图改正的步骤

海图改正要求及时和准确,而且由于远洋船舶配备的海图数量较多、改正工作量很大,因而还要求熟练和迅速。显然,没有合理的步骤就容易造成差错和返工,而达不到准确、迅速的目的。改正海图一般按下列步骤进行:

①先将收到的各期《航海通告》中有关改正海图的通告登记在海图卡片上或英版《纸质海图维护登记表》中。登记前应根据“本船海图图号表”在每期《航海通告》第Ⅱ部分“相关海图索引”(Index of Charts Affected)中将本船配有的海图图号勾选出来,以便抽出有关的海图卡片或在英版《纸质海图维护登记表》中进行登记。

登记时应登记有关通告的年份和编号。

②改正每张海图时,根据该海图卡片上或英版《纸质海图维护登记表》中所登记的通告逐条进行。可利用该期《航海通告》第Ⅱ部分中的“通告和图夹编号索引”(Index of Notices and Chart Folios),查阅该通告所在页数,以便迅速找到该条通告的内容。通告实例如下:

3882 * ANTARCTICA - Depths.

Source: British Government Survey

Chart 1779 (INT 9141) (Panel, Borge Bay and Approaches) [*previous update 1139/19*] WGS84 DATUM

Insert	depth, 7_6	(*a*)	60° 42′ · 124S., 45° 35′ · 329W.
Delete	depth, 8_7, close N of:		(*a*) above

Chart 3463 (INT 9117) (Panel B, Melchior Islands) [*previous update* 5931/20] WGS84 DATUM

Insert	depth, *8*, enclosed by 10 m contour	(*a*)	64° 20′ · 40S., 62° 59′ · 02W.
Delete	depth, 12_8, close SW of:		(*a*) above
Replace	depth, 21_5, with depth, 10_5, enclosed by 20 m contour		64° 20′ · 37S., 62° 57′ · 94W.

③阅读通告前应先查核该通告所改海图(Chart)列出的海图图号是否包括本海图,查核该海图的上一次改正[previous update…]的通告号码。

在上例3882号通告中,应改正的各海图和上一次改正的通告号分别为:海图1779[上一次改正为2019年1139号通告];海图3463[上一次改正为2020年5931号通告]。

④在改正前应先阅读通告的标题,特别是标题末尾通常说明通告的主题(此例是有关水深的改正),这对迅速了解通告内容、避免误解很有帮助。

⑤改正时可先根据所给出的大致经纬度在海图上找出参考点位置,然后仔细阅读通告内容,将所需改正的内容填入或删除等。填入位置要按通告所给出的经纬度、方位与距离等数据相互核对,务求准确无误。

⑥对于永久性通告的海图改正,应使用细尖不褪色的红墨水钢笔进行,以示醒目。英版《航海通告》中符号和凡用斜体字印出的文字或缩写,原则上都要求填入海图。符号、文字或缩写的填入要严格按照海图图式的规定进行,字体端正,符号清晰正确,不致被人误解。填入的内容占位置要足够小,且不可掩盖海图上的原有资料;如在规定位置无法绘画海图符号时,可在规定位置附近绘画,并用箭头指明其准确位置;被删除的符号或缩写仅用一红线划掉原内容,这样既可表示删除原内容,而且原内容仍完整可辨。

⑦在通告中如果有"伴随贴图"(The Accompanying Block)或者"伴随注释"(The Accompanying Note)字样,应将贴图或注释贴在通告指定的地方。同时进行贴图改正时应注意贴图的边线仅是为了方便印刷,粘贴前应将贴图边线剪去再贴到相应海图正确位置上。由于变形,贴图不可能完全与海图吻合,粘贴时尽可能将影响航行的重要部位对齐。最好在未涂胶水前将贴图先在海图上对好位置并用铅笔在边框周围点几个点线做记号,再涂胶水于贴图上,找正贴齐。

⑧有的船舶购买专用的改正用描图(Tracing),可利用其覆在海图上进行刺透式改正;这种方法可以提高海图改正效率,如果有条件应加以利用。

⑨每条通告改正后,应在海图卡片上或《纸质海图维护登记表》中将这些通告编号勾掉,并在海图左下角"小改正"栏中按年份将所有已改正过的通告编号注明;临时性通告和预告用铅笔改正并另起一行注明。

⑩必须核对海图左下角"小改正"登记栏中的上次改正记录,是否与通告中上次改正通告编号一致。如果不一致,则必须找出上一次应改通告,追索直至衔接一致,并逐一进行改正。

(2)海图改正注意事项

①对本航次需用的海图改正应在航线拟定前完成,并交船长审阅。对航行有重要影响的改正应报告船长,作为拟定航线和制订航行计划时的参考。与本航次航行无关的海图,也要根据工作的轻重缓急,安排时间改正,以免长期积压不改,用时只好购买新图,造成不应有的浪费。

②凡涉及灯光光弧及导标方位等改正时,应注意通告中用方位标明的光弧界线及导标方位都是指从海上看灯标的方向;而其他一切用方向、距离来指明位置者,都是指从参考点出发的方向,两者方向恰好相反,不应混淆。

③凡通告中有下列文字时应予注意:"在即将出版(或已经出版)的××××号新版(或改版)海图上,已包括此项改正",因而该海图图号不再列入通告末尾的"有关海图"栏中,该海图卡片上或《纸质海图维护登记表》中自然对此通告亦未登记。当此新版图尚未买到而又必须沿

用旧版图时，应对该海图补充登记，并进行改正。

④改正海图时应严肃认真，对航行安全负责。所有《航海通告》的内容原则上都应按要求改正到有关海图上去。同一通告可先改大比例尺海图，后改小比例尺海图。对同一张海图上所需改正的各个通告，原则上还是采用自前至后的方式进行改正为妥；如采用自后向前的方式进行改正，则要预先浏览各个通告的内容，了解各通告之间是否有关联，以防发生差错。

⑤应注意通告中的文字有时也会出现差错，特别是方位、距离、经纬度等数据，倘若发现此种情况，要根据所给出的各种有关资料，反复核对，查实清楚后再进行改正。

(3) 临时性通告和预告的改正

①临时性通告和预告因其内容是临时和未来的，所以海图代销店不对这类通告进行改正。因此，使用者对此类通告的有效性要追查到该海图出版或新版或改版之日，并对至今仍有效的临时性通告和预告进行改正。

②临时性通告和预告一律用铅笔进行改正，在改正处应注明临时性通告或预告的编号与年份，然后在海图“小改正”记录处另起一行专门用以记录这类通告的编号。

③为了查阅方便，可将周版《航海通告》第Ⅱ部分最后的临时性通告和预告，逐期按区域汇订成册。这种“临时性通告和预告汇编簿”仅保留一年即可，因为《航海通告年度摘要》中重印至本年1月1日有效的全部临时性通告和预告的内容。

④利用每月月末的周版《航海通告》中的“临时性通告和预告每月汇编”，可按地区查核此类通告是否继续有效。因此，在改正海图时，可根据此汇编查核改正在海图上的通告内容是否继续有效，如已失效应将通告勾销，并将海图上的改正擦去。

4.无线电航海警告的接收及处理

(1)充分获取航海警告

《航海警告》对于保证船舶的安全生产非常重要，船舶应利用各种途径获取航海警告。目前，船舶获得航海警告的途径有以下几种：

①《航海通告》中的航海警告部分：该部分是关于无效航海警告取消和有效警告重印的内容，但由于不同国家《航海通告》中重印的航海警告都有区域性问题，例如英版《航海通告》重印全球航海警告区Ⅰ区的航海警告；中版《航海通告》中重印全球航海警告区Ⅺ区的航海警告，所以船舶应根据本船航区和得到的重印的航海警告的情况，用其他途径补齐航海警告。

②利用GMDSS中的国际安全网(Safety Net)和航海电传(NAVTEX)业务接收航海警告。

③通过访问世界范围航海警告业务的各分区协调国航海警告发布网站获得区域性航海警告信息。各负责发布航海警告的网站可以通过国际水道组织的世界范围航海警告业务网站中的相应链接进入。

④保持VHF16频道连续守听。

(2)船舶应建立“无线电航海警告汇编簿”，将通过以上方法得到的航海警告按照区域和顺序汇编，并及时根据最新警告取消已撤销的航海警告。这种“航海警告汇编簿”以1年为限，次年另设，以免混乱。

(3) 船舶开航前，应按所经地区查阅“汇编簿”，阅读与本航次有关的内容并用铅笔改注在海图上；对于撤销的警告应擦除。与船舶航行安全有关的重要警告内容应报告船长，作为拟定航线及制订航行计划的参考。

(4) 船舶在航行中要定时收听该地区的全球分区性、沿岸性和地区性航海警告，与航行有关的内容应根据船长指示改注在海图上,并同时更新“汇编簿”。

5.图书资料的改正

(1)《灯标和雾号表》的改正与管理

①新版各册《灯标和雾号表》改正到付印之日,付印日期印在各册的副封面中。图书代销机构不负责任何改正。各册《灯标和雾号表》自付印后的一切改正资料均发布于《航海通告》第Ⅴ部分中。《航海通告》第Ⅴ部分的改正资料按 A~L 册的顺序单面印出,以便贴改。

②收到“航海通告”后,将第Ⅴ部分内容拆下来分别插入各册以便抽空剪贴。应注意改正资料是用来改正最新版本的,不要贴改到旧版《灯标和雾号表》上去。

③改正资料亦分 8 栏,格式和《灯标和雾号表》原资料一致。空白栏表示无改正。这部分改正资料与《航海通告》第Ⅱ部分内容可能是重复的,但较小的和临时性的改正资料只印在这一部分中。

④应按照灯标的国际编号,将剪下来的改正贴条贴在相应编号的灯标细节说明之上,各栏应予对齐且不要贴死,确保原说明资料仍可见。简单的改正内容亦可用红钢笔直接改注在原来的资料上。当有新的灯标增添时应根据其编号顺序插入在有关灯标之间,注意不要将原上下灯标资料贴死。

⑤改正资料第 8 栏(Remarks)内的文字除改正本栏原内容外,也可能涉及该灯标目前的状态,如:Cancel(撤销);Extinguished(熄灭);Deleted(删除);Delete Remarks(删除备注);Delete Phase(删除灯光亮、灭的说明);Substitute(代替);Amend(改正);Insert(填入);Destroyed(损坏);Remove from List(从《灯标和雾号表》中去掉);Renumbered(重新编号);Replaced(重新设置)等。

⑥改正后,在《灯标和雾号表》封里的“改正登记表”中登记改正的日期。

英版《灯标和雾号表》各卷每年再版,新书再版及修订的消息可查阅《航海通告》季末版中有关水道图书的通告。在此通告中,列出了现行版各册《灯标和雾号表》的新版年份。本船可编制一份“本船《灯标和雾号表》登记表”,将本船配有的各卷《灯标和雾号表》的新版年份用铅笔填明,如表 1-2 所示。利用它与最近季末版《航海通告》中的出版物现行版情况进行查对,即可了解本船《灯标和雾号表》是否需要更新。新的《灯标和雾号表》送船后,表格中应重新填写本船《灯标和雾号表》的新版年份,此表可以长期使用。

表 1-2 本船《灯标和雾号表》登记表

书号	册	版别(年份)	书号	册	版别(年份)
NP74	A	2nd(2021)	NP82	J	1st(2021)
75	B	2nd(2021)	83	K	1st(2021)
76	C	2nd(2021)	84	L	1st(2021)
77	D	2nd(2021)	85	M	1st(2020)
78	E	1st(2020)	86	N	1st(2020)
79	F	1st(2020)	87	P	1st(2020)
80	G	1st(2020)	88	Q	1st(2021)
81	H	1st(2020)			

(2)《航路指南》的改正

①补篇(Supplements)及其处理

目前,仅有极少量的老版《航路指南》大约每隔 3 年发行一期补篇,汇集《航海通告》中有关《航路指南》的改正资料。每期新补篇发行,即宣布上期旧补篇作废。

补篇按本卷《航路指南》的页数(以黑体数字印在行间的中央)、行数(左行以 L,右行以 R 并跟以行数)顺序列出改正资料。

补篇中常有"新旧名称对照表",是地名及物标新、旧名称一览表,新名称已在所有新版图书资料中采用。

收到各卷《航路指南》的最新补篇后,应夹在对应的卷中,原补篇作废,然后登记到"本船《航路指南》及补篇表"(见表 1-3)中。还应将篇中的改正内容在《航路指南》的相应处做一记号,以便提醒读者注意该处应参阅最新补篇。如果是简单的改正,可用红笔在书中直接改注。

表 1-3　本船《航路指南》与补篇表

书号 NP No.	书名 Title	版别(年份) Edition (Year)	补篇号/年份 Supplement No./Year	备注
1	Africa Pilot Volume 1	19th (2020)		
2	Africa Pilot Volume 2	18th (2017)		
3	Africa Pilot Volume 3	18th (2019)		
4	South-East Alaska Pilot	8th (2015)		
⋮				
⋮				
8	Pacific Coasts of Central America and United States Pilot	15th (2019)		
9	Antarctic Pilot	9th (2019)		
10	Arctic Pilot Volume 1	9th (2016)		
⋮				
23	Bering Sea and Strait Pilot	9th (2019)		
24	Black Sea and Sea of Azov Pilot	6th (2019)		
25	British Columbia Pilot Volume 1	17th (2019)		
⋮				
45	Mediterranean Pilot Volume 1	17th (2021)		
⋮				

续表

书号 NP No.	书名 Title	版别(年份) Edition (Year)	补篇号/年份 Supplement No./Year	备注
63 M	Persian Gulf Pilot	19th (2021)		
65 M	St Lawrence Pilot	19th (2020)		
70	West Indies Pilot Volume 1	8th (2021)		
71	West Indies Pilot Volume 2	18th (2017)		
72	Southern Barents Sea and Beloye More Pilot	4th (2019)		
100	The Mariner's Handbook	12th (2020)		
136(1)	ADMIRALTY Ocean Passages for the World, Atlantic Ocean	2nd(2021)		不是《航路指南》,为方便管理列于此处
136(2)	ADMIRALTY Ocean Passages for the World, Indian and Pacific Oceans	2nd(2021)		

②《航路指南》改正通告及处理

新版《航路指南》版本间、老版《航路指南》版本与补篇间的改正资料均载于周版《航海通告》的第Ⅳ部分中,在《航海通告年度摘要》中,又将此类至本年1月1日前仍有效的内容全部重印。

《航海通告》到船后,应将通告编号注明在相应的补篇或(未发行补篇时)原书上(对于连续修正系列《航路指南》登记在原书上),并登记到"本船《航路指南》及补篇表"中,以便参考。

③《航路指南》的管理

为做好《航路指南》的管理工作,应建立"本船《航路指南》及补篇表"(如表1-3所示),用铅笔将本船所备有的《航路指南》的书号、书名、版别/出版年份、补篇的期数/年份、通告编号/期号填在表中,以便与每季末的周版《航海通告》中所刊印的各《航路指南》及其最新补篇的现行版别、年份、期数进行核对和及时更新、索取。新版的《航路指南》或补篇收到后,表中原有记录应予更新;通告编号/期号在《航海通告年度摘要》出版到船后也可擦去,此表可长期使用。同时,在阅读《航路指南》时,查阅此表,便可知道与本卷《航路指南》有关的最新补篇期数、通告期号,以便一并抽出阅读。

(3)其他航海图书资料的改正

《航海图书总目录》的改正应根据其附有的补遗和勘误表、《航海通告》发布的航海图书新版与作废通告和季末版《航海通告》的有关现行版航海图书一览表进行。并注意其再版消息，及时更新。

《潮汐表》的改正利用《航海通告》第Ⅶ部分相关通告进行，还应注意表本身所附的勘误表。

《无线电信号表》是利用《航海通告》第Ⅵ部分提供的单面印刷资料进行粘贴改正的，改正方法类似于《灯标和雾号表》的改正。

《世界大洋航路》和《航海员手册》的改正资料在《航海通告》的第Ⅶ部分，其改正方法与《航路指南》的改正相同。

有关海图图式的增补和改变消息，亦发布在《航海通告》第Ⅶ部分中，应将改变的内容改正到《英版纸质海图符号与缩写》(Chart 5011)中去。

以上各图书的管理方法与《航路指南》《灯标和雾号表》的管理方法类似。

第四节　获取及选用推荐航线

一、航路设计图的使用

航路设计图(Routeing Charts)主要提供了推荐航线、航程、风力、风向、洋流、冰区界限、国际载重线区域界限和气象附图等资料，以此作为拟定该图所表示月份的航线的参考。以下对航路设计图上的各种资料进行介绍。

1.推荐航线(Shipping Routes)

连接港口之间的浅绿色直线或凸向近极的曲线为推荐航线，直线表示恒向线航线，曲线表示大圆航线，箭矢指明航行方向，如果是双向箭矢表示航线为双向航线，否则为单向航线；航线上的数字为以 n mile 为单位的航程(详细资料参见世界大洋航路和里程表)。

2.洋流(Ocean Current)

用深蓝色箭矢表示该月表层洋流的主要流向，并以不同的箭矢表示该方向洋流的稳定度。箭矢尾端的数字表示以 kn 为单位的平均流速。观测资料不足之处，用……→表示可能的流向，这些地方的洋流一般较弱。

3.风花(Wind Rose)

用红色圆圈和许多不同方向的红色箭矢组成“风花”，用以表示当地盛行风的各种数据。箭杆的长度表示该方向风的百分比频率(频率比例尺一般 2 in.为 100%，具体比例可见图中关于风花的注释)，箭杆的粗细表示风级 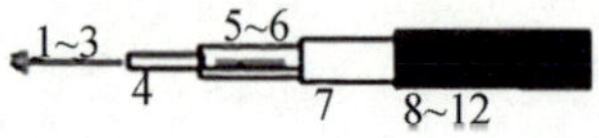

。这样，便可得知：风花处该

月最盛行的风向，即最长箭杆的方向；该处附近海面可能遭遇的最强风力，即最粗箭杆所代表的风力。

风花中心一般有三行数字，上面的数字为该月该处资料的观测次数；中间的数字为不定风（不能在风花中画出）次数在全部观测数中所占的百分数；下面的数字是无风的百分数；观测次数小于 100 的区域不给任何数据。

4.冰区界限（Ice Limits）

图中在高纬度上用不同形状的浅蓝色符号排列表示流冰群的最小、平均及最大界限和冰山的平均最大界限，其资料由气象局提供，最大界限采自美国资料。

5.国际载重线区域界限（Limits of Load Line Zones）

依据《1966 年国际载重线公约》，用不同颜色标明各载重线适航的区域界限，有关详情可参考该公约区带、区域和季节期图，或英版海图 D6083。

6.插图资料

每张航路设计图空白处均印有四个附图，内容如下：

（1）气温气压图（Mean Air Temperature and Air Pressure）

图上绿色等温线系指海面月平均气温（°F），红色的等压线系指海面月平均气压（mb）。

（2）雾与低能见度图（Fog and Low Visibility）

图上的红线和绿线分别表示出现能见度低于 0.5 n mile 和 5 n mile 的等百分率曲线，可用以了解航行海域出现雾的可能性。

（3）露点温度和海水温度图（Dew Point Temperature and Mean Sea Temperature）

图中以红线和绿线分别绘出露点温度（°F）和海水表层温度（°F）的等温线，用以了解生成雾的可能性。

（4）大风和热带气旋路径图（Winds of Beaufort Force 7 and Higher and Selected Tracks of Tropical Storms）

图上红线绘出的热带气旋路径是依据该月多年实际情况选定的，绿线系指出现 7 级和 7 级以上大风的等百分率曲线。

二、《世界大洋航路》和《航路指南》的使用

1.《世界大洋航路》的使用

《世界大洋航路》介绍了气象和其他影响航线拟定的因素和经常被选用的大量航线及这些航线的航程等，可供拟定深海航线时参考。

（1）根据始发港和到达港，在《世界大洋航路》海区界限索引图中抽选航次所需的 NP136（1）或 NP136（2），并在邻近航次所经过海区界限上选择合适的连接点（红色）。

（2）根据卷首目录查找所在海区航线（Routes）页码，进而查阅始发港及到达港至连接点航线及对应转向点坐标。

（3）根据卷首目录查找航次所经过海区连接点航线（Connector Routes）页码。

（4）阅读第 1 章和本航线所涉及的各章的水文气象资料，以便了解航行季节中航区内的水文气象条件和有关航海注意和警告。

(5)根据关键词在“索引(Index)”中查得具体资料所在章节。

(6)在查阅《世界大洋航路》时,应与最新版每月航路设计图、有关《航路指南》及海图等资料一并阅读和分析。

(7)《世界大洋航路》及每月航路设计图只是根据大洋的盛行风、流及过往 AIS 航行轨迹推荐的大洋航线,船舶应根据本船条件和当时大洋气象情况做具体分析,以便设计出一条安全经济的航线。

例 1-4:某船某航次拟由上海(Shanghai)开往迪拜(Dubai),利用《世界大洋航路》查阅该航线的有关资料。

查阅步骤:

①根据始发港和目的港以及《世界大洋航路》海区界限索引图选择航次所需 NP136(2)卷。

②查阅卷首目录查找始发港所在海区航线,即东南亚海区航线,从中找到上海所在页码为 174 页。翻到该书 174 页,可查得上海港至连接点 Malacca Strait NW 的推荐航线及对应转向点坐标。

③查阅卷首目录查找到达港所在海区航线,即印度洋航线,从中找到波斯湾所在页码为 46。翻到该书第 46 页,可查得迪拜至连接点 Strait of Hormuz 的推荐航线及对应转向点坐标。

④根据卷首目录查找航次所经过海区连接点航线(Connector Routes),即 Connector Routes for Indian Ocean Routes 页码为 41。翻到该书第 41 页,可查到连接点 Strait of Hormuz 至连接点 Malacca Strait NW 的推荐航线及对应转向点坐标。

⑤根据航线穿过的海区,在第一章及对应海区章节可查得航区的气候、冰、涌、风和天气等基本情况。

2.《航路指南》的使用

(1)英版《航路指南》的使用

①《航路指南》所提供的资料用以补充海图资料的不足。因此,在拟定航线时,除参阅《世界大洋航路》、航路设计图等资料外,还应同时参阅《航路指南》的有关内容。

②使用时首先根据航区,抽选相应卷别的英版《航路指南》。

③在阅读《航路指南》时,若对其内容和编排不很熟悉,应先了解其正文前的说明,善于使用目录和索引查找资料,并适当参考书中提供的索引图,特别是有的卷别的第二章为航线介绍,该章索引图对于航线的查取非常有帮助。

④如需了解该卷《航路指南》所述地区的总的情况,即可查阅第一章的目录,查找其所在页数,再按页数找到所需资料;亦可按所需内容名称查书末索引,得其所在章节号,再按章节号找到所需资料。

⑤如需了解沿岸及各港的有关航海说明时,则应利用书末索引,按地名查其所在章节号,再按章节号找到所需资料。

⑥阅读《航路指南》时,应查阅其最新补篇和与《航路指南》有关的航海通告。

⑦阅读《航路指南》时,应对照有关海图进行研究。

(2)中版《航路指南》的使用

①根据航区,抽选相应卷别的《航路指南》。

②如需查找整个海区的总的情况和航线情况,可根据目录在第一章内查得具体资料所在页码,即可查得相关资料。

③如需了解某具体位置的水文气象、航法和航行注意等情况,可根据地理位置在卷首部分的本卷航路指南索引图中查得该海区所在章节,再根据该章节编号查阅本卷目录,可知该章节所在的页码,翻至该页即可查阅有关内容(也可根据具体地理位置直接查取目录)。

④阅读《航路指南》时,应对照有关海图进行研究。

三、船舶定线制

船舶定线是海上船舶交通管理的一个组成部分,对减少和避免海上交通事故、增强航行安全、提高航行效率、保障海上人命安全和加强海洋环境保护方面的积极作用越来越受到世界各国的关注。我国制定的"成山角船舶定线制和船舶报告制"是中国第一个获得 IMO 采纳的船舶定线制和船舶报告制,并已于 2000 年 12 月 1 日作为强制性要求对所有船舶适用。

《船舶定线》(Ships' Routeing)是国际海事组织(IMO)文件,是由岸基部门以法律规定或推荐形式指定船舶在海上某些区域航行时所遵循或采用的航线、航路或通航分道等。《船舶定线》是一种活页式出版物,现行版为 2019 年第十四版。以替换页或增页的形式发布,用以对资料进行改正。

为了解 IMO 所采纳的分道通航制,可查阅 IMO 出版的《船舶定线》和英国水道测量局出版的《英版航海通告年度摘要》。要想了解未被 IMO 所采纳的分道通航制,应查阅有关《英版航路指南》或其他有关航海资料。

《船舶定线》共有以下八部分内容:

第一部分:船舶定线的一般规定(Part A—General Provisions on Ships' Routeing);

第二部分:分道通航制(Part B—Traffic Separation Schemes and Inshore Traffic Zones);

第三部分:深水航路(Part C—Deep-water Routes);

第四部分:避航区(Part D—Areas to be Avoided);

第五部分:其他定线措施(Part E—Other Routeing Measures);

第六部分:有关航行的规则和建议(Part F—Associated Rules and Recommendations on Navigation);

第七部分:强制性的船舶报告制、船舶定线制和禁锚区(Part G—Mandatory Ship Reporting Systems, Mandatory Routeing Systems and Mandatory No Anchoring Areas);

第八部分:采用、指定和替代的岛屿间航路(Part H—Adoption, Designation and Substitution of Archipelagic Sea Lanes)

其中自第二部分开始印有国际海事组织采纳的世界各水域的各种定线制和规则等的详细资料,并附有图式,船舶航行至相关水域时可结合海图使用。

船舶定线的主要形式和最常用的形式是分道通航制,因此,着重提出航行在船舶定线制水域的船舶应注意的问题如下:

(1)保持 VHF 守听。若在分道通航制水域建有监测站或航海信息服务中心,航行在该水域的船舶应保持 VHF 守听，以便获得关于本船航行情况、通航情况、航行警告等有关航行安全信息。

(2)遵守船舶动态报告制。在某些分道通航制水域，如多佛尔海峡、马六甲海峡等，有关主管当局要求船舶在指定地点向有关部门报告诸如船名、船舶呼号、船位、航向、航速、吃水、货物种类和性质、目的港等情况，以便有关部门对船舶实施动态安全管理。航行在该水域的船舶应遵守报告制的规定，及时准确地向有关部门报告。

(3)凡航行在被 IMO 采纳的分道通航制水域的深水航路中和航行在狭水道中的分道通航制水域的船舶，应特别遵守《1972 年国际海上避碰规则》第 10 条的规定。

(4)使用分道通航制的规定不是强制性的，允许船舶不使用分道通航制，但应在远离该水域边界线的宽阔水域中航行。

(5)在 IMO 所采纳的分道通航制水域中航行的船舶应严格遵守《1972 年国际海上避碰规则》第 10 条的规定；反之，在未被 IMO 所采纳的分道通航制水域中航行时，则应遵守地方规则。

第五节　获取航路安全信息

本节主要介绍利用相关的航海图书资料获取航路安全信息，这里涉及的相关航海图书资料包括《航路指南》《进港指南》《港口指南》《灯标和雾号表》《航标表》《无线电信号表》《潮汐表》《航海通告》等，需要获取的航路安全信息主要包括水文气象、碍航物、航道、锚地、港口服务等信息。各种图书资料的概况、主要内容及作用在本章第二节已做介绍，在此不再赘述，本节主要针对利用各种图书资料获取航路安全信息的具体方法。

一、利用《航路指南》获取航路安全信息

1.利用英版《航路指南》获取航路安全信息

(1)如需了解该卷《航路指南》所述地区的总情况，可查阅第一章的目录，查找其所在页数，再按页数找到所需资料；亦可按所需内容名称查书末索引，得其所在章节号，再按章节号找到所需资料。

(2)如需了解沿岸及各港的有关航海说明，可利用书末的关键词索引，按地名查其所在章节号，再按章节号找到所需资料。

例 1-5：某船制订航次计划，需要韩国仁川港(Incheon Hang)的资料。试在英版《航路指南》中查取所用资料。

步骤如下：

①结合海图根据仁川港的位置查《航海图书总目录》，得出应使用英版《航路指南》第 32B 卷(NP32B)。

②在书末“索引”中按字母顺序查得仁川港(Incheon Hang)的资料。仁川港资料所在的章节号为 6.135。其他关于该港的资料所在的章节号分别为：到港信息(Arrival Information)

6.143、港湾与泊位(Basins and Berths) 6.158、航法(Directions for Entering Harbor) 6.153、一般资料(General Information) 6.135、港口(Harbor)6.149、限制条件(Limiting Conditions) 6.137、港口服务(Port Services) 6.162。

③根据章节号在正文中即可查得仁川港详细资料。

2.利用中版《航路指南》获取航路安全信息

(1)根据航区,抽选相应卷别的《航路指南》。

(2)如需查找整个海区的总情况和航线情况,可根据目录在第一章内查得具体资料所在页码,即可查得相关资料。

(3)如需了解某具体位置的水文气象、航法和航行注意等情况,可根据地理位置在卷首部分的本卷航路指南索引图中查得该海区所在章节,再根据该章节编号查阅本卷目录,可知该章节所在的页码,翻至该页即可查阅有关内容(也可根据具体地理位置直接查取目录)。

二、利用《进港指南》《中国港口指南》获取航路安全信息

1.利用《进港指南》获取航路安全信息

利用《进港指南》获取航路安全信息的方法和步骤如下:

(1)在阅读《进港指南》时,如对其内容及编排不是很熟悉,应先了解其正文前警告、目录、序言。

(2)根据港口所属国家名称的第一个字母确定查阅 A~K 册或 L~Y 册。

(3)在正文一册后的索引(Index)中,依据港名可查得资料和港图与系泊图所在页数(如果索引中没有港图与系泊图的页数,则说明该港没有图示提供)。

(4)分别在正文册和港图与系泊图册根据索引的页数查得相关资料。

例 1-6:某船计划航行去澳大利亚(Australia)的海波因特(Hay Point)港,试利用《进港指南》查取该港的资料。

步骤如下:

①根据国家名称选用 A~K 册查找资料。

②在索引中查得该港正文资料在 184 页、港图在 116 页。

③在正文一册的 184 页可查得该港的资料介绍,在港图与系泊图一册的 116 页可查取相关港图。

2.利用《中国港口指南》获取航路安全信息

(1)根据港口的位置选用相应册别的《中国港口指南》。

(2)根据目录查取港口资料所在的页码,阅读具体内容时应参照港口与航道示意图,并与有关海图对照,以便于理解和领会。

三、利用《灯标和雾号表》《航标表》获取航路安全信息

1. 利用《灯标和雾号表》获取航路安全信息

(1)根据所在地点,查英版《海图及其他水道图书总目录》或任意一卷的“英版灯标表分

卷界限图”(Limits of Volumes of Admiralty List of Lights)获取航行区域灯标资料所在卷。

(2)找到该卷,翻到书末索引(Index)部分,根据灯标名称(Name)查得其编号(No.)。

(3)根据编号(No.)翻到所在页,便可阅读该灯标的资料。

(4)根据需要求取灯标在当时能见度下的光力射程。

例 1-7:某船 2021 年 5 月 1 日夜间在中国大沽灯塔附近航行,气象能见距离为5 n mile,测者眼高为 16 m,求该灯塔资料和该能见度下及能见度良好情况下灯光的最大可见距离。

方法及步骤如下:

①根据地理区域查“灯标表分卷界限图”,知大沽灯塔资料在第六卷。

②由第六卷索引中查到该灯塔的编号为 P3908,根据此编号在该卷中查得灯塔资料如下:

灯质:闪光灯(Fl)、白光、周期 10 s;灯高:36 m;额定光力射程(参看该册“特殊说明”):17 n mile;结构:红白相间塔体、塔高 36 m。

③查光力射程图(Luminous Range Diagram)

由该图(如图 1-1 所示)上边“NOMINAL RANGE”的 17 n mile,向下到能见度 5 n mile 曲线再向左得到该能见度时灯光的光力射程为 10 n mile。

④由地理能见距离表(Geographical Range Table)或用地理能见距离公式计算可得该灯光的地理能见距离为 20.3 n mile。由于能见度为 5 n mile 时灯塔灯光的光力射程为 10 n mile,所以该能见度下灯塔灯光的最大可见距离为 10 n mile。又因为灯塔的额定光力射程为 17 n mile,所以,能见度良好时该灯塔灯光的最大可见距离为 17 n mile。

2. 利用《航标表》获取航路安全信息

(1)根据所查航标所在的海区,抽选相应册别的中国沿海《航标表》。

(2)如需查阅航标资料,可参考目录找到并查相应卷第一部分的“航标索引图”,在灯标附近查得一红色数字,此数字为该灯标资料在《航标表》中的页码,然后翻到该页,根据灯标的名称查出该灯标的资料。

(3)如需查阅罗经校正场与测速场资料,可根据目录获得该部分资料所在页码,翻至该页即可查出分布图和相应资料。

四、利用英版《无线电信号表》获取航路安全信息

英版《无线电信号表》共有 6 卷,每一卷的使用方法大致相同,主要依据目录和索引进行查阅。以下主要针对第二卷和第六卷的使用方法进行详细介绍。

1.利用英版《无线电信号表》第二卷获取航路安全信息

英版《无线电信号表》第二卷主要内容可分为无线电航标、AIS 系统、卫星定位系统、无线电时号、电子导航系统和专用索引几大部分,具体使用方法如下:

(1)如果要了解英版《无线电信号表》各卷的内容,可阅读对英版《无线电信号表》的介绍部分,了解本卷内容编排,可参阅目录。

(2)如果要查阅某国家或地区的无线电航标、雷达航标和 AIS 航标的资料,可利用该部分的地理区域索引查得。

(3)如需要根据不同情况查某台、标的资料,应利用专项索引。

(4)电子定位系统的资料应根据目录查得。

(5)对资料中的专用术语或缩写不熟悉,可参阅缩写、术语和定义部分,对某部分的资料有不熟悉的地方可参阅该部分开头的解释和说明。

2.利用英版《无线电信号表》第六卷获取航路安全信息

该书主要内容按照国家、地区或船舶报告区域的字母顺序编排。每个国家或地区(区域)的开始部分为总体介绍(General Notes),给出该国家或地区(区域)相关通信的总体说明;然后给出具体港口业务、船舶交通管理和船舶报告制的信息;最后给出海上超高频通信频率表和国际海事组织标准船舶报告系统的说明。使用方法如下:

(1)查找国家、地区、船舶交通管理和船舶报告制的总体介绍,应使用卷首部分的目录清单(Contents List)查取;查取具体港口的信息,既可用卷首的目录清单查找,也可用书后索引查找。

(2)对资料中的专用术语、缩写、资料细节不熟悉,可参阅卷首的词汇和注释部分。

五、利用英版《潮汐表》进行潮汐推算

1.主港潮汐

可从"主港索引"查得所求港潮汐预报资料在表中的页码,然后翻到此页,即可查到所求日的高、低潮潮时和潮高,还可查得第一卷部分主港的逐时潮高。如船时与表列区时不一致,则应进行改正。

2.附港潮汐

(1)计算公式

附港高(低)潮潮时=主港高(低)潮潮时 + 高(低)潮潮时差　　(1-1)

附港高(低)潮潮高=主港高(低)潮潮高-主港平均海面季节改正+高(低)潮潮高差 + 附港平均海面季节改正　　(1-2)

计算时,首先在"地理索引"中查取附港的编号,根据编号在"用以预报附港潮汐的潮时差和潮高差"表中查取该附港的主港、潮时差、潮高差和主、附港的平均海面季节改正;然后根据得出的主港名称在"主港潮汐预报"表中查取主港相关的高、低潮潮时和潮高。从而利用式(1-1)和式(1-2)求出附港的潮汐。计算时应注意各卷中的表列潮高差、第一卷各港和第二卷的欧洲港口表列潮时差需经内插求取,潮高差内插时应注意所用的主港潮高是经过季节改正的潮高。

(2)计算举例

例 1-8:试求法罗群岛克拉克斯维克(Klaksvik)港 2022 年 7 月 1 日高、低潮时和潮高。

解:根据该港的位置,应使用英版《潮汐表》第二卷推算潮汐,具体步骤如下:

①从"地理索引"中查得 Klaksvik 的编号为 782, 根据该编号在"用以预报附港潮汐的潮时差和潮高差"表中查得如下资料:

No.	Place	Lat. N.	Long. W.	Time Differences High Water Zone UT(G.M.T.)		Low Water		Height Differences(in meters) MHWS	MHWN	MLWN	MLWS	M.L Z_0 m.
819	REYKJAVIK	(see page 6)		0300 and 1500	0800 and 2000	0200 and 1400	0700 and 1900	4.0	3.0	1.3	0.2	
……												
782	Klaksvik · · ·	62 15	6 35	+0300	+0245	+0340	+0320	-3.1	-2.3	+1.1	+0.2	0.46

· ·

SEASONAL CHANGES IN MEAN LEVEL

No.	Jan.1	Feb.1	Mar.1	Apr.1	May 1	June 1	July 1	Aug.1	Sep.1	Oct.1	Nov.1	Dec.1	Jan.1
780~801	+0.2	+0.1	0.0	-0.1	-0.1	-0.1	-0.1	-0.1	0.0	0.0	+0.1	+0.2	+0.2
810~828$_b$	+0.2	+0.1	0.0	-0.1	-0.1	-0.1	-0.1	-0.1	0.0	0.0	+0.1	+0.2	+0.2

从资料中可以得出 Klaksvik 的主港是 REYKJAVIK,编号为 819,资料从第 6 页开始;如果主港高潮潮时为 0300 和 1500,附港高潮潮时差为+0300;如果主港高潮潮时 0800 和 2000,附港高潮潮时差为+0245;如果主港低潮潮时为 0200 和 1400,附港低潮潮时差为+0340;如果主港低潮时为 0700 或 1900,附港低潮潮时差为+0320;与主港高潮潮高 4.0 m 和 3.0 m 对应的附港高潮潮高差分别为-3.1 m 和-2.3 m;主港低潮高为 1.3 m 和 0.2 m 对应的附港低潮潮高差分别为+1.1 m 和+0.2 m;附港平均海面高度为 0.46 m,主、附港的平均海面季节改正均为-0.1 m。

②翻至第 6 页,查得 REYKJAVIK 港 7 月 1 日高、低潮资料如下:

	Time	m.
	0148	0.7
1	0751	3.3
F	1351	0.7
	2005	3.7

③根据主港资料,在"用以预报附港潮汐的潮时差和潮高差"表中内插求取潮时差和潮高差。内插方法是线性内插,对于较简单的情况可采用目视线性内插。

潮时差:由于当主港高潮发生在 0300 和 1500 时,附港的高潮潮时差为+0300,当主港高潮发生在 0800 和 2000 时,附港的高潮潮时差为+0245,所以主港高潮潮时为 0751 所对应的附港潮时差为:

$$\text{潮时差}=(0300)+\frac{0751-0300}{0800-0300}\times[(0245)-(0300)]\approx 0245$$

主港高潮潮时为 2005 所对应的附港潮时差为:

$$\text{潮时差}=(0245)+\frac{2005-2000}{2700-2000}\times[(0300)-(0245)]\approx 0245$$

同理可求出主港低潮潮时 0148 和 1351 所对应的附港低潮潮时差分别为 0339 和 0340。

潮高差的求取方法和潮时差的求取方法一样，本题中主港高潮潮高[3.3−(−0.1)]=3.4 m 和 3.8 m 对应的潮高差分别为 −2.6 m 和−2.9 m，主港低潮潮高 0.8 m 和 0.8 m 对应的潮高差分别为−0.7 m 和−0.7 m。

④计算附港的高、低潮潮高和潮时。可采用竖式计算格式，以下采用英版《潮汐表》的“潮汐预报表格”(该表格附在英版《潮汐表》尾页)格式进行计算，表格式样和计算步骤如下：

TIDAL PREDICTION FORM

STANDARD PORT *REYKJAVIK* TIME/HEIGHT REQUIRED *ALL*

SECONDARY PORT *Klaksvik* DATE *1st July 2022* TIME ZONE *UT(G.M.T.)*

	TIME		HEIGHT		
	HW	LW	HW	LW	RANGE
	1	2	3	4	5
STANDARD PORT	0751	0148	3.3	0.7	
	2005	1351	3.7	0.7	
Seasonal Change	Standard Port		6	6	
			−0.1	−0.1	
DIFFERENCES	7	8	9	10	
	0245	0339	2.6	0.7	
	0245	0340	2.9	0.7	
Seasonal Change	Secondary Port		11	11	
			−0.1	−0.1	
SECONDARY PORT	12	13	14	15	
	1036	0527	0.7	0	
	2250	1731	0.8	0	
Duration	16				

a. 将与求附港潮汐问题有关的主港的高潮潮时填入第 1 栏，低潮潮时填入第 2 栏，高潮潮高填入第 3 栏，低潮潮高填入第 4 栏。

b.将主港和附港的平均海面季节改正分别填入第 6、11 栏。

c.将附港的各高潮潮时差、低潮潮时差、高潮潮高差和低潮潮高差按照与主港的各高潮潮时、低潮潮时、高潮潮高和低潮潮高的一一对应关系分别填入第 7、8、9、10 栏。

d.将第 1 栏的主港高潮潮时和第 7 栏的附港高潮潮时差对应相加得附港的高潮潮时并填入第 12 栏；将第 2 栏的主港低潮潮时和第 8 栏的附港低潮潮时差对应相加得附港的低潮潮时并填入第 13 栏。

e.将第3栏的主港高潮潮高减去第6栏的主港平均海面季节改正后和第9栏的附港高潮潮高差对应相加，然后加上第11栏的附港的平均海面季节改正，得出附港的高潮潮高并填入第14栏；采用同样的步骤可由第4栏的主港低潮潮高求出附港的低潮潮高并填入第15栏。

f.如果需要潮高差值和涨（落）潮时间，可将其求出，并将潮差值填入第5栏，将涨（落）潮时间填入第16栏。

计算结果如表格中所示。

例1-9：求韩国釜山（Busan）港2022年9月1日的高、低潮潮高和潮时。

解：按与上例同样的步骤在英版《潮汐表》第六卷中查得附港釜山的潮汐资料如下：

No.	Place	Lat. N.	Long. E.	Time Differences MHW (Zone -0900)	Time Differences MLW (Zone -0900)	Height Differences (in meters) MHWS	MHWN	MLWN	MLWS	M.L Z_0 m.
7280	CHANGJIANG APPROACHES (LUHUASHAN)	(see page 69)				4.3	3.3	2.0	0.9	
	……									
7566	Busan…	35 06	129 02	-0150	-0137	-3.1	-2.4	-1.6	-0.8	0.65

· ·

SEASONAL CHANGES IN MEAN LEVEL

No.	Jan.1	Feb.1	Mar.1	Apr.1	May 1	June 1	July 1	Aug.1	Sep.1	Oct.1	Nov.1	Dec.1	Jan.1
7280	-0.1	-0.2	-0.2	-0.1	0.0	0.0	0.0	+ 0.1	+ 0.2	+ 0.2	+ 0.1	0.0	-0.1
7534~7566	-0.1	-0.1	-0.1	-0.1	0.0	0.0	+ 0.1	+ 0.1	+ 0.1	+ 0.1	0.0	-0.1	-0.1

主港长江口附近绿华山（CHANGJIANG APPROACHES LUHUASHAN）港潮汐资料如下：

	Time	m.
	0044	4.0
1	0720	1.3
W	1328	4.1
	1948	2.0

内插求取附港潮高差如下：

由于主港高潮潮高4.3 m和3.3 m所对应的附港潮高差分别是-3.1 m和-2.4 m，所以该日主港高潮潮高3.8 m所对应的附港高潮潮高差为-2.7 m，3.9 m所对应的附港高潮潮高差为-2.8 m；由于主港低潮潮高2.0 m和0.9 m所对应的附港低潮潮高差分别是-1.6 m和-0.8 m，所以该日主港低潮潮高1.1 m和1.8 m所对应的附港低潮潮高差分别为-0.9 m和-1.5 m。

附港釜山的高、低潮潮时和潮高计算如下：

TIDAL PREDICTION FORM

STANDARDPORT *CHANGJIANG APPROACHES(LUHUASHAN)* TIME/HEIGHT REQUIRED *ALL*
SECONDARY PORT *Busan* DATE *1st Sep. 2022* TIME ZONE *-0900*

	TIME		HEIGHT		
	HW	LW	HW	LW	RANGE
	1	2	3	4	5
STANDARD PORT	0044	0720	4.0	1.3	
	1328	1948	4.1	2.0	
Seasonal Change	Standard Port		6	6	
			0.2	0.2	
	7	8	9	10	
DIFFERENCES	-0150	-0137	-2.7	-0.9	
	-0150	-0137	-2.8	-1.5	
Seasonal Change	Secondary Port		11	11	
			0.1	0.1	
Duration	12	13	14	15	
	2254(30/9)	0543	1.1	0.2	
SECONDARY PORT	1138	1811	1.1	0.3	
Duration	16				

3.求任意时的潮高和任意潮高的潮时

求任意时的潮高和任意潮高的潮时的方法除了前面介绍过的计算公式和梯形图卡外，利用英版《潮汐表》中提供的“求任意时潮高曲线图”也是一种方便的方法，特别是第一卷的曲线图针对不同主港和特别的附港给出，其精度也是较高的。以下利用实例解释该曲线图的使用方法。

例 1-10：已知英国某港(主港为 Greenock)当日高潮潮时、潮高：0241 5.0 m；低潮潮时、潮高：0848 0.8 m，利用“求任意时潮高曲线图”求解 0241 至 0848 间潮高为 3.0 m 的时间和 0700 的潮高。

解：由于该港主港是 Greenock，所以利用 Greenock 的曲线图进行求解。该曲线图位于 Greenock 港资料的首页。曲线图的左边上、下横坐标是标示潮高的坐标轴，上边标高潮潮高，下边标低潮潮高；曲线图的右边是潮汐涨落曲线，其下是潮时坐标；潮汐涨落曲线的中线上的数字为求任意时潮高用的系数(Factor)。第一卷各港的曲线图的涨落潮曲线共有两条，实线为大潮曲线，虚线为小潮曲线；大潮和小潮的潮差在图的右上方给出。在求任意潮高和潮时时，如果当时潮差等于或接近大潮潮差，则利用大潮曲线；潮差等于或接近小潮潮差，利用小潮曲线；其他情况在两曲线间内插，不要外推。用主港曲线求附港任意潮时和潮高潮汐需要内插时，要用主港潮差确定内插点。

从0241至0848的落潮过程中，高、低潮潮高分别为5.0 m和0.8 m，基于该高、低潮潮时和潮高，计算步骤如下：

①在曲线图左边上横坐标5.0 m点和下横坐标0.8 m点间连一辅助线。在潮时坐标高潮(HW)下的方格内填入高潮潮时0241，因是落潮，再向右每间隔1 h的空格内填入相应时间至能将所求问题的时间包括在内为止。

②从图左部分上(或下)横坐标的3.0 m处向下(或向上)引一垂线交辅助线后水平向右引至与大曲线处(本例问题对应的主港潮差为3.1 m，而大、小潮曲线所代表的潮差分别为3.1 m和1.8 m)，再由此处竖直向下引直线交潮时坐标轴于一点，此点便为潮高为3.0 m的潮时：0528。

③从潮时坐标0700向上引竖直线至大曲线，再从此点水平向左引直线交辅助线后向上(或向下)作竖直线交潮高坐标轴于一点，该点坐标便为0700的潮高：1.32 m。

此外，从横直线与潮汐曲线中线的交点可得出系数，0700的系数为0.13，用此系数乘以潮差(4.2 m)可得出潮高改正值(也可以在乘积表表Ⅱ中利用该系数和潮差作引数查出)为0.55 m，该值和低潮潮高相加即为所求0700的潮高为1.35 m。

例1-11：已知韩国釜山港当日低潮潮时、潮高：0617 0.2 m，高潮潮时、潮高：1230 1.1 m，求1000时的潮高。

解：该题应利用英版《潮汐表》第四卷提供的曲线图求解。该曲线图与第一卷曲线图的不同点在于其不是给出大、小潮曲线，而是给出涨落潮时间为5 h、6 h和7 h的三条曲线，以适应于不同的港口。

参考上例中求潮高的方法(注意：由于是涨潮过程，标注潮时时，以高潮时为基准向左标注；由于涨潮时间为6 h 13 min应在6 h和7 h两曲线间做适当内插)可以求出1000的潮高为0.8 m。

通用曲线图只适合于涨(落)潮时为5 h和7 h之间且没有浅水改正的情况，如条件不满足必须使用调和常数法求取，这一点在使用中应注意。

六、利用中版《潮汐表》进行潮汐推算

1.求主港高、低潮潮时和潮高

求主港高、低潮潮时和潮高，或求部分港口每小时潮高，可直接查《潮汐表》求得。但应注意船时和表列标准时是否一致。

2.求附港高、低潮潮时和潮高

(1)名词解释

高(低)潮潮时差——主港与附港高(低)潮潮时之差。正号(+)表示附港高(低)潮潮时比主港高(低)潮潮时发生得晚；负号(-)表示附港高(低)潮潮时比主港高(低)潮时发生得早。

潮差比——对半日潮港来说，是指附港的平均潮差与主港的平均潮差之比；对日潮港来说，是指附港的回归潮大的潮差与主港的回归潮大的潮差之比。

改正值——使用潮差比由主港潮高计算附港潮高时，若附港基准面不是用主港基准面确

定的,需要对附港潮高加以订正,使之变为从附港基准面起算,此订正数就是表列的改正值。

(2)应用差比数进行推算的公式

附港潮时的计算公式为:

附港高(低)潮潮时=主港高(低)潮潮时 + 高(低)潮潮时差　(1-3)

第一册至第三册的计算公式:

附港高(低)潮潮高=[主港高(低)潮潮高-(主港平均海面 + 主港季节改正数)]×潮差比+(附港平均海面+附港季节改正数)　(1-4)

当主、附港季节改正数不大时,可不必进行平均海面的季节改正,而直接用差比数栏中的改正值求得附港的潮高,即

附港高(低)潮潮高=主港高(低)潮潮高×潮差比 + 改正值　(1-5)

第四册至第六册的计算公式为:

附港高(低)潮高=主港高(低)潮高× 潮差比 + 改正数 + 潮高季节改正数　(1-6)

在利用上述公式求附港潮汐时,应首先在“差比数和潮信表”中查取附港资料和其主港的名称(前三册在“差比数与潮信表”中按序查取,第四册至第六册从地名索引查取),进而查出主港资料,从而计算附港潮汐。

(3)附港潮汐推算举例

例 1-12:求铜沙 2022 年 2 月 12 日潮汐。

解:从 2022 年第一册《潮汐表》的“差比数和潮信表”中查得:铜沙(编号 5012)的主港是吴淞(编号 5006),高潮潮时差为 -0157,低潮潮时差为-0221,潮差比 1.21,铜沙平均海面为 260 cm,吴淞平均海面为 202 cm,根据主、附港编号和日期查得这两港的平均海面季节改正值均为-25 cm,根据目录从“主港潮汐预报表”中可查得吴淞潮汐为 0353 98 cm,1010 246 cm, 1745 91 cm, 2246 194 cm,铜沙(附港)潮汐计算格式如下:

		高潮潮时		低潮潮时	
主港吴淞 12/2-2022 潮时		1010	2246	0353	1745
潮时差	+)	-0157	-0157	-0221	-0221
附港铜沙 12/2-2022 潮时		0813	2049	0132	1524
		高潮潮高		低潮潮高	
主港吴淞 12/2-2022 潮高		246	194	98	91
主港季节改正后的平均海面(202-25)	-)	177	177	177	177
主港平均海面上的潮高		69	17	-79	-86
潮差比	×)	1.21	1.21	1.21	1.21
附港平均海面上的潮高		83	21	-96	-104
附港季节改正后的平均海面(260-25)	+)	235	235	235	235
附港铜沙 12/2-2022 潮高		318	256	139	131

例 1-13:求铜沙 2022 年 5 月 12 日潮汐。

解:同上例从 2022 年第一册《潮汐表》的"差比数和潮信表"中查得:铜沙(编号 5012)的主港是吴淞(编号 5006),高潮潮时差为 -0157,低潮潮时差为-0221,潮差比 1.21,根据主、附港编号和日期查得这两港的平均海面季节改正值均为 1 cm,由于主、附港的平均海面季节改正都很小,不必进行此项改正,而查得改正值为 16 cm。从"主港潮汐预报表"中可查出吴淞潮汐为 0418 129 cm; 0937 305 cm; 1706 98 cm;2219 303 cm。铜沙(附港)潮汐计算格式如下:

		高潮潮时		低潮潮时	
主港吴淞 12/5-2022 潮时		0937	2219	0418	1706
潮时差	+)	-0157	-0157	-0221	-0221
附港铜沙 12/5-2022 潮时		0740	2022	0157	1445
		高潮潮高		低潮潮高	
主港吴淞 12/5-2022 潮高		305	303	129	98
潮差比	×)	1.21	1.21	1.21	1.21
附港铜沙未改正的潮高		369	367	156	119
改正值	+)	16	16	16	16
附港铜沙 12/5-2022 潮高		385	383	172	135

例 1-14:计算日本和歌山(Wakayama) 2022 年 1 月 2 日潮汐。

解:根据要求选用第四册《潮汐表》,从《地名索引》中查得 Wakayama 的编号是 654,按此编号从"附属港资料(差比数表)" 查得和歌山的主港是那霸(Naha, No.1069, p.112);高潮潮时差为-0044,低潮潮时差为-0102,潮差比为 0.84,改正数为 0.1 m,潮高季节改正数可忽略不计。从"主港潮汐预报表"中查得那霸 1 月 2 日的潮汐为:0031 -19 cm, 0713 183 cm, 1239 73 cm,1820 203 cm。和歌山潮汐计算格式如下:

		高潮潮时		低潮潮时	
主港那霸 2/1-2022 潮时		0713	1820	0031	1239
潮时差	+)	-0044	-0044	-0102	-0102
附港和歌山 2/1-2022 潮时		0629	1736	2329	1137
				(1/1-2022)	
		高潮潮高		低潮潮高	
主港那霸 2/1-2022 潮高		183	203	-19	73
潮差比	×)	0.84	0.84	0.84	0.84
附港和歌山未改正的潮高		154	171	-16	61
改正数	+)	10	10	10	10
附港和歌山未进行季节改正的潮高		164	181	-6	71
潮高的季节改正数		0	0	0	0
附港和歌山 2/1-2022 的潮高		164	181	-6	71

即参考那霸 2022 年 1 月 3 日第一个潮汐为 0119 -28 cm,和歌山 2014 年 1 月 2 日只有两

个高潮、一个低潮。

3.利用潮信资料概算潮汐

潮信资料包括：平均大（小）潮升、平均高（低）潮间隙和平均海面。利用潮信资料可以大致概算高、低潮时和潮高。

（1）当地高（低）潮潮时＝当地高（低）潮间隙+格林尼治月上或下中天时

当不知道格林尼治月上或下中天时间时，对于半日潮港，可用以下方法近似求取月中天时间：

上半月：月上中天时 ＝（农历日期−1）×0.8+1200
月下中天时 ＝ 月上中天时 ±1225
下半月：月上中天时 ＝（农历日期−16）×0.8
月下中天时 ＝ 月上中天时 ± 1225

（2）用潮升估算潮高

平均大潮高潮潮高 ＝ 大潮升
平均大潮低潮潮高 ＝2×平均海面−大潮升
平均小潮高潮潮高 ＝ 小潮升
平均小潮低潮潮高 ＝ 2×平均海面−小潮升

所求日的潮高可以根据大潮日至小潮日约 7.5 天和所求日期与大（小）潮日期的关系内差求取：

$$\text{所求日高潮潮高} = \text{平均大潮高潮潮高} - \frac{\text{大潮升}-\text{小潮升}}{7.5}\times(\text{所求日与大潮日相隔天数})$$

$$\text{所求日低潮潮高} = 2\times\text{平均海面} - \text{所求日高潮潮高}$$

4. 求任意时的潮高和任意潮高的潮时

（1）用公式计算

在整个潮汐周期内，潮汐涨、落的速度是变化的。在高、低潮的附近，潮汐涨、落较缓慢，而在高、低潮的中间时刻，即接近半潮时，其涨、落速度最快。

为求得相邻的高、低潮间任意时刻的潮高，通常将潮汐的涨、落运动视为简谐运动，运动曲线近似于余弦曲线，如图 1-8 所示。可以看出任意时水面与低潮面的潮高改正数 Δh 为：

$$\Delta h=\frac{1}{2}\text{潮差}-X=\frac{1}{2}\text{潮差}\times(1-\cos\theta) \tag{1-7}$$

式中：θ 为任意时刻的相位角，由低潮潮时起算。由于从低潮到高潮相位变化 180°，所以：

$$\theta=\frac{t}{T}\times180° \tag{1-8}$$

式中：T 为落潮或涨潮的时间间隔；

t 为任意时与低潮潮时的时间间隔。

所以：

$$\text{任意时潮高}=\text{低潮潮高} + \text{潮高改正数} = \text{低潮潮高} + \text{潮差}\times\frac{1}{2}\left[1-\cos\left(\frac{t}{T}\times180°\right)\right] \tag{1-9}$$

同理：

$$任意时潮高=高潮潮高-潮高改正数=高潮潮高-潮差\frac{1}{2}\left[1-\cos\left(\frac{t'}{T}\times180°\right)\right] \quad (1\text{-}10)$$

式中：t'为任意时与高潮潮时的时间间隔。

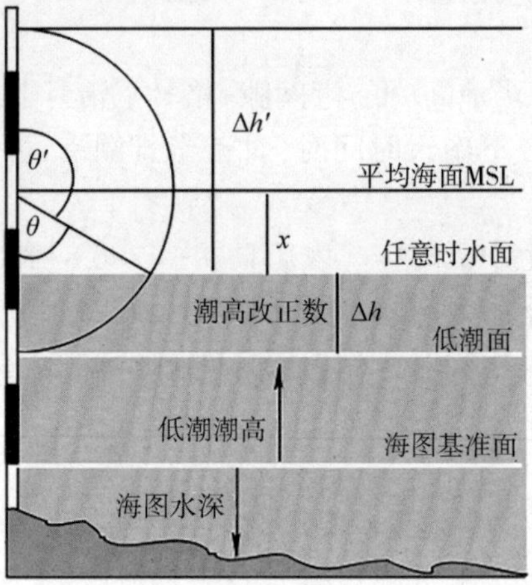

图 1-8　任意时潮高

例 1-15：求铜沙 2022 年 2 月 12 日 0500 的潮高和其后潮高大于 2.6 m 的最早时刻。

解：由例 1-12 得知铜沙该日潮汐为：0132 139 cm，0813 318 cm，1524 131 cm，2049 256 cm。显然，该日 0500 位于涨潮阶段，0500 的潮高为：

$$\begin{aligned}潮高 &= 低潮潮高 + \frac{1}{2}潮差\times(1-\cos\theta)\\ &= 139+\frac{(318-139)}{2}\times\left[1-\cos\left(\frac{0500-0132}{0813-0132}\right)\times180°\right]\approx139+95\\ &=234\ (\text{cm})\end{aligned}$$

0500 后潮高大于 2.6m 的最早时刻计算如下：

$$潮差=318-139=179(\text{cm})$$

$$潮高改正数=任意时潮潮高-低潮潮高=260-139=121(\text{cm})$$

$$\because\ 潮高改正数=\frac{1}{2}潮差\times(1-\cos\theta)，则$$

$$\cos\theta=1-\frac{2\times潮高改正数}{潮差}=1-\frac{2\times121}{179}=-0.3519553$$

$$\therefore\ \theta=110°.61$$

$$又\because\ \theta=\frac{t}{T}\times180°$$

$$\therefore\ t=\frac{\theta}{180°}\times T=\frac{110°.61}{180°}\times(0813-0132)=246(\text{min})=4\text{ h }06\text{ min}$$

故所求时间 = 低潮潮时 + t = 0132+0406 = 0538，

即该日 0500 后潮潮高达到 2.6 m 的最早时间为 0538。

（2）利用“等腰梯形图卡”求任意潮时及潮高

利用上述简谐运动的规律，我国潮汐工作者研制了“等腰梯形图卡”（见图 1-9），这样可免以去计算的麻烦。

此图卡由三部分组成：

①主图：由左右两个等腰梯形构成。左侧指示潮时，右侧指示潮高。

②潮时尺：分两侧读数：涨潮潮时尺和落潮潮时尺。涨潮时应将涨潮潮时尺向上，落潮时应将落潮潮时尺向上，尺的两头可以相接，使时间相连续，以便查算跨日潮汐。

③潮高尺：分上、下两种刻度。上段大刻度自 1 m 至 8 m，适用于一般潮高，下段小刻度自 1 m 至 12 m，适用于潮高大于 8 m 或小于 1 m 者（小于 1 m 时，可将潮高扩大 10 倍，查后再缩小 10 倍）。

有了某港的高（低）潮潮时及潮高就可以从图上直接读出任意时的潮高及任意潮高的潮时。

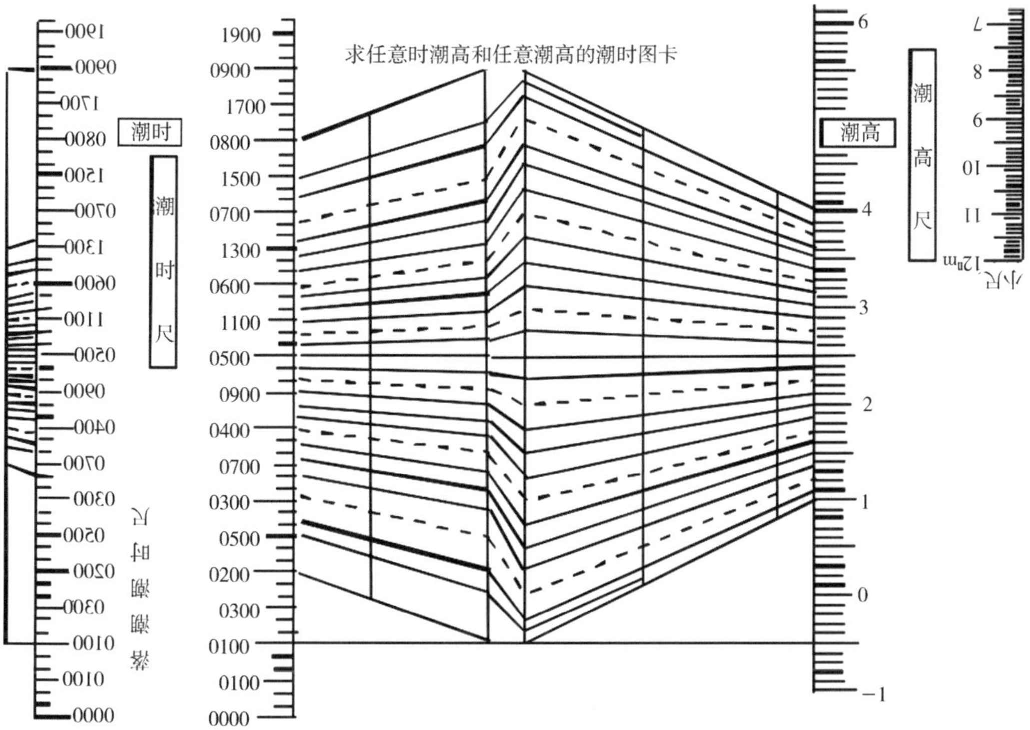

图 1-9　等腰梯形图卡

例 1-16：已知某港某日低潮潮时为 0200，低潮高为 1.0 m，高潮潮时为 0800，高潮潮高为 4.0 m。求任意时的潮高及任意潮高的潮时。

解：如图 1-9 所示，因该题所述是个涨潮过程，所以应使涨潮时尺向上并且使右边读数 0800 和 0200 分别与主图左侧上下两斜边相接，使潮高尺读数 4.0 m 和 1.0 m 分别与主图右侧上下两斜边相接（潮时尺、潮高尺均应与主图的垂线平行放置）。这时通过主图中的放射线即可查得：

0330 的潮高为 1.4 m，潮高为 1.5 m 的潮时是 0335，

0400 的潮高为 1.8 m，潮高为 2.0 m 的潮时是 0422，

0700 的潮高为 3.8 m，潮高为 2.5 m 的潮时是 0500。

例 1-17：已知某港某日低潮潮时为 1100，低潮潮高为 1.0 m，高潮潮时为 2130，高潮潮高为

3.5 m 。求任意时间的潮高及任意潮高的时间。

解:因该例的涨潮时间已超过 8 h,从主图上不能直接找出,此时可将潮时尺上每时的长度缩小 1 倍(即将原有 1 h 的长度当成 2 h)后再与主图相接,如潮时尺上 1100 与主图下面的斜边相接,则潮时尺上的 1615 即为现在的 2130,潮时尺上的 1300 即为现在的 1500,查图后(查法同上例)可得:

1300 的潮高为 1.2 m,潮高为 1.1 m 的潮时是 1230,

1600 的潮高为 2.2 m,潮高为 2.0 m 的潮时是 1530,

1930 的潮高为 3.3 m,潮高为 3.0 m 的潮时是 1820。

七、利用《潮汐表》的“潮流预报表”进行潮流推算

1.往复流潮流推算

海图上,涨潮流的潮流图式为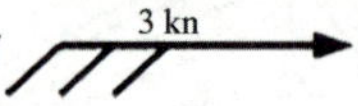

;落潮流的潮流图示为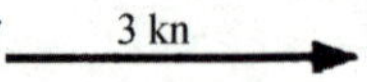

。其中箭矢的方向为流向,箭矢上的数字为流速数据,如果只给出一个数字,则为大潮日最大流速,如果给出两个数字则较大的数字为大潮日最大流速,较小的数字为小潮日最大流速。基于这些数字和潮流与潮汐的变化同样的规律,可以求出每日的最大流速。一般认为,大潮前后一两天内的当日最大流速都与大潮日最大流速相同;小潮前后一两天内的当日最大流速都与小潮日最大流速相同;其他数天内的当日最大流速可以取大、小潮最大流速的平均值,近似计算公式为:

$$\text{平均最大流速}=\frac{1}{2}(\text{大潮最大流速}+\text{小潮最大流速})$$

$$\approx\frac{3}{4}\text{大潮最大流速}$$

$$\approx\frac{3}{2}\text{小潮最大流速}$$

在仅知道大潮最大流速时,一般取小潮最大流速为大潮最大流速的一半。

知道当日最大流速后,便可以根据潮流的变化规律求取具体时间的潮流流速。往复流流速随时间变化的规律是:在转流时流向不定,流速很小,可视为 0 kn;转流以后流速逐渐由小增大,到相邻两次转流时间的中间时刻,流速达到最大;以后又逐渐变小,至下次转流时间流速又降至 0 kn。我们可将流速的这种变化规律近似地以正弦函数曲线来描述,如图 1-10 所示。纵坐标为流速 v,横坐标为时间 t。

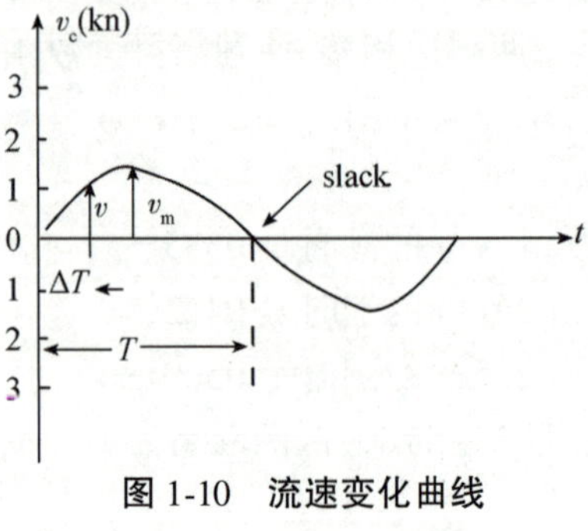

图 1-10　流速变化曲线

设当天最大流速为 v_m，涨（落）潮流持续时间为 T，所求时（t）与它前面的转流时间间隔为 ΔT，所求时的流速为 v，则：

$$v = v_m \sin\left(\frac{\Delta T}{T} \times 180°\right)$$

可见，只要知道 v_m、T 和 ΔT，即可求得任意时的潮流流速。

例 1-18：中国沿海某地往复流图式为 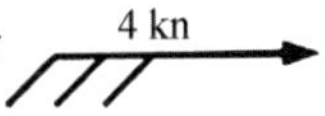

，涨落周期为 6 h，求该处农历初六涨潮流 1 h 30 min 的流速。

解：中国沿海大潮日一般发生在初三，初六当日的最大流速为：

$$v_m = \frac{3}{4} = 3\ (\text{kn})$$

涨潮流 1 h 30 min 的流速为：

$$\begin{aligned} v &= v_m \sin \frac{\Delta T}{T} 180° \\ &= 3 \times \sin\left(\frac{90}{360} \times 180°\right) \\ &\approx 2.1(\text{kn}) \end{aligned}$$

对于半日潮性质的地点，一天内流速的变化，可以认为是涨潮流和落潮流的持续时间都约为 6 h。一般可以运用 1、2、3、3、2、1 的简谐运动规律来近似估算任意时的潮流流速。其方法是：

转流到 1 h 内的平均流速是当日最大流速的 1/3；

转流后 1~2 h 的平均流速是当日最大流速的 2/3；

转流后 2~3 h 的平均流速等于当日最大流速；

转流后 3~4 h 的平均流速等于当日最大流速；

转流后 4~5 h 的平均流速是当日最大流速的 2/3；

转流后 5~6 h 的平均流速是当日最大流速的 1/3。

转流时间并不都是高潮潮时和低潮潮时，在某些海区，转流时间往往发生在高低潮后 3~4 h，因此必须查阅《航路指南》《潮汐表》和海图等航海资料掌握转流时间。

例 1-19：用以上近似方法求取例 1-18 的问题。

解：转流后 1 h 30 min 位于转流后 1 h 和 2 h 之间，流速为当日最大流速的 2/3，即为 2 kn。

2.回转流潮流推算

在航用海图上，回转流的资料用两种方式给出：回转潮流图和回转潮流表。图 1-11 所示为黄海某处的回转流图，中心地名表示主港港名，最外圈数字表示不同时间：0 表示主港高潮潮时，1、2、3……表示主港高潮前第 1、2、3……小时，Ⅰ、Ⅱ、Ⅲ……表示主港高潮后第 1、2、3……小时；数字所对应的箭矢为该时的潮流情况，箭矢的方向即流向；箭矢顶部的数字表示流速，较大的数字是大潮流速，较小的数字是小潮流速。潮流表的使用是为了海图的清晰，它一般印在海图标题栏或不影响船舶航行的位置，仅在潮流发生处用符号 

……表示表列潮流发生的位置。

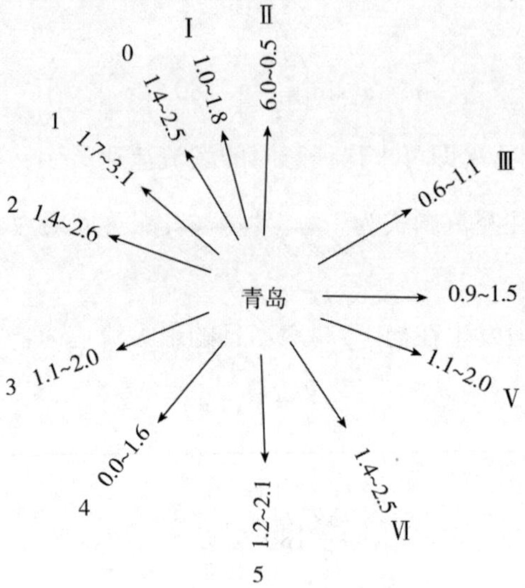

图 1-11　回转流图

回转流的流向可以根据主港高潮潮时和实际航行时间的关系根据图中箭矢代表的方向或表中给出的方向得出,如果时间不正好是图中或表中的时间可以进行内插求取。回转流的流速,可以根据航行日期和大潮日小潮日的关系,参考往复流中求取每日最大流速的规律,根据图中或表中给出的大潮流速和小潮流速求取。

3.利用《潮汐表》的"潮流预报表"进行潮汐推算

(1)潮流预报表

中国《潮汐表》第一册至第三册中的"潮流预报表"给出了中国一些重要水道、港湾和渔场等的潮流资料。对于具有往复流性质的地点,逐日给出转流时间、最大流速时刻以及相应的最大流速;对于具有回转流性质的地点,给出潮流回转一周(大约一个潮汐周期)过程中的两个极大值和两个极小值以及与其对应的时刻和流向。第四册中的"潮流预报表"只刊载了日潮潮流较大的海区中的一些重要地点的逐日潮流预报,对于以半日潮潮流为主的海区,应利用海图上刊载的资料和专用的半日潮潮流图表,根据某一主港的潮汐预报推算临近水域的潮流。每册均在每一页预报资料的上方给出:预报位置、经纬度、流速资料中的"+""-"号所代表的具体流向、预报年度和该地的标准时;第四册还在每页的下方说明了预报值中是否包含海流。

英版《潮汐表》中仅针对某些重要而且潮流周日不等现象显著的区域编制"潮流表"。由于欧洲大部分水域的潮流和潮汐均具有半日潮性质,可以基于海图上的潮流资料并参照主港的潮汐资料推算潮流,所以,英版《潮汐表》第一、二卷没有编制"潮流表",仅在第三、四卷中对某些重要而且潮流周日不等现象显著的地方编制了"潮流表"。"潮流表"资料的具体编排与中国《潮汐表》第四册的"潮流预报表"的编排基本一样,所不同的是在表的开头给出了半日潮、日潮和混合潮等的典型潮流曲线,以便对不同类型潮流进行解释和理解。

除了潮流表外,英版《潮汐表》第二、三、四卷中都还印有"关于潮流的调和常数",供用简化的调和常数法推算潮流。

(2)潮流推算

①往复流

中、英版《潮汐表》有关往复流的预报格式完全一致,以下以中版《潮汐表》为例对往复流进行推算。

例 1-20:求成山角 2021 年 7 月 1 日 1000 的流向和流速。

解:从 2021 年中国《潮汐表》的“潮流预报表”中查得成山角 7 月 1 日的潮流资料为:

7 月

	转流	最大流	
1	时分	时分	流速
TH	0128	0446	-1.9
	0802	1100	1.7
	1412	1712	-1.4
	2012	2316	1.5

资料中的“+”表示流向 343°,“-”表示流向 163°,流速单位为 kn。

由于 1000 在 0802 和 1412 两次转流之间,1000 的流向为“+”,即 343°;又由于该方向最大流速为 1.7 kn(发生在 1100),所以 1000 的流速为:

$$v = 1.7 \times \sin\left(\frac{1000-0802}{1412-0802} \times 180°\right) \approx 1.4(\mathrm{kn})$$

即 1000 的流向为 343°,流速约为 1.4 kn。

②回转流

对于回转流,由于“潮流预报表”中给出了一个回转周期内的两次极大值和两次极小值的流向和流速,其他时间的流向和流速可在其间内插求取。

八、英版《航海通告》的使用

1.概述

英版《航海通告》(Admiralty Notices to Mariners, ANM)每周末出版一期。它汇集英国水道测量局发布的全部《航海通告》,提供对所有英版海图及其他航海图书的改正资料,并重印无线电航海警告及其他变化资料,还复印澳大利亚和新西兰的《航海通告》,以供改正英国复制的澳大利亚和新西兰海图用。每期《航海通告》,通常包括下列内容:

Ⅰ　Explanatory Notes, Publications List (注释与图书清单)

Ⅱ　Admiralty Notices to Mariners, Updates to Standard Navigational Charts(《航海通告》、海图的改正)

Ⅲ　Reprints of NAVAREA Ⅰ Radio Navigational Warnings (国际航海警告区Ⅰ区无线电航海警告的重印)

Ⅳ　Updates to Admiralty Sailing Directions(《航路指南》的改正)

Ⅴ　Updates to Admiralty List of Lights and Fog Signals(《灯标和雾号表》的改正)

Ⅵ　Updates to Admiralty List of Radio Signals(《无线电信号表》的改正)

Ⅶ Updates to Miscellaneous Admiralty Nautical Publications(其他英版航海图书的改正)

Ⅷ Updates to Admiralty Digital Services (英版数字版业务内容的更新)

书面印刷的英版《航海通告》可以从设于各港的代发单位索取。这些可获取英版《航海通告》的港口及代发单位的名称均列于英版《航海图书总目录》中,英版《航海通告》和《航海通告年度摘要》(Annual Summary of Admiralty Notices to Mariners)的第2号通告均有相关说明。

2.各部分内容的说明

(1)注释与图书清单

每期《航海通告》的该部分均包括关于《航海通告》的说明、注释和图书出版与作废消息。网络版《航海通告》的说明对通告的形式、内容和获取方法进行了详细说明;注释是关于每期通告的截止日期、通告内容和航海图书资料的改正等的说明;图书的出版与作废消息包括:图书清单中的相关海图(Admiralty Charts Affected by the Publication List)、新图与新书(New Admiralty Charts and Publications)、新版图与新版书(New Editions of Admiralty Charts and Publications)、即将出版的海图(Admiralty Charts to be Published)、作废的海图和图书(Admiralty Charts and Publications Permanently Withdrawn)(这种形式的作废图书给出其取代图书的编号)、废除的海图(Admiralty Charts Independently Withdrawn)(这种形式的作废海图没有其取代海图)等。

对于出版消息,通告均列出各类新版海图图号、出版日期、标题与注释、比例尺、所在图夹的编号、该图在本年度《海图及其他水道图书总目录》中的页码和价格;如果一张图有光栅扫描海图版,则在图号前用代表这种电子海图的符号“⊙”标出。

在每月月末版(在下一月初出版)的一期《航海通告》中还包括:

临时性通告和预告月度汇编(IA Temporary and Preliminary Notices):首先列出本月取消的临时性通告和预告的清单,然后按26个地区顺序汇编列出至该月月底仍有效的此类通告资料(包括通告编号、相关海图、位置与主题和图夹编号)。

在每季度末出版的一期《航海通告》中还包括:

航海图书一览表(IB Current Nautical Publications):其中有《航路指南》及其补篇、《灯标和雾号表》、《无线电信号表》、《潮汐表》等图书现行版本一览表,以便了解最新航海图书的新版情况。

《航路指南》的更新汇编(Updates to Admiralty Sailing Directions in Force):汇总所有《航路指南》新版以来所有的更新内容及对应的《航海通告》的期数。

《无线电信号表》累计表(Cumulative List for Admiralty List of Radio Signals):汇总《无线电信号表》的改正情况。

(2)《航海通告》、海图的改正

第Ⅱ部分是每周出版的《航海通告》的主要内容,大致包括:

①3个索引:地理索引、通告与图夹编号索引和相关海图索引。地理索引给出了每个区域通告所在的页码;通告与图夹编号索引列出了每个通告所在的页码和该通告涉及的图夹的编号;相关海图索引列出本期有关改正海图的各通告与其相关的海图图号,以供登记与海图相关的通告编号使用。

②与改正海图有关的永久性通告内容包括:通告编号、标题(通告涉及位置)、改正主题、影响到的图书的情况、资料说明与来源、通告正文(分海图列出每张海图的改正内容:图号、该号海图应改正的上一通告的编号、海图基准面和改正项)。其中,通告编号旁注有“*”者,是

指该通告来源于原始资料。

例如:2021 年第 40 期 4004 号通告内容如下:

4004 UNITED STATES OF AMERICA - East Coast - Lights.

Source: US Coast Guard District 5 LNM 33/12281/21

Chart2850 (Panel, Baltimore Harbor) [*previous update 3858/21*] NAD83 DATUM

Amend	light to, Q.Y .4.	(a) 39° 13′ · 37N., 76° 34′ · 60W.
Delete	★F.R.15m3M	(a) above

即 4004 号通告涉及位置为美国东海岸海域,改正涉及灯标问题;资料来源于美国海岸警卫队资料,如通告编号后标注"*",则代表资料为原始资料。该通告涉及 2850 号海图,海图区域为巴尔的摩港,基准面为 NAD83,上一个改正的通告为 2021 年 3858 号通告,这次改正内容为在修改第一个位置处的灯标的灯质为快闪黄光 4s(Q.Y .4);删除第二个位置处的灯标(★F.R.15m3M)。

③临时性通告和预告:临时性通告(Temporary Notices)和预告(Preliminary Notices)在通告编号后面分别用缩写(T)和(P)注明,这类通告列于永久性通告的后面,并且单面印刷,以利于装订成册,便于参考。

④改正字条与贴图:在该部分最后印有小块复印图,叫贴图(Blocks),一般用来根据该部分正文相关通告对较大比例尺海图进行贴改;还有改正字条(Notes),也要根据该部分相关通告贴到有关海图的指定位置上去。

(3)国际航海警告区Ⅰ区无线电航海警告的重印

①无线电航海警告概述

在某一国家水域发生的变迁,由于核实及汇编均需一定的时间,要数周乃至数月后才能编入《航海通告》。因此有必要用无线电航海警告的形式及时发布这些新的变迁消息。而周版《航海通告》第Ⅲ部分就是截至该期通告出版之日仍有效的这些无线电航海警告的编号及本周内发布的警告报文的复印件。

无线电航海警告(Radio Navigational Warnings)多数属临时性质,有些警告的有效期可达数周,直至最后为《航海通告》所代替。

无线电航海警告可能包括下述内容:

a.有关灯塔、灯船、雾号、无线电信标、定位系统及重要浮标的变迁或变更;

b.在航路附近的石油勘探装置等的动态;

c.在拥挤水域中标示电缆船和救捞工作船的浮标位置;

d.海图上未标出的新发现的危险沉船;

e.行动不便或不易操纵的拖带船和超大型船的动态;

f.在拥挤水域中的漂雷;

g.新近发现且其资料足够准确的弃船;

h.区域广阔的海上军事演习等。

无线电航海警告所包括的资料仅仅用来帮助航海人员进行沿岸及港口之间的航行,直到港口为止。港口内的不太重要的资料,可能形成《航海通告》或由当地港口的地区性航海警告发布。

②无线电航海警告分类

无线电航海警告分为全球分区性警告、沿岸性警告和地区性警告 3 类。

a.全球分区性警告(NAVAREA Warnings)

为了世界水域的无线电航海警告的播发,国际水道测量组织(IHO)和国际海事组织(IMO)联合建立了世界范围航海警告业务(World Wide Navigational Warning Service,WWNWS),将全世界水域划分成 21 个航警区域(NAVAREAs)和 1 个局部区,每一区域内的无线电航海警告由指定国家、指定海岸电台负责发布。每一地区名称代号为 NAVAREA Ⅰ到 NAVAREA ⅩⅪ中的一个,局部区为波罗的海区。图 1-12 所示为全球航海警告分区的划分情况,图中每个区域所标注国家负责该区的协调和警告发布。在《航海员手册》中概述了全球分区性警告和美国的远距离警告的情况,并附图绘出了各区域的划分界限等资料。除了全球分区性警告外,美国的远距离警告(Long Range Warnings)业务提供了 HYDROLANT(大西洋区)和 HYDROPAC(太平洋区)两个大区的警告。

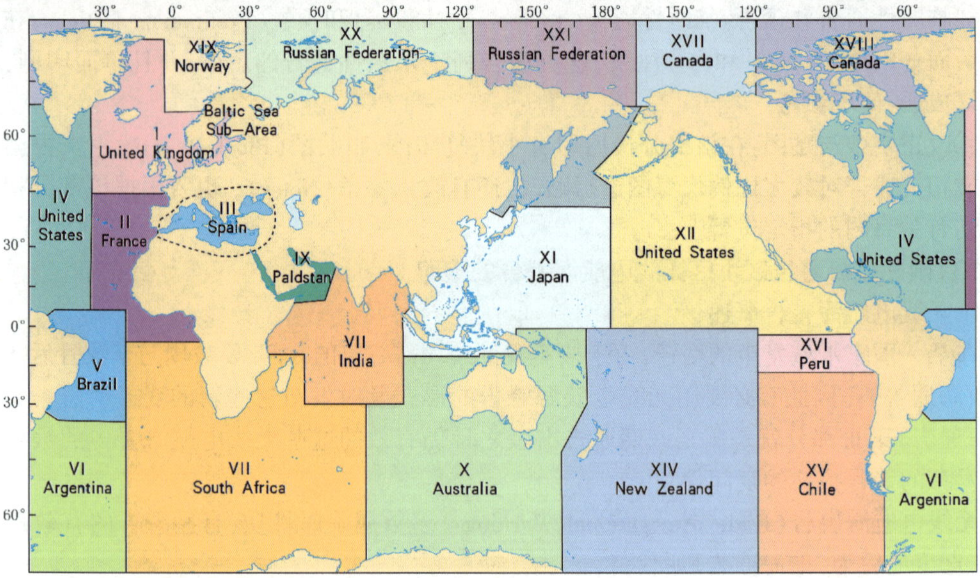

图 1-12　全球航海警告分区的划分情况

b.沿岸性警告(Coastal Warnings)

沿岸性警告是播发某特定沿岸水域的重要信息,并不限于主要航路。一般情况下,沿岸性警告多于全球分区性警告,且仅限于危险出现地点周围的水域。这种警告通常是全球分区性警告的补充。

世界各地的沿岸性警告由警告发布国播发,详细情况见英版《无线电信号表》第三卷。

c.地区性警告(Local Warnings)

地区性警告是对沿岸性警告进行补充,通常特指近岸水域并由海岸警卫队、港口或引航当局发布。有关发布的细节见英版《无线电信号表》第三、六卷。

③《航海通告》第Ⅲ部分"国际航海警告 1 区无线电航海警告的重印"

在周版《航海通告》第Ⅲ部分开始是一个简要的说明,内容为:

有关《航海警告》的详情可参阅《航海员手册》。本部分印载的是至本期出版之日仍有效的国际航海警告区Ⅰ区的警告内容。建议将复印内容逐期汇编成册。每条警告仅注明最适用的英版海图。

印载内容中首先列出至本期通告出版之日仍有效的所有警告的年份和编号,已撤销的警告编号不再列出。然后是新近发布的警告内容。警告的文字简明,可能在句中省略了仅起语法作用的文字,有些单词用缩写,阅读时应予注意。

此外,每年的第 1、13、26 和 39 期周版通告该部分还完整印出仍然有效的航海警告。

(4)对英版《航路指南》的改正

第Ⅳ部分中列出了对《航路指南》的改正资料,包括至本期周版通告刊印之日仍有效的关于《航路指南》改正的周版通告期号汇编,该汇编分航路指南书号(NP.No.)、页码(Page)、标题(Title)、周版期号(Weekly Edition)四栏。

该部分每个季度末还印有本季度仍有效的《航路指南》改正通告的清单,年末仍有效的通告在《航海通告年度摘要》中汇编印出。

(5)对《灯标和雾号表》《无线电信号表》的改正

这两部分改正资料分别以要改正的图书相同的编排格式印刷,并且,对《灯标和雾号表》的改正通告中用“ * ”号标明有改正的部分,用来贴改英版《灯标和雾号表》《无线电信号表》。

(6)对其他英版航海图书的改正

这部分列出对前面未列出的纸质版航海图书的改正资料,包括:《航海员手册》、《世界大洋航路》、潮汐类图书、航海天文类图书、《里程表》、《纸质海图维护登记表》、国际航标协会《海上浮标制度》、英版海图图示、英版电子航海图图示等。内容编排与有关《航路指南》的改正部分相同。年底仍有效的通告汇编于《航海通告年度摘要》中。

(7)英版数字版业务内容的更新

这一部分列出英国水道测量局对其出版的所有数字版产品和业务内容的升级、维护、变化等的通告。

九、中版《航海通告》的使用

中版《航海通告》的发布单位有两家,即中国人民解放军海军海道测量局和国家海事局,各自发布其图书资料的改正通告。以下仅介绍中国人民解放军海军海道测量局编制的《航海通告》,该航海通告由中国航海图书出版社出版,每周出版 1 期,每年 52 期。

1.内容

通告由四部分组成:

(1)说明、航海信息、图书信息:说明部分介绍通告内容、使用方法等;航海信息部分主要发布航海图书上未表示,但与船舶航行安全有关的信息;图书消息公布航海图书出版、改版、作废以及出版预告消息,并每月汇总一次当月图书消息,利用该信息可检验本船图书是否需要更新。

(2)索引、海图改正、临时通告

①索引由“地理区域索引”“关系海图索引”两部分组成,用以检索海图改正通告的项号。地理区域索引用地理位置检索通告项号;关系海图索引用海图图号检索需改正的通告项号

②海图改正:列出相关改正海图的永久性通告。

③临时通告:临时通告单面印刷,所列海图图号为使用通告时参考。

(3)航行警告:内容仅转载 NAVAREA Ⅺ区的范围有效的无线电航海警告。由两部分组成,前一部分重申以前发布而至今仍有效的航行警告的年份与编号,后一部分刊印当前一段时期内新的航海警告内容。

(4)航海书表改正:包括《航路指南》、《港口指南》、《航标表》和《无线电信号表》等书表的改正通告,单面印刷。

2.使用中版《航海通告》的注意事项

(1)52 期通告外,每年年底补充发布"民用海图改正索引"给出了该年度海图应改正的通告的顺序列表,利用该索引可检验海图在本年度是否漏改。

(2)临时性通告每项通告号前注有"T"、标题后面均注有"(临)"字样。每月最后一期通告列出有效临时通告索引,每年年中和年底出版有效临时通告汇编,以供航海人员查找使用。

(3)《航海通告》中给出的位置是以最大比例尺的最新版海图为准,用经纬度或方位、距离表示。如在位置数据后面附以"(概位)"或"(疑存)"等字样,表示为概略位置或怀疑存在(危险物)。当用某物标作为方位、距离的起算点时,为便于寻找,其后亦注有经纬度,但均为概位。

(4)方位均系真方位,但所记灯光光弧或导标方位线等,系自海上视灯塔、灯柱的真方位。

(5)每一编号的《航海通告》一般由通告标题、改正内容、相关海图、相关航标表和资料来源组成。通告标题包括通告项号、标题和改正要素提示;相关海图是需要按本通告进行改正的海图图号(图号之后用小括号括起来的数码表示该号海图应改正本通告中的第几款内容,而中括号内的数码则是表示上次该图改正的通告编号);相关航标表仅在通告涉及航标表改正时列出该航标表书号、出版时间和有关航标编号。例如 2021 年第 2 期 34 号通告如下:

34*. 黄海 青岛港 董家口港区—设置灯桩

加绘　★闪红 4s12m4M　　(1)35° 34′ 51″ .0N、119° 46′ 01″ .5E

变更　由:★闪 4s12m8M　　(2)35° 34′ 53″ .6N、119° 46′ 04″ .4E

至:★闪绿 4s12m8M　　(3)同上述(2)

海图 12533[2020 -1890] 12539(2、3)[2014 -1890] 12510(2、3)[2014 -1890]

航标表　G101/2020〔1473.8〕〔1473.9〕

资料来源　北海航保标通字(2020)51 号　　(1018/2020)

即 2021 年 34 号通告改正的相关位置为黄海海域的青岛港董家口港区,改正内容为设置灯桩;分别在通告的(1)的位置设置了灯桩,按通告给出的符号和灯质填入对应位置,(2)位置处的灯桩变为(3)位置处,并将闪光颜色改为绿色;海图列表中 12533 号海图上一次改正通告为 2020 年 1890 号通告,12539 号海图仅改正通告内容中的(2)和(3)项、上一次改正通告是 2014 年 1890 号通告;12510 号海图仅改正通告内容中的(2)和(3)项、上一次改正通告是 2014 年 1890 号通告;该通告影响到 2020 年版航标表第一册(G101)中的 1473.8 号和 1473.9 号 2 个航标;该通告资料来源为北海航海保障中心文件 2020 年 51 号,其内部编号为 2020 年 1018 号。

(6)通告号后面标有"*"者表明该通告依据原始资料编发,如:上面 34 号通告资料来源为原始资料。

(7)中版《航海通告》的发行方在其网站上提供与书面印刷版同样格式和内容的通告供下载使用,还提供按不同条件进行通告查询功能查取通告,有条件的船舶可加以利用。

第六节　获取航行规定与港口业务信息

一、港章、安全航行规定的查询与使用

船长或驾驶员如需了解港章、安全航行相关的规定可查阅中英版《航路指南》、中版《港口指南》、英版《进港指南》以及英版《无线电信号表》第六卷（NP286）等图书资料，其中中版《港口指南》和英版《进港指南》较为常用。以上各种图书资料的用法详见本章第五节，在此不再赘述。

需要指出的是，有些资料由于更新问题，所查询到的港章或者安全航行相关的规定不一定为最新，为获得最新资料，船长还应积极与港口的船舶代理取得联系，核实本船应遵守的港章或者安全航行相关的管理规定信息。

二、船舶定线制的一般规定

本规定就船舶定线的目的、定义、程序与责任、方法、规划、设计标准、临时调整与中止、定线制的使用和海图上的表述方法等 9 个方面做出具体要求。

1. 目的（Objectives）

船舶定线的目的在于避免或减少由于在环境敏感水域及附近发生船舶碰撞或搁浅而对海洋环境产生污染或其他损害的危险，增进汇聚水域和通航密度大的水域及由于水域有限而船舶的活动自由受到约束、存在航行束缚、水深受限或气象条件不佳的区域的航行安全。

任何船舶定线的确切目的，都由包括根据其想要缓和的特定危险环境而定。但可能包括下列诸目的中的一部分或全部：

（1）分隔相反的交通流以减少船舶对遇情况的发生。

（2）减少穿越船与航行在已建立的通航分道内的船舶之间发生碰撞的危险。

（3）简化船舶汇聚水域内交通流的形式。

（4）在沿海开发活动或勘探集中的水域内组织安全的交通流。

（5）在对所有船舶或对某些等级的船舶航行有危险的或不理想的区域中或其附近组织安全的交通流。

（6）在距环境敏感水域安全距离上或附近组织安全的交通流。

（7）在水深不明或存在危险的水域为船舶提供指导，以减少搁浅的危险。

（8）指导船舶避开渔场或组织船舶通过渔场。

可见，船舶定线的作用在于组织交通，使紊乱的交通流变得较有秩序，使每艘船舶都各行其道，减少会遇次数，降低碰撞危险，增强船舶交通安全。因此，这是一种特别有效的宏观的船舶交通管理方法，是船舶交通管理所采用的主要手段之一。

2.定义(Definitions)

对与船舶定线有关的术语进行了如下定义:

(1)定线制

定线制(Routeing System)是由以减少海难为目的的单航路或多航路系统或航路指定方式构成的任何航路体系。它包括:分道通航制、双向航路、推荐航线、避航区、禁锚区、沿岸通航带、环行道、警戒区和深水航路等。

(2)强制定线制

强制定线制(Mandatory Routeing System)是 IMO 根据《1974 年国际海上人命安全公约》第Ⅴ/10 条的要求通过的,强制要求所有船舶或载运特定货物的船舶使用的定线制。

(3)分道通航制

分道通航制(Traffic Separation Scheme)是通过适当方法建立通航分道,以分隔相反方向交通流的一种定线措施。

(4)分隔带或分隔线

分隔带或分隔线(Separation Zone or Line)是将相反方向或接近相反方向行驶的交通流的通航分道分隔开,或将通航分道与相邻海区分隔开,或将同向行驶的特殊类型船舶的指定通航分道分隔开的带或线。

(5)通航分道

通航分道(Traffic Lane)在规定界限内建立单向通航的一种区域。天然碍航物,包括那些组成分隔带的天然碍航物,均可组成该区域的边界。

(6)环行道

环行道(Roundabout)是由一个分隔点或圆形分隔带和一个规定了界限的环行通航分道组成的一种定线措施。环行道内的交通通过按逆时针方向围绕分隔点或分隔带环行而实行分隔。

(7)沿岸通航带

沿岸通航带(Inshore Traffic Zone)是由位于分道通航制的向岸一侧边界与其邻近海岸之间指定的水域构成的一种定线措施,并根据修改后的《1972 年国际海上避碰规则》第 10 条第 4 款的规定使用。

(8)双向航路

双向航路(Two-way Route)是在规定的界限内建立双向通航,旨在为通过航行困难或危险水域内的船舶提供安全通道的一种航路。

(9)推荐航路

推荐航路(Recommended Route)是为方便船舶通过而设立的未规定宽度的一种航路,通常以中央浮标作为标志。

(10)推荐航线

推荐航线(Recommended Track)是已经过特别调查以尽可能保证无危险存在并建议船舶沿其航行的一种航路。

(11)深水航路

深水航路(Deep Water Route)是在规定的界限内,海底及海图上所标志的水下障碍物已经精确测量并已清爽的一种航路。

(12)警戒区

警戒区(Precautionary Area)是由一个具有规定界限的区域所组成的定线措施,在该区域内,船舶必须谨慎地驾驶,在警戒区内还可能推荐交通流方向。

(13)避航区

避航区(Area to be Avoided)是由一个具有规定界限的区域所组成的定线措施,在该区域内,或是特别危险,或是对于避免海难特别重要,因而所有船舶或某些种类的船舶应该避开。

(14)禁锚区

禁锚区(No Anchoring Area)是由一个具有规定界限的区域所组成的定线措施,在该区域内,锚泊或是危险,或是可能对海洋环境造成无法接受的损害。除非是船舶或船上人员面临紧迫危险的情况下,否则所有船舶或特定类型船舶应避免在该禁锚区内锚泊。

(15)确定的交通流方向

确定的交通流方向(Established Direction of Traffic Flow)指示分道通航制中确定的交通运行方向的一种交通流图式。在图上用空心实线箭矢表示其方向。

(16)推荐的交通流方向

推荐的交通流方向(Recommended Direction of Traffic Flow)是在采用确定的交通流方向不可行或不必要的地方,指示推荐的交通运行方向的一种交通流图式。在图上用空心虚线箭矢表示其方向。

3.程序与责任(Procedures and Responsibilities)

程序与责任阐明了与建立船舶定线制有关的国际海事组织的程序和职能、政府的责任和推荐与强制的实施事宜。

4.方法(Methods)

结合图式,说明了可供选用的适合于不同水域的自然环境、交通条件、实际交通状态及其他因素的定线方法。

5.规划(Planning)

对船舶定线制的规划提出了应遵守的原则。

6.设计标准(Design Criteria)

对船舶定线的设计标准提出了原则性的要求,这些要求是定线规划原则的进一步补充并着重于技术方面的要求。

7.临时调整与中止(Temporary Adjustments and Suspensions)

规定了当由于勘探设施的临时设定需对分道通航制做临时的调整和中止的具体做法,并利用实例图式予以说明。

8.定线制的使用(Use of Routeing Systems)

对定线制的使用做了如下具体规定:

(1)除有特殊说明外,建议定线制为所有船舶使用,而且定线制可能对所有船舶、某些种类船舶或载有某些货物船舶或特定种类和数量燃油的船舶是强制的。

(2)定线制在不冻水域和不需要特殊操纵或不需要破冰船援助的薄冰水域内,任何时间、任何气象条件下均适用。

(3)牢记船舶航行需要适当的龙骨下富余水深,在决定使用定线制时必须考虑海图水深、最近一次测量后海底变化的可能性和气象与潮汐对水深的影响。

(4)在IMO采纳的分道通航制或其附近航行的船舶必须特别遵守《1972年国际海上避碰规则》第10条的规定,以减少与另一艘船舶发生碰撞的潜在危险。该规则的其他条款在所有情况下均适用,特别是B部分第Ⅱ、Ⅲ节的规定。

(5)在各个方向交通流的汇聚区域,由于船舶可能需要穿越航路或转向另一航路,完全的通航分隔实际上是行不通的,因此在这种区域航行的船舶应十分谨慎,也应知晓一艘船舶沿一直航路航行这一事实并不给予该船任何特权或直航权。

(6)深水航路主要是为其吃水与相关水域的可用水深的关系使其需要使用这种航路的船舶提供的,不符合上述所考虑因素的过境通航船舶,只要可能,应避免使用深水航路。

(7)不使用与警戒区相连接的通航分道或深水航路的过境通航船舶或进出附近港口的船舶,只要可能,应当避开警戒区航行。

(8)在双向航路(包括深水双向航路)上,船舶应尽可能靠右行驶。

(9)海图上标示的与定线制有关的箭矢仅表明为确定的或推荐的交通流的大致方向,船舶没有必要严格地沿其所指的方向航行。

(10)在《国际信号规则》中规定了信号“YG”,其意为“你现在好像没有遵守分道通航制”,以提醒船舶遵守分道通航制。

9.海图上的表述方法(Representation on Charts)

给出由国际水道测量局推荐的用以指导在海图上表示定线制和相关措施的细节的图例、符号和注释,并对各自的应用做了说明。

三、船舶交通服务(VTS)

1.船舶交通管理

船舶交通管理(Vessel Traffic Management,VTM)就是通过采取某些措施,监视船舶交通状况,整顿船舶交通秩序,协助船舶航行。实施船舶交通管理的目的是通过监控、整顿,建立良好的交通秩序,减少海难,特别是船舶碰撞、搁浅、触礁这些船舶交通事故的发生,从而保证船舶安全,保护水域环境和社会环境,提高船舶交通的效率。船舶交通管理不是单纯地管制船舶航行、约束船舶行动,而是通过对管理水域内的船舶交通状态的掌握,提供航行环境信息,指导并支持船舶航行,从而达到交通管理的目的。因此,船舶交通管理可以说是一种积极意义上的服务,故国际上又称其为船舶交通服务(Vessel Traffic Service,VTS)。

船舶交通安全对于社会发展极其重要。船舶交通由于其运量大、航程远、成本低等突出的优势,在内贸、外贸运输中占有重要的地位,是其他任何一种运输形式所不能替代的。从局部看,维持港口及其进出港航道、狭水道等交通要道的畅通,对保证船舶正常营运和港口的正常生产十分重要;从整体看,维持了运输体系的正常运转,才能保证国民生产的正常进行和良好的经济秩序。此外,船舶海难的发生会造成严重的海洋污染,破坏生态及社会环境,破坏生物资源,从而造成巨大的社会经济损失。所以,实施船舶交通管理已不仅仅是航运界的要求,还是整个社会的要求,所以国际海事组织(IMO)提出“以合作推进安全、保安、环境友好,高效可持续的航运”的目标。多年来实施的船舶交通管理的经验和效果充分说明，通过一定形式的船舶交通管理与服务确实可以增进船舶交通安全，提高船舶交通效率。

2.船舶交通管理的手段和对象

船舶交通管理主要利用法规约束和交通服务两个手段。

依法管理是必须遵循的原则。组织船舶交通，整顿船舶交通秩序，就会限制或影响到船舶的操纵航行自由。这显然涉及权利和义务的问题，而协调权利和义务就要依据法律。建立了船舶交通管理法规，既可使管理机关有法可依，也可使船舶有法可循。对于违反法规的行为，管理机关即可依法予以制裁。目前，涉及船舶交通管理的国际性法规有《1972 年国际海上避碰规则》《船舶定线》《船舶报告制度》等，我国有关船舶交通管理的法规有《中华人民共和国海上交通安全法》《中华人民共和国船舶交通管理系统安全监督管理规则》《中华人民共和国对外国籍船舶管理规则》等。

交通服务是船舶交通管理的另一有效手段。服务的形式有信息服务、助航服务等。

船舶交通管理的管理方式有交通法规管理、交通信息服务、交通监测和建议服务、交通咨询服务和交通组织管理等。无论采取何种方式进行船舶交通管理，都不能免除船长对其船舶所拥有的权力和对船舶安全所负有的责任。

所有的船舶均应接受相应的交通管理法规的约束，即船舶交通管理的对象。管理对象水域一般是交通量大、事故多发、航行困难（如狭水道等）、环境敏感（如多雾等）等水域。

3.船舶交通管理系统的功能

船舶交通管理系统是为保障船舶交通安全，提高交通效率，保护水域环境，由主管机关设置的、对船舶实施交通管制并提供咨询服务的系统。船舶交通管理系统是实施船舶交通管理所必需的硬件系统，是广义的船舶交通服务系统的一个组成部分。广义的船舶交通服务系统是交通管理机关所建立的以增进船舶交通安全、提高交通效率和保护环境为目的的综合性服务系统，它的范围从提供简单的信息到广泛管理一个港口或水道的交通。

船舶交通管理系统是船舶交通服务系统的重要组成部分，是完成船舶交通管理任务的主体，它的主要功能包括以下几项。

（1）数据收集（Data Collection）

为了实施水域内船舶管理或服务，应广泛地收集各种交通数据或信息，以便为船舶交通管理的正确决策提供依据。收集的数据应尽可能地全面、准确、实时。数据收集方式可包括：用适当的设备如水文气象传感器、雷达、VHF、AIS 等收集航道和交通状况的数据；在指定的海上安全和遇险频道上保持值班守听；接收船舶报告；获取有关船体、船机、设备或人员和有关运载危险或有害货物等船舶情况的报告。收集的数据主要可分为两类：动态数据和静态数据。动态数据包括船舶的航向、航速、船位、CPA、TCPA 等有关船舶运动的数据和有关水文气象方面的数据；静态数据则包括有关船体、船机、配备的设备、人员和运载的货物等方面的数据及有关航道、助航设施的信息等。

（2）数据评估（Data Evaluation）

数据评估是根据收集到的信息或数据来判断管辖水域内的船舶是否有违反国际的、国家的或当地港口的法规和法令的行为，如船舶是否按分道通航制的规则航行，是否在港内超速航行，是否在规定的锚地抛锚等。

(3)信息服务(Information Service)

信息服务是在固定时间或在VTS中心认为必要的任何其他时间或应船舶请求,通过播送信息而提供的信息服务。信息服务是船舶交通管理系统实施船舶交通管理的最主要形式。信息服务包括:播送有关船舶动态、能见度条件或他船意图的信息以协助所有船舶(包括只能守听VTS预报的小船);与船舶交换有关安全的所有信息(航行通告、助航设施状况、气象与水文资料等);与船舶交换有关所处交通条件与情况的信息(如驶近船舶或被追越船舶的动态和意图);向船舶发布诸如操纵能力受限制的船舶、密集渔船群、小船、其他特殊作业的船舶等航行障碍的警告,并提供可供选择航线的信息等。

(4)航行协助服务(Navigational Assistance Service)

航行协助服务简称助航服务,是应一艘船舶的请求而提供的服务(即被动服务)或在VTS中心认为必要时提供的服务(即主动服务),也包括在困难的航行或气象条件下,或一旦船舶出现故障或损坏时协助船舶的服务。这项服务与信息服务同为船舶交通管理系统实施船舶交通管理的主要形式。

(5)交通组织服务(Traffic Organization Service)

交通组织服务是船舶交通管理系统实施的比信息服务和助航服务层次更高的一种船舶交通管理措施。交通组织服务在一定程度上是对船舶交通进行调度指挥,即具有强制性质。使用VTS的船舶有义务接受VTS的交通组织服务。

(6)支持联合行动(Support Allied Activities)

支持联合行动是与其他海上交通管理部门密切配合,特别是在通信联系、传达信息和现场指挥等方面,共同完成某项旨在保证航行安全、提高交通效率或保护水域环境免受污染的联合行动,并不是直接对船舶实施交通管理。它是船舶交通管理系统的一个辅助功能。

随着水上交通的发展,实施船舶交通管理的必要性已越来越得到社会的普遍认识。近年来实施交通管理的港口和水域日益增多。

4.航行在船舶交通管理区域的船舶应注意的问题

建立船舶交通管理系统的国家和地区,为了加强船舶交通管理,保障船舶交通安全,提高船舶交通效率,保护水域环境,都根据相应的法律、法规制定了相应的管理规则。我国在1998年1月1日开始实施的《中华人民共和国船舶交通管理系统安全监督管理规则》,明确规定了船舶报告和船舶交通管理的内容,具体如下:

(1)船舶在VTS区域内航行、停泊和作业时,必须按照主管机关颁发的《VTS用户指南》所明确的报告程序和内容,通过甚高频无线电话或其他有效手段向VTS中心进行船舶动态报告。

(2)船舶在VTS区域内发生交通事故、污染事故或其他紧急情况时,应通过甚高频无线电话或其他一切有效手段立即向VTS中心报告。

(3)船舶发现助航标志异常、有碍航行安全的障碍物、漂流物或其他妨碍航行安全的异常情况时,应迅速向VTS中心报告。

(4)船舶与VTS中心在甚高频无线电话中所使用的语言应为汉语普通话或英语。

(5)在VTS区域内航行的船舶除应遵守《1972年国际海上避碰规则》《中华人民共和国内河避碰规则》外,还应遵守交通运输部和主管机关颁布的有关航行、避让的特别规定。

(6)船舶在VTS区域内航行时,应以安全航速行驶,并应遵守交通运输部和主管机关的限速规定。

(7)船舶在 VTS 区域内应按规定锚泊,并应遵守锚泊秩序。

(8)任何船舶不得在航道、港池和其他禁锚区锚泊,紧急情况下锚泊必须立即报告 VTS 中心。

(9)船舶在锚地并靠或过驳时,必须符合交通运输部和主管机关的有关规定,并应及时通报 VTS 中心。

(10)VTS 中心根据交通流量和通航环境情况及港口船舶动态计划实施交通组织。VTS 中心有权根据交通组织的实际情况对航行计划予以调整、变更。

(11)船舶在 VTS 区域内航行、停泊和作业时,应在规定的甚高频通信频道上正常守听,并应接受 VTS 中心的询问。

(12)在 VTS 区域内航行的船舶和船队的队形及尺度等技术参数均应符合交通运输部和主管机关的有关规定。

因此,航行在 VTS 区域内的船舶应遵守有关规定,及时报告相关信息,服从交通管理,保证航行水域的交通安全。

四、船舶报告制度

18 世纪初,由英国劳埃德首先在全球重要地点建立的用以收集船舶动态资料的通信网,成为最早的全球性船舶动态报告制度。自 1930 年起,有些船公司规定出海船舶必须定时向公司报告其船位、航向和航速。1958 年,美国海岸警卫队发起建立的商船自动报告制改进了船舶搜寻和救助组织。现行的船舶报告系统是由 IMO 采用的,要求船舶通过无线电报告提供、收集或交换信息,用于搜救、交通服务、天气预报和防止海上污染等。我国已于 2001 年 6 月 1 日起使用了中国船舶报告系统。为了规范船舶报告系统,IMO 制定了船舶报告系统的一般原则、标准报告格式和程序,以供拟建船舶报告制的国家和地区及船舶参考。

1.船舶报告系统的目的

船舶报告系统(Vessel Reporting System,VRS)是通过无线电通信或其他手段提供、收集和交换与船舶救助、交通管理、防污染和天气预报有关的信息的系统,是指海上航行船舶在一定区域内,以一定的通信程序和报告格式向船舶报告中心提供航行信息的系统。目前,主要有以船舶救助为主要目的的报告系统和以船舶交通管理为主要目的的报告系统。

为了实施海上交通管理或提供船舶交通服务,要求船舶在适当地点以适当时间间隔向 VTS 中心报告动态、本身的条件和情况等有关资料的制度,这一制度被称为船舶报告制度(系统)。

以船舶救助为主要目的的船舶报告系统可以监视海难是否可能发生;提供避免海难发生的信息;在事故发生后,及时对遇难船舶实施搜救;保护船舶财产和船员的人命安全;防止船舶造成海洋污染。实施该种船舶报告系统应达到的目的是:减少从与船舶失去联系到未收到任何遇险信号的情况下开始搜救行动之间的间隔;能迅速查明可能要求提供援助的船舶。在遇险人员、船舶或其他航行器的位置不知或不明时,能确定一定范围的搜寻区域,提供紧急医疗援助或咨询。

船舶是否要利用以船舶救助为主要目的的船舶报告系统,是由船舶来确定的。系统的加入和退出都比较简单,向船舶报告系统提交了航行计划就被视为加入;作出最终报告即被视为退出。船舶利用这一报告系统可以获得系统的岸基部门提供的重要航海信息。一旦遇到危险,船舶报告系统可以根据此前的报告确定船位所在,及时实施救助,从而可以减少船舶损失,保证船员生命安全。

以船舶交通管理为主要目的的船舶报告系统一般隶属于船舶交通管理系统。主要目的是:收集管理水域内航行船舶的有关参数、航行计划、载货状态等信息,建立与船舶的联系,随时进行相应的信息服务和助航服务等。这种系统对实施交通管理十分必要,通过船舶报告能全面掌握整个水域交通的详细情况以及每艘船舶的数据和动态,从而达到船舶交通管理的目的。

船舶利用以船舶救助为主要目的的船舶报告系统所要尽的义务是按照报告系统的规定程序、内容、方法、时间等准确无误地报告。在以船舶交通管理为主要目的的报告系统中,船舶报告对某些船舶是强制的,应该进行报告的船舶要严格按规定进行报告。

2.报告的种类、程序、内容及格式

IMO 的 A.598(15)号决议将船舶报告的种类归纳为 8 种,建议各国根据情况制定本国的报告系统。

(1)船舶报告的种类、程序及主要内容

①航行计划报告(Sailing Plan,SP)

航行计划报告是船舶发送船舶报告中心的第一份报文,当船舶在船舶报告区域内港口并准备加入船舶报告系统时,应在离港前或接近离港时发送的报告;或当船舶从非船舶报告区域进入船舶报告区域并准备加入船舶报告系统时,应在接近报告线或进入报告线后发送的报告。该报告既是船舶加入船舶报告系统的正式申请,也是船舶报告中心对船舶进行跟踪标绘的依据。

航行计划报告的内容一般包括船名、船舶呼号或船舶识别码、出发日期和时间(UTC)、出发地点、下一停靠港、航行计划(航法和重要转向点)、航速及预计到达时间(ETA)和到达日期等详细情况。

②船位报告(Position Report,PR)

船位报告是由船舶发出的表示船舶当时所在位置的报告。发送船位报告的目的:一是用于船舶报告中心更正跟踪的船位;二是表明船舶安全状态即船舶是否遇险。船位报告在航行计划报告后,但首次的报告时间和报告的时间间隔,按报告的要求确定。从目前实施的报告系统来看,首次报告一般在航行计划报告后 24 h 或 48 h 作出,此后每隔 24 h 或 48 h 发送。当船舶所处的航行环境恶劣或船长认为有必要时,可以缩短时间间隔。

船位报告的内容包括船名、船舶呼号或船舶识别码、日期和时间(UTC)、船位、航向和航速。

③变更报告(Deviation Report,DR)

变更报告是当船舶严重偏离了根据以前的报告所能推算的船位或由于其他原因使新的航行计划与原航行计划有较大变更时所发送的报告。船舶报告中心根据变更项目重新跟踪该船,以达到尽量减少误差的目的。影响船位误差的主要原因是航向和航速,当航向或航速有变化或船位有“严重偏离”时,应及时发送变更报告。

变更报告的内容包括船名、船舶呼号或船舶识别码、船位以及变更的项目。

④最终报告(Final Report,FR)

最终报告是船舶参加船舶报告系统发送的最后一份报告。它表示船舶已经驶离报告区域或终止参加该报告系统。船舶报告中心收到该报文后,将停止对该船舶的跟踪与标绘。

最终报告的内容包括船名、船舶呼号或船舶识别码、离开本系统覆盖区域或到港的日期和时间(UTC)等。

根据船舶报告系统和船舶报告要求的一般原则,报告应简单、基本信息应报告一次,但是,包括船名、船舶呼号或船舶识别码等基本信息必须反映在每次的报告当中。

为船舶救助目的而建立的船舶报告系统只涉及上述四种报告,而当船舶报告系统还同时具有防污染目的时,则还应包括如下特殊报告。

⑤危险货物报告(Dangerous Goods Report,DG)

危险货物报告是当船上发生包装危险货物自离领海基线不超过 200 n mile 的海域中灭失或可能灭失的事件时应及时作出的报告。

危险货物报告的内容包括船名、船舶呼号或船舶识别码、时间、船位、货载情况、船舶损失情况、污染物情况、天气情况等。

⑥有害物质报告(Harmful Substances Report,HS)

有害物质报告是当船上发生排放或可能排放油类(MARPOL 73/78 附则Ⅰ)或散装有毒液态物质(MARPOL 73/78 附则Ⅱ)的事件时应及时作出的报告。

有害物质报告的内容包括船名、船舶呼号或船舶识别码、时间、船位、航向、航速、航线信息、下次报告时间、货载情况、船舶损坏情况、货物散失情况、天气等。

⑦海洋污染物质报告(Marine Pollutants Report,MP)

海洋污染报告是当船上有包装国际危规中认为是海洋污染物(MARPOL 73/78 附则Ⅲ)的有害物质落入或可能落入水中时应及时作出的报告。

海洋污染物质报告的内容与危险货物报告大致相同。

⑧其他报告(Any Other Report)

其他报告是指按照船舶报告系统的规定程序所必须作出的上述报告之外的任何其他报告,其内容视具体情况而定。

(2)船舶报告的项目及格式

船舶报告内容分必报项和任选项。必报项是指该类报告中必须完整表达的内容;任选项是在该报告中对某些信息的补充,但不做强制要求。船舶报告格式是指船舶报告在内容编排和内容表达等方面的要求。IMO 的《船舶报告系统的一般原则》提出了船舶报告应包括的项目及应使用的标准格式,如表 1-4 所示。表中所列的一些项目是各种报告中均必须报告的,如系统名称、报告种类、船名等,有些项目可根据报告种类以及具体情况进行取舍,如船舶尺度数据在航行计划报告中报一次即可,在其他报告中可以省略。使用无线电报进行报告时,可使用表中最左一栏的单字符,表示项目名称。在某些国家,还可使用书面报告形式。报告所使用的语言有英语和当地语言。使用英语时,应尽可能使用 IMO 标准航海用语。

表 1-4　IMO 船舶报告标准格式

报告项目名称		表示的内容	要求的信息及其格式
电报	无线电话		
系统名称	系统名称	系统名称	船舶报告系统的名称如 AMVER,CHISREP
SP PR DR FR DG HS MP 其他报告则为全称	报告种类名称	报告的种类	根据报告种类选择相应的缩写或全名,对某些报告要用这种报告的全称
A	Ship(alfa)	船舶	船名、呼号或船舶识别码,船旗国
B	Time(bravo)	日期和时间	6 位数字。前 2 位为日期,后 4 位为时间(时、分各 2 位)。当不使用协调世界时时,加注使用的区时符号
C	Position(charlie)	船位	纬度:4 位数字加 N 或 S,精确到分; 经度:5 位数字加 E 或 W,精确到分
D	Position(delta)	船位	物标名称、方位、距离。方位用 3 位数字精确到度,距离单位为海里(n mile),后加注物标名称
E	Course(echo)	航向	真航向,3 位数字
F	Speed(foxtrot)	航速	3 位数字,前 2 位为小数点前数字,后 1 位为小数点后数字,单位为节(kn)
G	Departed(golf)	出发港	最后一挂靠港名称
H	Entry(hotel)	加入系统的日期、时间、位置	日期、时间表示方法同 B,位置表示方法同 C 或 D
I	Destination and ETA(india)	目的港及预计抵达时间	港名及日期时间(表示方法同 B)
J	Pilot(juliet)	引航员情况	说明有无海上或港内引航员在船
K	Exit(kilo)	退出系统的时间、位置	要求同 H
L	Route(lima)	航路信息	计划航线情况
M	Radio Communication(mike)	无线电通信	船舶电台全称及保护频率

续表

报告项目名称		表示的内容	要求的信息及其格式
电报	无线电话		
N	Next Report(november)	下次报告时间	要求同 B
O	Draught(oscar)	当前的最大吃水	4 位数字，用米(m)和分米(dm)表示
P	Cargo(papa)	船载货物	货物情况及可能对人或环境有危害的危险货物，以及有害物品和气体的细节
Q	Defect, Damage, Deficiency, Limitation (quebec)	缺陷、损坏、不足、限制	缺陷、损坏、不良状态或其他缺陷、限制的细节
R	Pollution, Dangerous Goods Lost Overboard (romeo)	污染物、危险货物	描述散失于船外的污染物(油、化学品)或危险物种类的细节及地点。地点的表述同 C 或 D
S	Weather(sierra)	天气状况	当前天气和海况的简要细节
T	Agent(tango)	船舶代理或船东	船舶代理、船东的名称及特殊事项的细节
U	Size and Type(uniform)	船舶尺度、种类	船长、船宽、吨位、船舶种类等详细情况
V	Medic(victor)	医务人员	医生、护士等医务人员情况
W	Persons(whiskey)	在船人数	人数
X	Remark(X-ray)	其他事项	任何其他事项、信息

3.中国船舶报告系统

CHISREP 是中国船舶报告系统(China Ship Reporting System)的简称，是中国为履行《1974 年国际海上人命安全公约》《1979 年国际海上搜寻救助公约》等国际公约，保障海上人命和财产安全，由交通运输部批准，于 1998 年建立，其任务是及时、准确地提供船舶动态信息，保证航行船舶的安全，提高搜救效率，防止和控制船舶造成的海洋污染。中国船舶报告系统是采用一个具有先进的信息处理和网络通信功能的覆盖中国报告区域的船舶报告系统，由指挥端站(中国海上搜救中心)、中国船舶报告管理中心(上海海事局)、用户端站(大连、天津、青岛、上海和广州的搜救中心)、报告接收站(上海海岸电台)和船舶报告网络组成。该系统提供船舶及船舶报告信息的接收、发送、存储和数据分析处理；在紧急状态下，为搜救部门提供有效的辅助决策支持；为相关的用户或单位和船舶提供相应的信息服务。中国船舶报告系统在海上搜寻救助工作的作用是：监视船舶航行安全，及时处理情况不明阶段的船舶，制定辅助搜救方案和救助遇险船舶，制定搜寻方案和搜寻失踪船舶，提供辅助搜救信息，进行国际合作和实现海上交通安全的宏观管理。

(1)适用区域和对象

CHISREP 的报告区域为 9°N 以北、130°E 以西的海域，但不包括其他国家的领海和内水。适用船舶为所有抵达中国港口的外国籍船舶、航行于国际航线 300 总吨及以上的中国籍船舶，航行于中国沿海航线 1 600 总吨及以上的中国籍船舶强制参加，航行于中国沿海航线的300 总吨以上 1 600 总吨及以下的中国籍船舶自 2005 年 1 月 1 日起强制参加。上述船舶中航程不足

6 h 的船舶及其他船舶自愿参加。

(2)加入方式

船舶可以通过下列方式加入 CHISREP：

船舶进入 CHISREP 区域时，按照《CHISREP 船长指南》规定的格式向中国船舶报告管理中心发送报告。

当船舶首次加入 CHISREP 时，可由船公司或其代理向中国船舶报告管理中心提供船舶基本概况表。

如果船舶的基本概况发生变化，船公司、代理或船舶应当将变化的情况及时向中国船舶报告管理中心报告。

当船舶加入 CHISREP 后，可通过下列方式发送报文：

①通过 CHISREP 指定的上海、广州和大连三个海岸电台发送船舶报告。

②如果船舶在中国沿海某一个港口，可以通过电传、传真或电子邮件的方式直接向中国船舶报告管理中心报告航行计划报告或最终报告。

③可通过 INMARSAT-A、B、C、M 站发往中国船舶报告管理中心。

④中国船舶报告管理中心也接收船公司或代理通过电子邮件或电传方式发送的集团报告。

⑤由于某种原因不能发送船位报告和最终报告的船舶，可通过他船或岸上的有关机构代为报告。

船舶通过 CHISREP 指定的海岸电台发送报告是免费的。

(3)CHISREP 的报告种类和内容

CHISREP 共有七种类型，每一种报告类型由若干个按规定次序排列的报告构成。报告以 CHISREP 加报告类型的识别字母开头，以报告项 Z 结尾。这 7 种报告又可分为一般报告(航行计划报告、船位报告、变更报告、最终报告)和特殊报告(危险货物报告、有害物质报告、海洋污染物质报告)两大类。

①航行计划报告(SP)

船舶在离开中国沿海港口或从国外进入 CHISREP 区域时，应向中国船舶报告管理中心发送航行计划报告，并应遵循以下规定：

- 在进入 CHISREP 区域的划定界限前 24 h 至进入后 2 h 之内发送。
- 在离开任何中国沿海港口前 2 h 之内发送。

②船位报告(PR)

为了使船舶报告管理中心掌握足够的船舶信息，船舶应按照规定的时间或约定的报告时间向 CHISREP 发送船位报告。第一份船位报告要求在最新航行计划报告后 24 h 内发出，以后每隔 24 h 或在每天约定的时间发送，但 2 个报告之间的时间间隔不应超过 24 h，直到抵达中国沿海港口或驶离 CHISREP 区域分界线。船位报告中的信息将被 CHISREP 用来更新该船的船舶动态。

如在船位报告发送前 2 h 发送变更报告(DR)，那么下一份船位报告的发送时间应改为变更报告后 24 h。预计抵达下一港或 CHISREP 分界线的时间应当在最后一次的船位报告中得到确认。船舶改变 ETA，可在任何一份船位报告中更正。如船舶的航行时间小于 24 h，可不发船位报告，只要在开航时发航行计划报告并在抵港时发一份最终报告即可。

③变更报告(DR)

船舶发生下列情况时必须发送变更报告:

船舶改变其计划航线时;船舶的实际船位偏离计划航线超过 2 h 的航程时。

④最终报告(FR)

当船舶抵达中国沿海港口或驶离 CHISREP 区域分界线前后 2 h 内,应发送最终报告。

危险货物报告(DG)、有害物质报告(HS)、海洋污染物质报告(MP)如前所述。

(4)CHISREP 的报告格式

表 1-5~表 1-11 依次为 CHISREP 航行计划报告、CHISREP 船位报告、CHISREP 变更报告、CHISREP 最终报告、CHISREP 危险货物报告、CHISREP 有害物质报告、CHISREP 海洋污染物质报告的模板。

表 1-5　CHISREP 航行计划报告

CHISREP 航行计划报告(指从国外进入并停靠我国港口)		CHISREP/SP//
A	船名/呼号	A/ANPING1/BPOA//
F	船速	F/150//
G	上一港港名	G/SINGAPORE//
H	进入 CHISREP 报告区域的日期时间船位	H/080600UTC/0900N/10920E//
I	下一港港名,预计到达时间	I/SHANTOU/150800UTC//
L	船舶的计划航线(L 由若干段航线组成)	L1/150/0900N/10920E// L2/150/1600N/11250E// ------
M	收听的海岸电台联系方式	M/XSG/INMARSAT A 1572312//
Z	报文结束	Z//

表 1-6　CHISREP 船位报告

CHISREP 船位报告		CHISREP/PR//
A	船名/呼号	A/ANPING1/BPOA//
B	时间(GMT 或 UTC)	B/090600UTC//
C	船位(纬度/经度)	C/1426N/11201E//
E	航向	E/026//
F	航速	F/150//
N	下一个报告的日期/时间	N/100600UTC//
Z	报文结束	Z//

表 1-7　CHISREP 变更报告

CHISREP 变更报告		CHISREP/DR//
A	船名/呼号	A/ANPING1/BPOA//
B	时间(GMT 或 UTC)	B/091630UTC//
C	船位(纬度/经度)	C/1600N/11250E//
E	航向	E/010//
I	下一个目的港和预计抵达时间	I /GUANGZHOU/120800//
L	船舶的计划航线(L 由若干段航线组成)	L1/150/1600N/11250E// L2/150/2100N/11353E// ------
Z	报文结束	Z//

表 1-8　CHISREP 最终报告

CHISREP 最终报告		CHISREP/FR//
A	船名/呼号	A/ANPING1/BPOA//
K	离开 CHISREP 区域的时间和位置或到达中国沿海港口的时间和港口名称	K/111320UTC/0900N/11220E//或 K/111320UTC/SHANGHAI//
Z	报文结束	Z//

表 1-9　CHISREP 危险货物报告

CHISREP 危险货物报告(如船舶存在包装危险货物继续落入海中的危险状况时,应加发 P 项)	
A	船名/呼号
B	时间(GMT 或 UTC)
C	船位(纬度/经度)
M	通信方式
P	P1 正确的技术名称或货物名称 P2 货物的联合国编号 P3 危险品类别 P4 货物生产厂家或收货人或发货人名称 P5 货物包装形式(包括标识标志及运输工具形式) P6 货物数量及可能状况估计
Q	Q1 船舶有关情况 Q2 转驳货物、压载水、燃油的能力
R	R1 货物正确的技术名称 R2 货物的联合国编号 R3 危险品类别 R4 货物生产厂家或收货人或发货人名称 R5 货物包装形式(包括标识标志及运输工具形式)

续表

CHISREP 危险货物报告(如船舶存在包装危险货物继续落入海中的危险状况时,应加发 P 项)	
R	R6 货物数量及可能状况估计 R7 货物是漂浮还是下沉 R8 是否在继续损失中 R9 损失原因
S	气象情况
T	船舶所有人及代表
U	尺度与类型
Z	报文结束

表 1-10　CHISREP 有害物质报告

CHISREP 有害物质报告(在可能溢泄时,应加发 P 项)	
A	船名/呼号
B	时间(GMT 或 UTC)
C	船位(纬度/经度)
E	航向
F	航速
L	船舶的计划航线(L 由若干段航线组成)
M	通信方式
P	P1 船上的油类或液体有害物的正确技术名称 P2 联合国编号 P3 液体有害物的污染类别(A、B、C 或 D) P4 有害物制造厂名称或收货人或发货人的地址 P5 数量
Q	Q1 船舶有关情况 Q2 转驳货物、压载水、燃油的能力
R	R1 排入海中的油类或液体有害物的正确技术名称 R2 联合国编号 R3 液体有害物质的污染类别(A、B、C 或 D) R4 有害物质制造厂名称或收货人或发货人的地址 R5 有害物质的估计数量 R6 损失货物是漂浮还是下沉 R7 损失是否在继续中 R8 损失原因 R9 如是液体有害物质时,须报告排出、漏损和移动的估计 R10 估计漏损区域的范围
T	船舶所有人和代表的姓名、地址、电传和电话号码

续表

CHISREP 有害物质报告(在可能溢泄时,应加发 P 项)	
X	X1 对于船舶排出和移动的液体有害物采取的措施 X2 已被要求和已有他人提供的协助和救助工作 X3 协助或救助船舶的船长应报告计划中或进行中的行动细节。上述细节若暂时没有,则应在补充报告中加上
Z	报文结束

表 1-11　CHISREP 海洋污染物质报告

CHISREP 海洋污染物质报告(在可能溢泄时,应加发 P 项)	
A	船名/呼号
B	时间(GMT 或 UTC)
C	船位(纬度/经度)
M	通信方式
P	(本项内容参照危险货物报告)
Q	Q1 船舶有关情况 Q2 转驳货物、压载水、燃油的能力
R	R1 正确的技术名称或货物名称 R2 货物的联合国编号 R3 危险品类别 R4 货物生产厂家或收货人或发货人名称 R5 货物包装形式(包括标识标志及运输工具形式) R6 货物数量及可能状况估计 R7 货物是漂浮还是下沉 R8 是否在继续损失中 R9 损失原因
T	船舶所有人和代表的姓名、地址、电传和电话号码
X	X1 对于船舶排出和移动的液体有害物质采取的措施 X2 已被要求和已有他人提供的协助和救助工作 X3 协助或救助船舶的船长应报告计划中或进行中的行动细节
Z	报文结束

(5)船舶延误报告处理

船舶超过规定报告时间或约定报告时间 3 h,系统将自动对该船进行预报警,提醒工作人员检查中国船舶报告管理中心是否已收到船舶的报告,采取有效的通信手段与船舶进行联系,并在海岸电台通报表上列出该船舶,提醒其发送报文;延时超过 6 h 的船舶,将在海岸电台通报表中,对这些船舶进行呼叫;延时超过 12 h 的船舶,将对船舶所有人、经营人、代理人及可能见过该船或与该船联系过的其他船舶进行查询,核实该船是否安全;延时超过 18 h 的船舶,将在海岸电台通报表中,对这些船舶进行紧急呼叫,并在该船呼号后加“PANPAN”;延时超过 24 h 的船舶,船舶报告管理中心制订搜救方案并报指挥端站(中国海上搜救中心),由指挥端站指定海上搜救协调中心(RCC)进行搜寻救助,开始搜救行动。

4. VTS 管辖区域船舶航行报告程序

加入 VTS 的船舶应根据要求在指定的地点和时间按照规定的格式进行报告。船长应尽可能保证报告准确、及时。未被要求报告的船舶以及由 VTS 提供服务的其他船舶应遵守有关的程序。

(1)航行计划报告

航行计划报告通常包括预计到达 VTS 区域的时间和在 VTS 区域内离开泊位或锚地的时间。

VTS 中心可根据交通形势或特殊情况的需要,建议改变航行计划。

在航行计划得到船舶和 VTS 中心一致同意后,船舶可加入 VTS,并应尽可能保持执行该航行计划。

特殊情况下,VTS 中心在说明原因后可要求船舶执行改变后的航行计划,但若船长认为无法执行 VTS 指定的航行计划时,应向 VTS 中心报告其理由。

(2)船位报告

如果在航行计划被接受、船舶被识别后,VTS 无法自动进行航迹跟踪,则要船舶报告其船位以更新船舶动态数据。VTS 可以要求船舶在指定地点发送船位报告。

(3)偏航报告(变更报告)

如果船舶无法执行航行计划,则应向 VTS 中心发送偏航报告并与 VTS 中心商定修改航行计划。

(4)最终报告

船舶在驶离 VTS 区域或抵达 VTS 区域内的泊位或锚地时,应发送最终报告。

(5)其他必要报告

VTS 主管机关规定的其他报告均应遵守 IMO 通过的报告原则。如故障报告,它是向 VTS 中心报告船舶的缺陷、损坏、故障和其他限制条件。

第二章
审核计划航线

审核计划航线评估任务一共有4个评估要素，分别为审核航线设计工作的规范性、审核计划航线的完整性、审核计划航线的安全性和合理性以及运用ECDIS审核计划航线，其中审核计划航线的安全性和合理性为关键性要素。

第一节　审核航线设计工作的规范性

审核航线设计工作的规范性主要包括审核选择航路和确定转向点的依据是否合理；安全富余水深、离岸距离以及离开危险物的安全距离是否合理；避险以及导航、提示性的信息以及转向点和计划航线相关的标注是否合理。其中涉及相关标注的规范性目前并没有统一的标准，需要船长或者驾驶员根据船管公司的体系文件来执行。本节涉及的标注内容以中国远洋海运集团有限公司体系文件的要求为例进行介绍。

一、合理选择航路、确定转向点

航线设计的原则是安全和经济。根据所掌握的海区信息和本船或他船的航行经验，结合本船的船型、吃水、性能、定位条件、船员素质等因素，考虑航线的水文气象等条件，尤其要注意气象预报的异常天气，如大风、台风、暴风等对计划航线的影响，并考虑气象定线等措施。

1.航路选择的合理性

审核选择航路的合理性应考虑的主要因素有：

(1)本船条件

①续航力

续航力指本船在不靠泊补给的情况下能航行的距离，主要考虑主、辅机的续航力，燃料、淡水(生活及辅机锅炉冷却等用)、食物、备品等的储备。

②航区限制

主要考虑本船船级的航区限制，不同船级的船舶受到不同的航行区域的限制；船员适任证书中的航区限制，不同种类的船员适任证书适用于不同的航区；保险条款中的航区限制等，通常保单上皆有禁止船舶驶入规定地区的条款。

③船舶尺度和船舶装备

若本船不符合某些区域的船舶尺度限制，或未配备过某些运河的规定装备等，航线就不能设计通过这些区域。

④技术状态

老旧船、年久失修船或发生事故后仅做临时性修理的船舶，船员的业务技术水平不够理想的船舶，应选择风险较小的航线。

⑤装载状况

载重的不同，载货性质的不同（如甲板货、活口货等）等使船舶的吃水、稳性、受风面积和操纵性能均有所变化；船舶的封舱和货物的系固是否良好等，都影响到航线的选择。

（2）气象水文条件

充分考虑灾害性天气、大洋风带与季风、涌浪与异常涌浪、流、冰况等对计划航线的影响。

（3）障碍物

各种水上、水下障碍物，包括各种礁石、沉船、不明性质的障碍物等；未精测的水域、浅点、复杂水域等，应注意避开。对于暗礁、浅滩、孤立障碍物多或因渔汛期渔船密集的海区，可考虑合理的绕航。

（4）受限水域

①应该避开各种禁航区域。许多禁区可能没有标明其用途，应以禁航区对待。

②军事演习区一般不应进入，但在非演习期间也可进入，但必须注意加强瞭望和收听航行警告，保证航经该区域是安全的。

③注明的倾倒区（Dumping Ground）、雷区（Mine Field）一般应避开。

④海上石油开采区设施的位置可能会有变更，应注意《航海通告》与收听航行警告。在航线设计中，对这些设施的最小通过距离应在 1.5 n mile 以上或应在已标明的安全区 500 m 之外画航线。

⑤航线通过架空电缆或桥梁时，需要考虑潮汐的影响、船舶在水面上的高度、净空高度的起算面以及是否具有足够的富余高度和安全水深。

⑥领海水域一般拥有无害通过权，在此前提下对航线设计一般没有影响；一般不应将航线设计在该国内水范围内。

（5）分道通航制水域

分道通航制（TSS）一般是强制的，应严格按照具体要求进行航线设计。

（6）推荐航线和习惯航线

应侧重使用海图上或图书资料中有明确的推荐航线，但不宜照搬使用，应根据当时的实际情况予以取舍。

（7）载重线区域

航线航经国际载重线公约规定的区域时，本船的最大吃水应满足规定的要求。

船长在审核航路和转向点设计是否合理时，可以主要根据以上 7 个因素来进行。

2.选择适当的转向点

沿岸航行时,关键的转向点附近多数有明显的天然或人工标志,如灯塔、立标、岛屿和山头等,应尽量选用转向一侧正横附近的显著物标作为转向物标,避免用平坦的岬角或浮标转向。绕岛屿或岬角航行,不一定都采用正横转向,因为这样转向绕航,船与绕航物标的距离会越来越近。若连续三次正横转向30°,则最后距绕航物标的距离约为原先的2/3,最好采用定距绕航的办法:先在海图上画出航线,标出几个转向点,然后用雷达观测距离,使船保持在计划航线上航行。还应根据本船吃水,设定适当的避险警戒线。

此外,选定沿海航线,还应注意绕航问题。在能见度不良时,为了安全通过危险物,或者为了避开逆流或利用顺流,可以绕航。须知,即使在离开危险物距离增加很大的情况下绕航,由此而增加的航程也是很有限的,但船舶航行安全却会得到更大的保证。

二、合理的安全富余水深、离岸距离和离开危险物的距离

1.确定最小富余水深

一名谨慎、稳健的驾驶员,应适当考虑各种导致龙骨下水深减小的因素,确保航行期间船舶始终保持足够的富余水深。确定最小安全富余水深时应充分考虑以下因素:

(1)气象条件和海况。

(2)海图水深的不确定性。

(3)船舶吃水的不确定性,包括水尺测量精度、油水消耗引起的吃水变化及其导致的船舶吃水或吃水差变化所造成的吃水误差。

(4)负潮高。

(5)船体下沉与纵倾变化(Squat)的现象,在水深小于1.5倍的吃水时就会发生。船体下沉量应该取下列数值中的最大值:本船操纵指标所列值、船速(kn)平方的1%、吃水(m)的10%、按船速每5 kn取0.3 m确定的值。

(6)海图测量以来可能产生的水深变化。

(7) 海底易变区。

(8)近海海底电缆等可能导致的水深减小(有时水深能减小2 m)。

(9)近海水深和潮汐预报误差。

(10)高气压可能导致多达数厘米的减水。

为了保证船舶安全航行,同时考虑到经济性,世界上许多航运组织、港口国主管机构或航运企业均给出了有关船舶航行富余水深的规定或建议。诸如欧洲引航协会、国际独立油船船东协会和中国远洋海运集团有限公司等对不同水域的最小安全富余水深规定如下:沿岸开阔水域富余水深取船舶最大吃水的20%,港外水道取船舶最大吃水的15%,港内水道取船舶最大吃水的10%。

结合近年来的研究,综合考虑极端海况、天气等各因素的影响,船舶在近海水域航行时,富余水深应尽可能取船舶最大吃水的40%,最小不低于最大吃水的20%;如果水深条件允许,船舶应保持在水深大于2倍本船吃水的水域航行。

2.确定适当的离岸距离

离岸距离是沿岸航线选择应考虑的重要因素之一,《航路指南》《进港指南》等航海图书资

料中在某些特定的水域可能会提供推荐的离岸距离。但需要指出的是，沿岸航线的离岸距离并不是固定不变的，应根据船舶操纵性能的好坏、船舶吃水的大小、航程的长短、测定船位的难易、海图测绘精度的高低、能见度的好坏、风流影响的大小、航行船只的密集程度以及本船驾驶员技术水平等情况加以确定，并充分考虑到为避让和转向留有足够的余地。

在能见度良好的情况下，距陡峭无危险的海岸，如果水深允许，可在 2 n mile 以外通过，这样可以保证清楚辨认岸上物标。夜间航行，如定位条件不好或能见度不良，应在离岸 10 n mile 以外航行，以策安全。

在定位条件不好的沿岸海区航行，采取与岸线平行的航线是有利于安全的。在夜间，特别是在可能遇到吹拢风或向岸流影响时，应把航线向外海调整，延长离岸距离，确保航行安全。

为了有利于避让，航线应尽可能避开船舶的交会点和渔船作业区，例如我国佘山岛以北、34°N 以南海区，每年秋季有大量渔船在此集中作业，应绕航避离为宜。

3. 离开危险物的安全距离

沿岸航行，航线距其附近的暗礁、沉船、浅滩、渔栅等危险物的安全距离，应综合考虑下列因素后确定：

(1) 从最后一个实测船位至危险物的航程和所需的航行时间，在一般情况下，这段航程越远、航行时间越长，通过时的概率航迹区(Probable Track Area)距该危险物的距离越近，航线距危险物的距离也就应越大；

(2) 危险物附近海图测量的精度，通过粗测区比通过精测区的距离应远些；

(3) 危险物附近有无显著的可供定位和避险的物标；

(4) 通过时的能见度情况，白天还是夜晚；

(5) 风流对航行的影响等。

通常，在能见度良好情况下，航线与附近有显著物标可供定位和避险的精测危险物之间的距离，应至少保持 1 n mile。

为了确保船舶航行安全，拟定沿岸航线时，考虑到海图上有关水深和底质的限制，最好还应该避开：

(1) 周围水深较浅、水深变化不规则的水深空白区；

(2) 连续的长礁脉及其边缘附近；

(3) 孤立的岩礁以及水深明显比周围浅的点滩；

(4) 未经精确测量的岩礁和岛屿之间的狭窄水域；

(5) 珊瑚礁附近未经系统地扫海测量，水深浅于 100 m 的水域。

三、避险和导航相关标注

规范标注危险物、重要的警戒线、重要的灯标、雷达目标、重要航区潮流、中途遭强风的航路与避风锚地等信息。用红色铅笔在海图上圈出航线附近可能会危及航行安全的浅滩、沉船、暗礁等，以便航行在其附近时引起必要的注意。对于狭长的危险物，可在靠近航线一侧用红笔标出。

1. 禁止进入区（No Go Area，NGA）的标注

(1) NGA 应该标注在禁止进入的“水域”，不应该包含陆地、岛屿、礁石等非“水域”位置。

(2)在标绘 NGA 时需充分考虑船舶吃水、潮汐、UKC 等各方面的因素。在船舶载货状态不同、船舶通行时间不同等情况下，NGA 的边界可能会随之发生变化。一般以船管公司体系文件规定的 UKC 方针为尺度，但在有足够可航水域的情况下，为了便于绘制，以高于 UKC 要求的临近等深线为边界绘制 NGA 是可行的。

(3)NGA 应使用铅笔描绘出边界，然后使用平行的斑马线绘制。切不可使用墨水笔永久地标绘在海图上，也不能使用红色蜡笔。

(4)对于复杂的狭水道、航道，不宜标注过多的 NGA，当然在某些情况下，也难以全面标绘，比如长江航道、巴拿马运河航道等。此种情况下，可以在海图上使用文字标识“保持在航道内航行(Keep The Vessel Within The Fireways)”。

图 2-1 所示为 NGA 和其显著物标的标注。

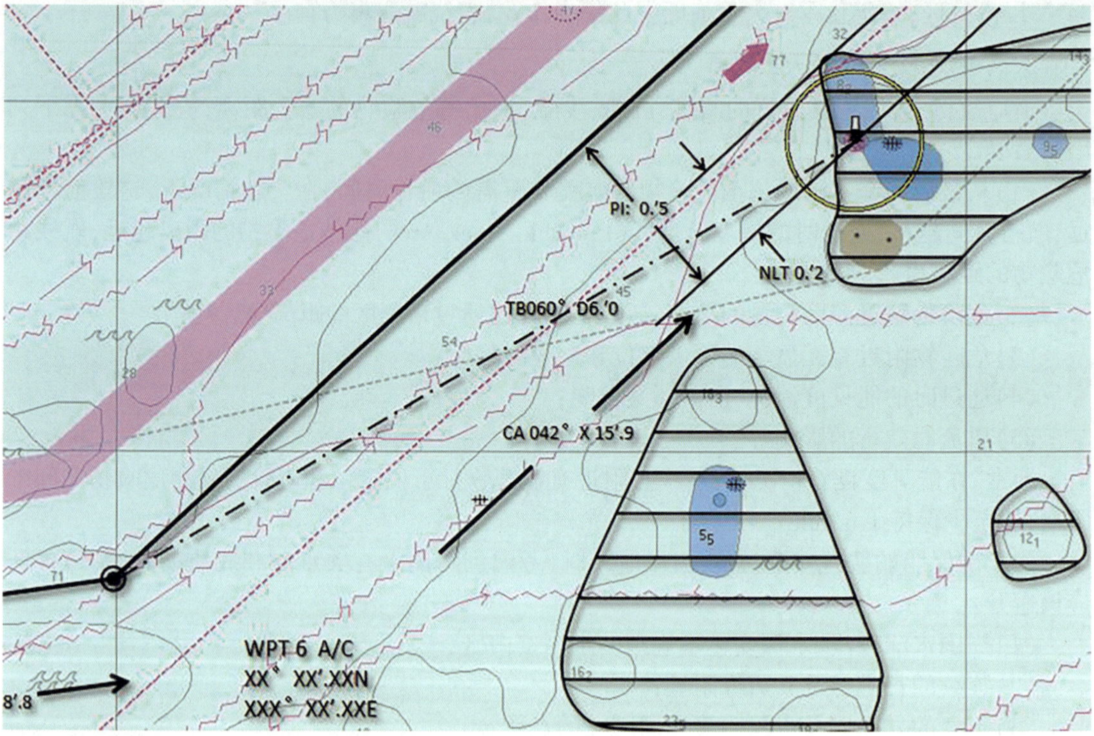

图 2-1 NGA 和其显著物标的标注

2.明显的导航和雷达物标标注

(1)使用虚线连接物标和航路点；

(2)对显著的可供导航和定位的灯塔、灯桩、雷康、其他雷达物标进行标识，包括方位或距离，或者方位和距离同时标注(单物标)；

(3)除非已确认浮筒、浮标等漂浮物标未发生位移，否则不应该使用漂浮物标。

3.避险线

(1)平行避险线的海图标注(见图 2-2)

①在临近危险区段，使用平行于航线和平行导航线的实线与安全边界(图 2-2 所示为 10 m 等深线)相切；

②标注避险线与雷达显著物标的横距，如 NLT 0.′4；

③平行避险线能够帮助驾驶人员直观地判断船舶不会进入危险区。

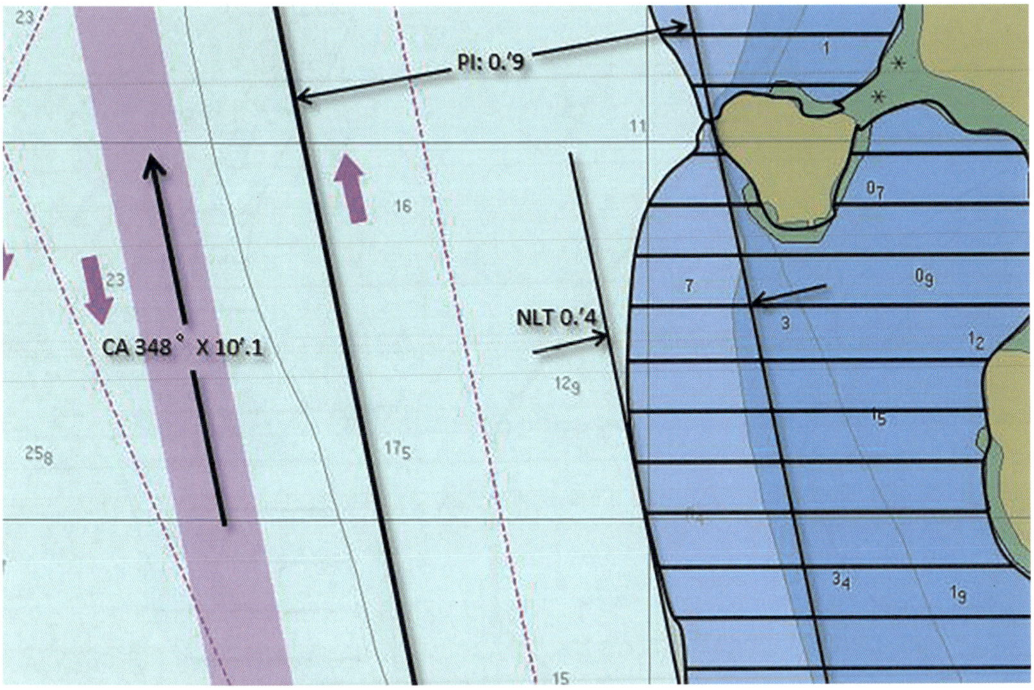

图 2-2 平行避险线的海图标注

(2) 方位避险线的标注(见图 2-3)

①在临近危险区段，使用实线箭矢标注，箭矢的虚线延长线连接避险物标；

②标注避险方位如图示 NLT 005°；

③方位避险线能够帮助驾驶人员直观地判断船舶不会进入危险区。

(3) 穿越区和通航密集区的标注(见图 2-4)

标注进、出穿越区和通航密集区的位置；标识出需要采取的措施，比如(在进入该区域时)备车航行、提升瞭望等级、开启测深仪、呼叫船长等，以及(在离开该区域时)取消备车航行、降低瞭望等级、关闭测深仪等。

(4) 安全距离的标注(见图 2-5)

①陡峭无危险的海岸，可在 2 n mile 以上通过；

②沿平坦倾斜的海岸航行，6~10 m 吃水船舶宜在 20 m 等深线以外航行(仅指沿岸航线的设计，不适用于航道内航行，具体参考公司体系文件的规定)；

③航行船舶无论如何要严格遵守公司体系文件的 UKC 规定；

④只要可行，应标绘 PI 线，以及可偏离航线至相关物标的最近距离，如图示船位偏移至岸边尖角的横距不能小于(Not Less Than，NLT) 2 n mile；

⑤确定出可供安全航行的边界后，与该边界相切作一条计划航线的平行线，用一对分离的箭矢垂直指向平行线作为避险线，标注横距。

(5) 意外事件计划的标注(见图 2-6)

意外事件计划的标注一般包含最终放弃线(Abort Line)和应急计划(Contingency)。

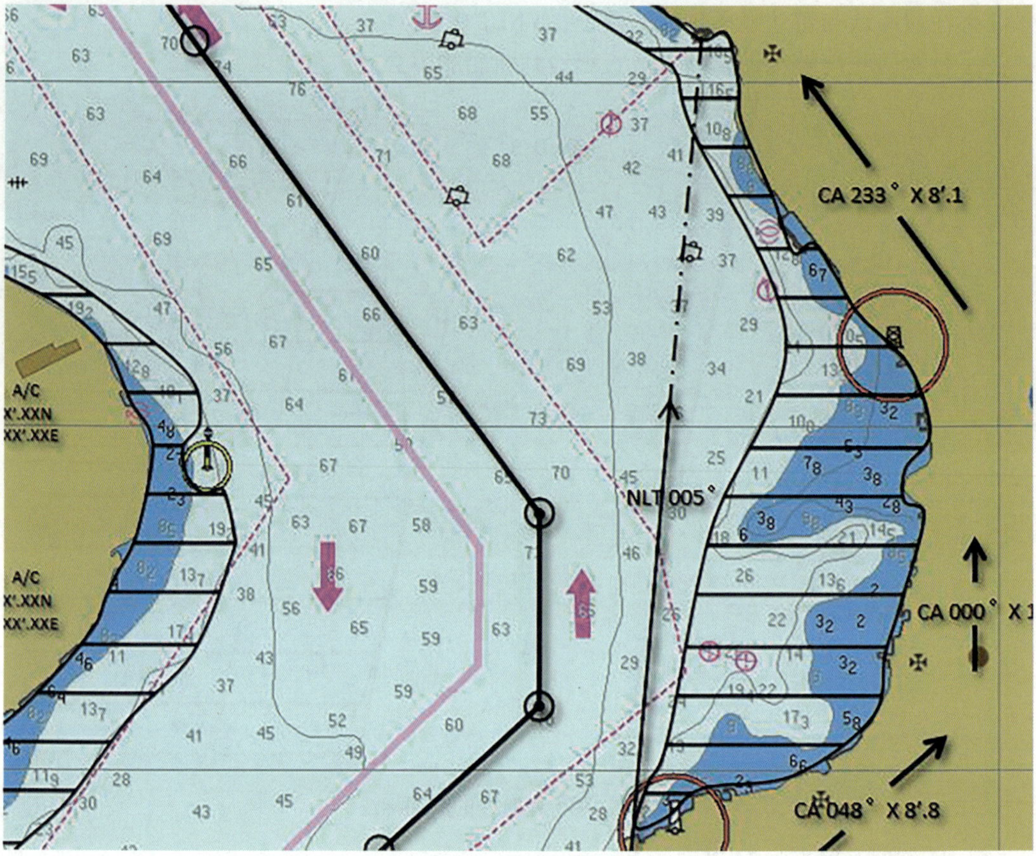

图 2-3 方位避险线的标注

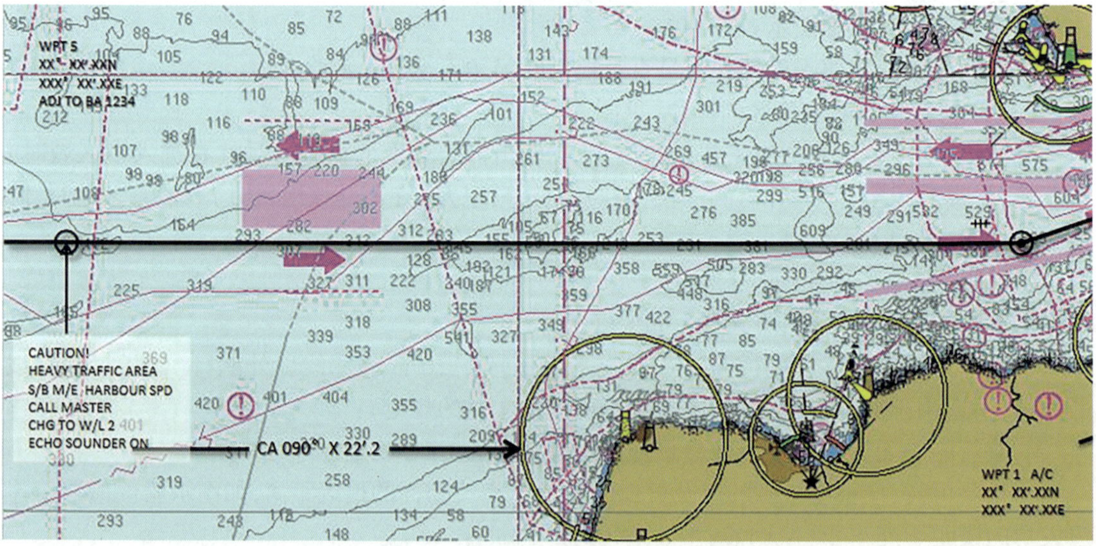

图 2-4 穿越区和通航密集区的标注

①确定最终放弃线的位置，必须充分考虑船舶旋回性能、船速、可航水域、潮流方向等因素；

②应急计划包含备用航线、安全锚地、等待区域、应急泊位；

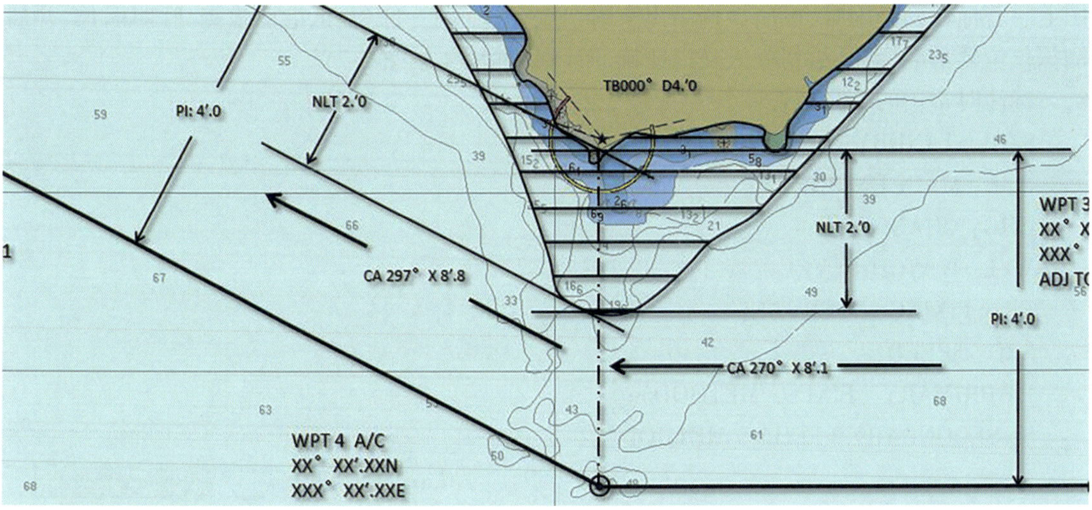

图 2-5　安全距离的标注

③对于长航道，比如长江、巴拿马运河、密西西比河，只要可行就应在多个航段设定应急锚地、等待区域或者应急泊位等。

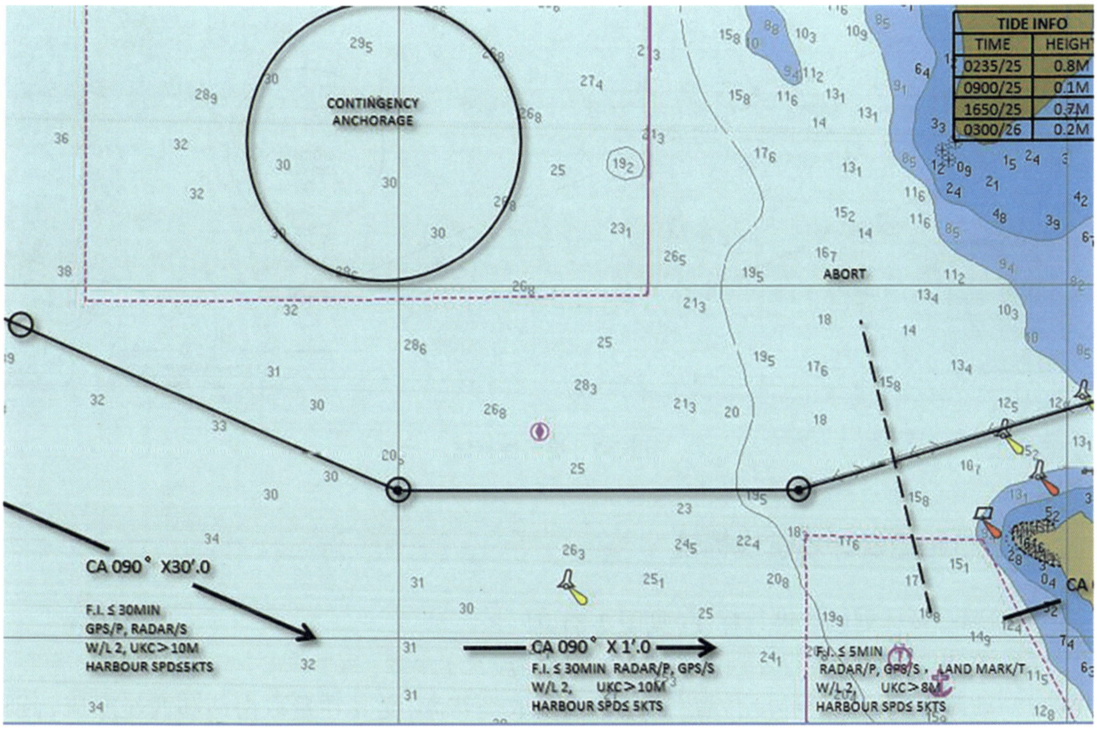

图 2-6　意外事件计划的标注

四、提示性信息标注

提示性信息，如 VTS、Port Control、PLT/STN 的报告点、呼叫名称、工作频道等应标注在海图上。若标注确有困难，也应该摘录出来附在航行计划上；备车、抵港前检查、呼叫船长、开启测深仪位置都应标注，给驾驶人员以明确的计划和指令（见图 2-7）。

标注时常用的缩写有：

S/B：STANDBY；

M/E：MAIN ENGINE；

CHG：CHANGE；

W/L：WATCH LEVEL；

F.I.：FIXING INTERVAL；

SPD：SPEED；

P：PRIMARY（FIXING METHOD）；

S：SECONDARY（FIXING METHOD）。

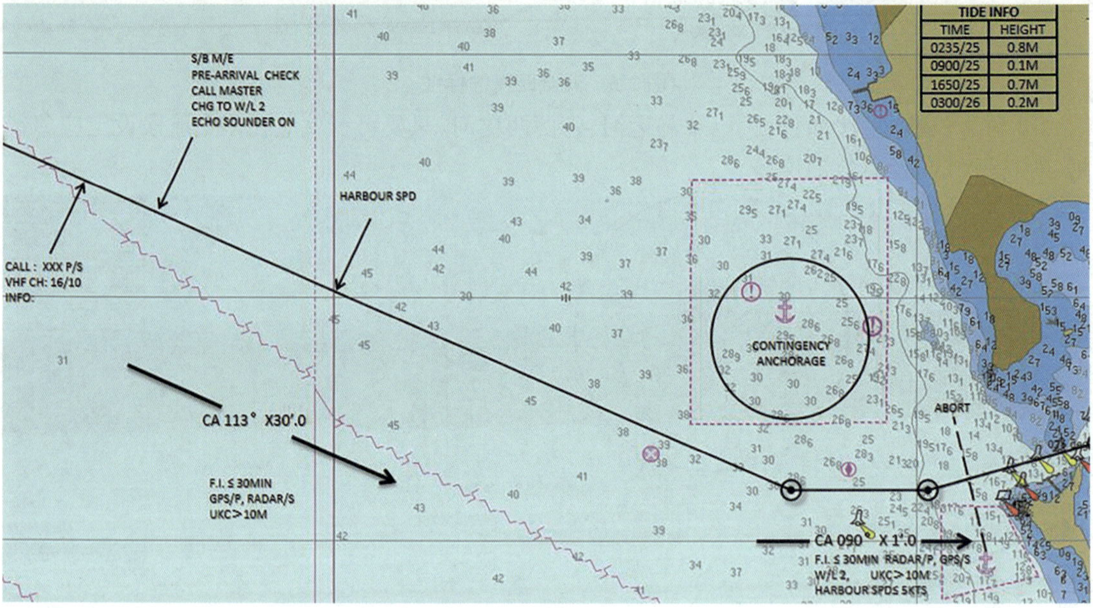

图 2-7 提示性标注

五、航路点及计划航线标注

对航路点及计划航线进行标注（见图 2-8），应：

（1）航路点编号与航行计划中的编号一一对应。

（2）航路点应标注经纬度位置，注意正确量取经纬度，尤其在量取南纬和西经时应特别注意。

（3）航路点包括转向点（A/C）、泊位（Berth）、锚位（ANCHOR/P）、接图点（ADJ TO…/ADJ FRM）、引航员登乘点（PLT/STN）、其他航路特殊事件的标记点等。

（4）航路点的文字标注既要考虑易于识别，又要尽量避免影响对航线周围的海图信息的覆盖。

（5）一般使用圆圈醒目标示。

(6)应擦除上一航次之前的所有航线。有时可以接受将经常使用的转向点用墨水笔标在海图上,但不应用墨水笔标绘航线。

(7)若航线附近清爽,航向箭矢标记宜与航线横距约两指宽,不仅要易于识别航向,还要避免影响其他海图图式和定位。

(8)航向箭矢与航线平行,箭头指向船舶前进的方向;只要标示空间允许,建议航向标示都放置于航线前进方向的左侧,如图 2-8 示。

除标示确有困难外,航向的文字标示应大致平行于纬度线,计划航向(Course of Advance)使用缩写“CA”,推荐标记示例:“CA 079°X 20′.1”。

(9)注意:航线上绝对不可以标示相差 180°的往返航向。

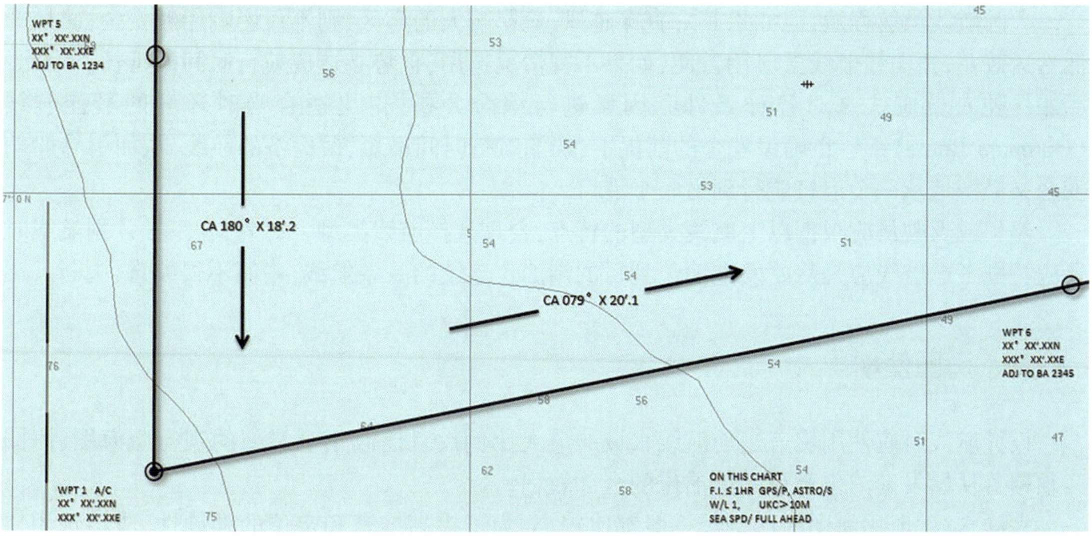

图 2-8　航路点及航线标注

第二节　审核计划航线的完整性

审核计划航线的完整性主要从选择航线的类型是否合理;航线是否包含始发港泊位至目的港泊位的全部航程;选择的海图比例尺是否合适,是否覆盖全部航程;预算航行时间是否考虑到补给、候潮、过桥、过运河等特殊时间点等。本节就航线类型、海图使用以及航行时间的合理性审核进行介绍。

一、航线类型

设计航线时,可考虑选择的航线类型有如下几种:

(1)大圆航线(Great Circle Route):基本沿着两点间大圆弧航行的航线。这是两点间地理航程最短的航线,特别是在高纬度海区航向接近东西、横跨经差较大时,大圆航程比恒向线航程要短达数百海里。但是,由于大圆弧和所有子午线相交角度不等,如果严格沿大圆弧航行,则必须不断改变航向。一般情况下，航程不足 1 500 n mile 不考虑使用大圆航线。

(2)恒向线航线(Rhumb Line Route)：沿两点间恒向线航行的航线。这不是航程最短的航线，而是操纵方便的沿单一航向航行的航线；但在低纬度海区或航向接近南北时，它和大圆航线的航程相差甚小。

(3)等纬圈航线(Parallel Route)：出发点与到达点位于同一纬度时沿等纬圈航行的航线，是恒向线航线的特例。

(4)混合航线(Composite Route)：为了避开高纬度海区恶劣的气象条件或岛礁危险区，航线应不超过某限制纬度(Limiting Latitude)，这种情况下所采用的大圆航线和限制纬度上的等纬圈航线相结合的最短距离航线即为混合航线。

大圆航线虽航程短，但如果其一直穿越风、流影响大的海区，则不仅影响船舶安全，而且降低营运效益；恒向线航线虽应用方便，如果不视情况选用，也势必造成航行时间的延长。因此，船舶驾驶人员应认真对各种条件和因素进行综合分析，得出适合当时环境的最佳航线(Optimum Route)——在确保安全的前提下，船舶航行时间最短、最经济的航线，从而引导船舶安全又经济地从一个港口航行到另一个港口。

船长或驾驶员应根据以上航线类型的特点，合理选择航线类型。另外，在审核计划航线时还应特别考虑航线应是从始发港泊位到目的港泊位连续的一条航线，中间不得缺省、中断。

二、海图使用

设计航线时应使用覆盖当前航线水域的最大比例尺且已改正至最新的现行版海图，海图必须覆盖从始发港泊位至目的港泊位的全部航程。

大洋水域，航用海图的比例尺一般都比较小，为了提高推算和定位的准确性，应该选用比例尺适当、与航行纬度匹配的空白定位图来进行海图作业。

目前远洋船上使用的多为英版空白定位图，也有用中版、日版或美版的。英版空白定位图的比例尺为 1∶67 万，从纬度 0°~69°，共 23 张，每张图的纬度范围为 3°。

使用空白定位图时，必须经常对照该海区的航用海图，并应将早、中、晚的观测船位移到航用海图上去，以便及时了解船舶周围的海区情况。

有关海图上的航线相关的标注，包括接图点等参考本章第一节相关内容。

三、航行时间

预画航线后，应根据航速和航程计算到达各转向点的时间，并充分考虑锚泊、补给、候潮、运河排队等各种因素合理安排航次计划。

预算航行时间的主要目的是确定船舶的燃油储备量和载货量。一般来说，确定燃料装载量应考虑以下几个因素：

(1)航程、船速以及影响船速的水文气象条件等；

(2)本船的航海性能，如吃水差和船壳附生物的阻力等；

(3)主机之外的其他燃料及轮机长的意见；

(4)过去使用燃料的记录；

(5)航行途中是否安排燃料补给港口等。

无论在哪个航区航行,一般船舶燃料总储备量为主、辅机正常运转到中途港或目的港的耗油量的1.15倍。无论如何,各类航区船舶燃油储备量不得少于正常航行时2天的耗油量。

第三节　审核计划航线的安全性和合理性(关键要素)

审核计划航线及评估任务下的审核计划航线的安全性和合理性为关键要素,主要从富余水深、离开海岸及危险物的安全距离、定线制使用的合理性、推荐航路等几个方面进行审核。以下结合第一章第四节以及本章第一节对审核计划航线的安全性和合理性总结如下:

一、航线水深是否满足富余水深要求

欧洲引航协会、国际独立油船船东协会和中国远洋海运集团有限公司等对不同水域的最小安全富余水深规定如下:沿岸开阔水域富余水深取船舶最大吃水的20%,港外水道取船舶最大吃水的15%,港内水道取船舶最大吃水的10%。

结合近年来的研究,综合考虑极端海况、天气等各因素的影响,船舶在近海水域航行时,富余水深应尽可能取船舶最大吃水的40%,最小不低于最大吃水的20%;如果水深条件允许,船舶应保持在水深大于2倍本船吃水的水域航行。

航线水深应大于船舶吃水与富余水深之和。船长应根据本船的实际情况结合公司体系文件合理确定富余水深,并据此审核计划航线的水深是否符合要求。

二、航线是否符合离开海岸以及危险物的安全距离要求

航线不得穿过或者不合理地接近危险沉船、浅滩、陆地、平台、障碍物、礁石、禁航区、岛屿、渔栅等有碍船舶安全航行的水域。

1.离开海岸的安全距离

一般情况下,船舶离开海岸的安全距离要求为:在能见度良好的情况下,距陡峭无危险的海岸,如果水深允许,可在2 n mile以外通过,这样可以保证清楚辨认岸上物标。夜间航行,如定位条件不好或能见度不良,应在离岸10 n mile以外航行,以策安全。

在定位条件不好的沿岸海区航行,采取与岸线平行的航线是有利于安全的。在夜间,特别是在可能遇到吹拢风或向岸流影响时,应把航线向外海调整,延长离岸距离,确保航行安全。

2.离开危险物的安全距离

通常,在能见度良好的情况下,航线与附近有显著物标可供定位和避险的精测危险物之间的距离,应至少保持1 n mile。

拟定沿岸航线时,考虑到海图上有关水深和底质的限制,最好还应该避开:

(1)周围水深较浅、水深变化不规则的水深空白区;
(2)连续的长礁脉及其边缘附近;
(3)孤立的岩礁以及水深明显比周围浅的点滩;
(4)未经精确测量的岩礁和岛屿之间的狭窄水域;
(5)珊瑚礁附近未经系统地扫海测量,水深浅于100 m的水域。
在确定离开海岸、离开危险物的安全距离时还应充分考虑公司体系文件的相关要求。

三、航线是否符合定线制的有关规定

审核计划航线是否符合定线制的有关规定时应特别考虑如下事项:

(1)是否为强制使用的定线制:除有特殊说明外,建议定线制为所有船舶使用,而且定线制可能对所有船舶、某些种类船舶或载有某些货物船舶或特定种类和数量燃油的船舶是强制的。

(2)是否符合定线制的适用条件:定线制在不冻水域和不需要特殊操纵或不需要破冰船援助的薄冰水域内,任何时间、任何气象条件下均适用。

(3)定线制水域水深是否符合本船富余水深的要求:使用定线制时必须考虑海图水深、最近一次测量后海底变化的可能性和气象与潮汐对水深的影响。

(4)定线制水域航线是否符合《1972年国际海上避碰规则》的要求:在IMO采纳的分道通航制或其附近航行的船舶必须特别遵守《1972年国际海上避碰规则》第10条的规定,以减少与另一艘船舶发生碰撞的潜在危险。该规则的其他条款在所有情况下均适用,特别是B部分第Ⅱ、Ⅲ节的规定。

(5)是否符合深水航路相关的要求:深水航路主要是由于其吃水与相关水域的可用水深的关系使其需要使用这种航路的船舶提供的,不符合上述所考虑因素的过境通航船舶,只要可能,应避免使用深水航路。

(6)如不使用定线制,是否远离了警戒区:不使用与警戒区相连接的通航分道或深水航路的过境通航船舶或进出附近港口的船舶,只要可能,应当避开警戒区航行。

(7)双向航路的航线设计是否符合靠右行驶的要求:在双向航路(包括深水双向航路)上,船舶应尽可能靠右行驶。

(8)航线是否符合交通流的大致方向:海图上标示的与定线制有关的箭矢仅表明为确定的或推荐的交通流的大致方向,船舶没有必要严格沿其所指的方向航行。

四、航线是否符合推荐航路的一般要求

计划航线应符合推荐航路的一般要求,无不合理绕航。审核计划航线是否符合推荐航路的一般要求应按照第一章第四节介绍的航路设计图、《世界大洋航路》、《航路指南》以及船舶定线制获取的推荐航线进行。

第四节　运用 ECDIS 审核计划航线

传统的航线设计需要人工对富余水深、离开海岸及危险物的安全距离等方面进行审核，判断是否存在航行危险。ECDIS 则能根据规定的报警条件（如海图中的特殊区域、无 ENC 海图等）和预先设置的报警参数对航线的有效性进行自动检验。报警参数主要包括安全水深、安全等深线和安全距离等。

根据 IMO ECDIS 性能标准的要求，ECDIS 不是根据当前显示的海图而是利用 SENC 中可用的最大比例尺海图数据进行检验。由于不同的 ECDIS 生产商对标准的理解和解释存在差异，不同的 ECDIS 产品对航线检验的原则也存在一定的区别。例如，有些 ECDIS 根据系统所有的 ENC 数据对航线进行检验；有些 ECDIS 则允许航海人员设定具体的最小比例尺值，并依据原始比例尺大于该设定值的 ENC 数据进行检验。在设定最小比例尺时，航海人员应确保其小于计划用于检验的 ENC 的最小比例尺。所以在利用 ECDIS 对航线进行检验时，航海人员应熟悉和明确 ECDIS 的特性和检验原则。

在航线检验开始前，应设定好航线的预计航行日期，以便更准确地评估、检验带有时变属性的物标对航行安全的影响。这种情况下，ECDIS 会有指示，表明所用日期非当前实际日期。

ECDIS 首先根据船舶操纵特性检验航线的可行性。船舶的旋回路径应在检验前准确地标绘、显示出来。

根据设定的船舶操纵特性，如果船舶不能完成计划航线中的某一转向，检验进程将被中止，直至该错误被清除。只有该项检查完毕后，ECDIS 才开始检查是否有海图危险物影响航线。这是因为，一旦重新设定转向速率，则每个转向点附近船舶旋回路径也随之改变，也就是说，航线覆盖的水域发生改变。

一旦确认航线本身是可行的，ECDIS 将对航线及其附近水域进行检验，并在下列情况下给出报警或指示：

（1）航线穿越了非官方海图：系统在某航段处没有标准的 ENC 海图数据（此处的航行不能参照电子海图）。

（2）穿越安全等深线：航线跨越了安全等深线，存在搁浅的危险，提醒检查确认。

（3）穿越特殊区域：航线中的航段进入了避航区等特殊区域，给出报警信息。

（4）临近危险物：航线附近的沉船、障碍物、浮标等小于设定的安全距离，提醒检查确认。此外，在架空障碍物的净空高度小于安全高度时，可以设定安全高度的 ECDIS 也会给出报警。

有些 ECDIS 可以在航线编辑的同时对航线进行检验，也可以在航线编辑完成后再检验；有些 ECDIS 可以对整条航线进行检验，也可以选择航线中的部分航段进行检验。无论采用何种方式，ECDIS 都会给出航线检验的结果，列出航线可能存在危险的位置及性质。ECDIS 会以醒目的标记符号等在海图显示区对应强调显示航海人员选中的某一结果。航海人员应根据航线检验结果，结合海图信息和相关资料调整航线，调整不合理的航段，以保证航行安全。修改完毕后，应对航线重新进行检验，直至确保航线安全合理为止。

需要强调的是，ECDIS 可能在有些情况下（如系统内无较大比例尺的 ENC 等）无法全面准确地对航线进行检验,或者由于参数设置不合理等导致检验结果存在一定的偏差,这就要求航海人员不能完全信赖 ECDIS 的检验结果,仍须在其他信息显示、显示比例尺较大的情况下结合相关资料和经验对航线进行全面、系统的人工检查。

当部分航线没有海图数据时,则 ECDIS 无法检验航线,航海人员应根据纸质海图进行传统的检查。当部分航线海图为光栅航海图时,除非航海人员提前手动添加了诸如安全等深线等信息,否则 ECDIS 无法检验航线,航海人员应根据光栅航海图和纸质海图进行人工检查。

如果 ECDIS 进行了更新操作,航线相关的海图内容则可能发生了变化,例如航线附近出现了新的危险物。这种情况下,以前的检验结果不再值得信赖,应重新进行全面的航线检验和传统的人工检查。对于定线船舶而言,这一点更加要重视。

第三章

评估计划航线的航行风险

评估计划航线的航行风险以便采取针对性的措施减小这种风险是航次计划的一个重要环节。评估计划航线的航行风险，首先要针对不同的航行环境识别出风险源，再利用合适的评估方法对风险进行评估。

一般公司的体系文件都有对应的风险定性/定量评估方法，以下以中国远洋海运集团公司的风险评估方法为例进行介绍。

风险发生的可能性(L)：是指在目前的危险源和环境因素管理水平下，危险源和环境因素事件发生概率的大小或者发生的频繁程度，分为5个等级(见表3-1)。

表3-1　风险发生的可能性(L)等级标准

等级分数	5	4	3	2	1
监督监控	在现场没有采取防范、监测、保护、控制措施，风险的发生不能被发现(没有监测系统)	风险的发生不容易被发现，现场没有检测系统，也未做过任何监测，或在现场有控制措施，但未有效执行或控制措施不当	没有保护措施或未严格按操作程序执行或风险的发生容易被发现(现场有监测系统)曾经做过监测	风险一旦发生能及时发现，并定期进行监测或现场有防范控制措施，并能有效执行	有充分、有效的防范、控制、监测、保护措施或员工意识相当高，严格执行操作规程
发生频率(定性描述)	在正常情况下经常发生此类事故或事件	风险常发生或在预期情况下发生	过去曾经发生，或在异常情况下发生类似事故或事件	过去偶尔发生风险事故或事件	极不可能发生事故或事件
发生频率(定量描述)	频繁发生，每天发生1次以上(含)	频繁发生，每周发生1次以上(含)	可能性很高，每月会发生1次以上(含)	发生的可能性较高，每12个月会发生1次以上(含)	发生的可能性较低，每5年会发生1次以上(含)

后果的严重性(S):是指该危险源和环境因素事件会对公司的经营管理和业务发展所产生影响的大小,分为5个等级。风险事件发生对企业造成影响能体现在其中的一个或几个方面,评价时可选择合适的方面作为参考(见表3-2)。

表3-2　后果的严重性(S)等级标准

等级分数	5	4	3	2	1
人员伤亡程度	死亡、终身残疾,全部丧失劳动能力	部分丧失劳动能力,或重伤住院治疗或严重职业病	部分轻伤需要去医院治疗,但不需要住院或形成职业病	轻微皮外伤,短时间身体不适或形成职业伤害	一般无损伤
经济损失	一次事故直接经济损失在100万元及以上	一次事故直接经济损失在50万元(含)~100万元	一次事故直接经济损失在10万元(含)~50万元	一次事故直接经济损失在5 000元(含)~10万元	一次事故直接经济损失在5 000元以下
法律法规符合状况	违法	潜在不符合法律法规或违反集团公司要求	严重不符合公司流程要求	一般不符合公司流程要求	基本无影响
环境破坏影响	造成公司周边环境破坏	公司范围内区域	本部门或活动区域范围内	设备、设施周围受影响	基本无影响
声誉影响	对公司商誉、地位、形象造成严重不良影响,很难、甚至无法恢复	对公司商誉、地位、形象造成严重不良影响,要消除这种影响需要很长的时间或要付出很大的代价	对公司商誉、地位、形象造成一定的负面影响,但这种影响可能持续较长的时间,或较难消除	对公司商誉、地位、形象造成暂时的负面影响,且影响程度较低	对公司商誉、地位、形象没有影响,或影响很小
能源资源消耗	过度消耗水、电、气、油、材料、纸张等,未加改进	大量使用水、电、气、油、材料、纸张等,改进措施效果不显著	水、电、气、油、材料、纸张等控制较好	消耗符合国内同行业先进水平	消耗符合国际同行业先进水平

确定风险等级(D):风险等级为可能性与严重性的乘积。根据风险判别准则决定其风险等级(D)的大小以及是否可接受,风险评价的结果可分为以下几种等级(见表3-3):

(1)轻微风险 (D=1~6);

(2)一般风险(D=7~19);

(3)重大风险(D=20~25)。

其中:轻微风险和一般风险为可接受风险,重大风险为不可接受风险。

表 3-3　风险等级(D)表

风险等级（D）		严重性（S）				
		1	2	3	4	5
可能性（L）	1	1	2	3	4	5
	2	2	4	6	8	10
	3	3	6	9	12	15
	4	4	8	12	16	20
	5	5	10	15	20	25

表 3-4 和表 3-5 为某船进上海港的风险评估报告实例。

表 3-4　船舶进出港风险评估报告

船名：<u>××××××</u>　航次：<u>×××航次</u>　评估时间：<u>××××</u> 年<u>××</u>月 <u>××</u> 日

港口名称	上海张华浜	货物种类	钢材和设备	在船货物总重量	9375 t
吃水	前 5.7 m 后 6.7 m	主机工况	正常	是否首次到该港	否
动态或任务	装货				
评估有效期	自 ××××年　××月　××日　至　×××× 年 ×× 月　×× 日				
港口概况介绍	上海港是国际性的大港，长江南槽、外高桥、吴淞口、黄浦江通航密集，进出黄浦江大船和小船密集				
当时天气情况分析（能见度、风、流、潮汐等）	台风刚过，天气变好，风力 3~4 级，有时能见度较差，最大潮差约 3 m				
计划抵达锚地和引航站位置	计划锚地是 No.2 锚地东侧，与周围船距离 1 n mile，引航员登船位置是南槽 S7 号浮				
航道情况、助航标志（主要灯浮、灯塔、叠标、灯桩等）	南槽水深较浅，海图水深最小 5.1 m，根据潮水通过浅水区，助航标志比较齐全；黄浦江进出小船多				
进港航道附近主要碍航物、浅点、最小富余水深等	进港航道最小富余水深 1 m；航道外有浅滩				
港口引航安排、拖船配置要求（是否有引航员、是否自引自靠）	按要求申请引航				
航行计划准备情况（是否泊位至泊位设计航线）	航行计划准备符合要求，锚位至泊位				

续表

VTS、Port Control 通信频道及报告要求	吴淞控制中心，CH08 和 CH26 在锚地锚泊和起锚向海事管理机构报告；引航站使用CH69，靠泊前联系引航站
助航仪器是否工作正常及其他情况	均正常
需要的岸基支持	安排引航

表 3-5　风险评估

可能出现的风险识别		初始			拟采取控制措施以降低风险可能性和危害性	最终		
		可能性(L)	危害性(S)	风险等级(D)		可能性(L)	危害性(S)	风险等级(D)
1	引航员登离船坠落海里	1	5	5	可能发生风险区域：引航站附近。 控制措施：下风安放引航员软梯，降低、掌握登离船速度，试验引航员软梯安放是否符合要求，如晚上提供足够照明，驾驶员带对讲机接送引航员并随时报告情况，随时保持与引航船联系，驾驶员最终确认引航员软梯安放正确并安全	1	2	2
2	搁浅	2	5	10	可能发生风险区域：进港航道 S25～S37 号浮以及航道外两侧浅水区域。 控制措施：在航道内航行时经常定位，核对灯浮位置，观测灯浮保持船位在航道内；GPS 设置航线和偏离报警；开启测深仪，参考电子海图，控制速度，提高舵效，禁止追越和大角度让船	1	3	3
3	触碰浮筒	3	4	12	可能发生风险区域：进港航道内航行。 控制措施：控制船速，适时用舵，修正流压，留有余地	1	2	2
4	与他船碰撞	1	5	5	可能发生风险区域：进港航道和港池内。 控制措施：使用安全航速，遵守港规，避免在航道弯道处交会，在保证舵效前提下，尽可能减速行驶。保持与他船互通信息了解对方意图，以及与 VTS 的良好沟通，了解进出船动态，协调避让。加强瞭望，使用雷达、AIS 等助航仪器协助瞭望，备锚瞭头，拖船协助	1	3	3

续表

可能出现的风险识别		初始			拟采取控制措施以降低风险可能性和危害性	最终		
		可能性（L）	危害性（S）	风险等级（D）		可能性（L）	危害性（S）	风险等级（D）
5	触碰码头、岸上设施	2	6	12	可能发生风险区域：泊位附近。 控制措施：加强与引航员合作，充分交换信息，了解当地潮汐、码头泊位上船舶及碰垫、装卸设施情况，以及操作意图和靠泊程序。及时带上拖船，情况复杂应尽可能早带晚解。提前跟机舱沟通，做好紧急用车舵准备。船头船尾随时与驾驶台保持联系，控制好靠泊速度，尽可能保持平行靠泊，避免紧贴码头前后移动，以防碰损碰垫。备锚瞭头，拖船协助	1	4	4
6	船舶失控	1	8	8	可能发生风险区域：进港航道和港池内。 控制措施：抵离港前，做好各项测试、检查，在确认各设备处于良好状态的情况下进行抵离港操作，做好船舶失控应急预案，备妥双锚值守。保持通信畅通，及时通报周围船只和有关当局，保持拖船协助	1	2	2
7	其他风险	1	6	6	可能发生风险区域：靠泊期间防止污染。 控制措施：抵港前检查设备处于良好状态，值班人员留意周围船舶或港口设施及人员动态	1	2	2
评估结果		风险等级是否已降到可容忍的风险				是	√	否
公司海务总管意见								

评估计划航线的航行风险评估任务主要包括复杂航区航行风险识别、恶劣天气条件下的航行风险识别和特定水域航行风险识别 3 个评估要素，以下针对这 3 个评估要素分节进行介绍。

第一节 复杂航区航行风险识别（关键要素）

一、进出港、狭水道航行风险识别

进出港的时候，船舶通常面临复杂的交通环境，可能有其他船舶、浅滩、码头设施等。狭水道航行则可能涉及狭窄的航道、强水流、有限的操纵空间等挑战。进出港航道和狭水道船舶航行风险主要表现为以下几个方面：

1.航道尺度的限制

航道尺度的限制主要表现在航道的水深、宽度、弯曲半径等的限制，也可能受跨海建筑物（桥梁、架空管线等）的影响，使船舶通航高度受到限制。因此，船长应准确判断船舶能否安全通过浅滩、桥梁等，并通过计算，确定通过这些受限水域的时机。

2.水流的影响

进出港航道、狭水道的流态比较复杂，有潮流、洋流，更有一些横流、回流、漩水、泡水等，给船舶正常航行带来不利影响。

3.通航密度的影响

进出港航道、狭水道往往通航密度都比较高，尤其是大型船舶较多时，船舶航行避让会有较大的困难。

4.航道变迁

有些进出港航道、狭水道，特别是内河水域，受泥沙冲淤的变化，航道的位置、水深等都会发生变化，应及时收看《航海通告》并获取最新的信息如潮高、水位、水深等。

二、渔区、交通流密集水域航行风险识别

渔区通常有很多渔船作业，可能还有渔网、浮标等障碍物，渔船可能突然改变航向，航行路线不规则。交通流密集水域，比如海峡或主要航道，船只来往频繁，容易发生交叉相遇，需要严格遵守避碰规则。渔区、交通流密集区的航行风险主要有：

（1）有些渔船在航道上捕鱼，影响船舶航行；

（2）有些渔船夜间号灯弱，甚至无号灯，不易被及时发现；

（3）有些渔船不遵守航行规则，不易避让；

（4）渔船尤其是作业中的渔船其本身的操纵能力有限；

（5）渔船多，容易在避让过程中顾此失彼；

（6）渔区往往交通流密集，商船混杂在渔船中，给船舶避让带来风险；

（7）渔网缠绕航行船舶螺旋桨导致主机停车；

（8）交通流密集水域航行，经常是多船会遇局面，因避让一船而导致与另一船形成紧迫局

面甚至发生碰撞。

船长应充分了解沿海渔区情况，掌握渔船的出没规律。一般情况下，航线应尽量避开渔区、渔栅等，如要穿越，则应特别加强瞭望，及时避让。

三、岛礁区航行风险识别

岛礁区通常水深较浅，礁石密布，可能还有复杂的海流和潮汐变化。此外，导航标志可能不够完善，或者容易被损坏，这对航行安全构成威胁。在岛礁区航行的主要风险表现在：

(1)航道窄、流急、障碍物多，对船舶航行避让都有较大影响；

(2)岛礁区水深和水流情况复杂；

(3)岛礁之间峡口多，容易使船走错峡口而发生意外；

(4)岛礁区渔船也较多，还有渔栅、渔网等碍航。

(5)其他风险，如海盗等。

第二节　恶劣天气条件下的航行风险识别

一、能见度不良的航行风险识别

根据国际雾级的规定，凡能见距离在 4 km 以下者，称能见度不良(Poor Visibility)，包括因雾、降雨、下雪、霾等使能见度受到限制的情况在内。所谓雾中航行(Navigating in Fog)，是能见度不良情况下航行的一种习惯叫法。

雾中航行，首要的特点就是能见度不良，视线受限制。能见度不良的航行风险主要体现在：

(1)由于能见度不良，不能及时发现附近物标和航标，给船舶定位、导航造成一定的困难。

(2)由于能见度不良，视觉上不能及时发现周围船舶动向，给船舶避让等造成很大的困难。

(3)雾中航行采用安全航速后，风流对船舶的影响加大，使推算航速和航程的准确性受到较大影响，降低了推算船位的精度，同时，也直接影响船舶在浅滩等危险物附近的航行安全。

二、冰区航行风险识别

在冰区航行，船舶往往被迫经常改变航向、航速，在许多情况下一般的计程仪无法正常使用。有时在高纬度航区，特别是当船舶频繁变向、变速的情况下，罗经工作的可靠性也有较大的降低。在冰区，对风流压差的测定也将产生困难。因此，冰区航行时，无法正常、准确地进行航迹推算。

由于结冰可能使岸形的雷达回波发生变化、水上标志被迫撤销、无线电波传播和大气折射异常，因此陆标定位、无线电助航仪器定位及天文定位都将产生困难。

有冰往往伴随有能见度降低的现象。此外，在冰区航行时，为了特别注意保证船体的安全，观察瞭望周围的航行环境和采取必要的操纵措施，会消耗驾驶员很多的精力，因此，驾驶员应具有快速定位和计算的基本知识和技能。

冰区航行风险主要体现在：

(1)海冰对船速和操纵性能产生明显的影响，易发生搁浅或碰撞等事故；

(2)冰区航行，船壳、舵及桨叶容易受损；

(3)随着海冰厚度及密集度的发展，船舶有可能被困冰中；

(4)在冰区航行时，要警惕碎冰堵塞海底阀而导致事故；

(5)冰区航行伴随着气温降低，船舶舱内压载水可能会冻结而导致船体破裂；

(6)冰区锚泊易发生断链事故；

(7)冰区航行对船舶的定位、导航以及避让都产生不良影响；

(8)冰区易伴随能见度不良现象，给船舶定位、操纵和避让都带来困难。

三、大风浪天气条件下的航行风险识别

大风浪一般指阵风达到 5 级及以上，浪高达 5 m 及以上的天气。船舶在大风浪天气条件下的航行风险主要体现为：

(1)大风浪天气条件下船舶操纵困难，尤其是转向；

(2)大风浪天气条件下航行船舶姿态不稳，易发生大幅度的横摇及纵摇，严重时会导致主机飞车，甚至会使船舶倾覆；

(3)大风浪天气条件下船舶产生大角度横摇、纵摇及谐振等现象，易导致舱内货物尤其是甲板货物移位，从而加剧船舶的横摇幅度，降低船舶稳性，严重时导致船舶倾覆；

(4)大风浪天气条件下船舶产生大角度横摇、纵摇及谐振等现象，易导致通信导航设备的天线发生故障；

(5)大风浪天气条件下船舶产生大角度横摇、纵摇及谐振等现象，易导致船舶自由液面的影响加剧；

(6)大风浪天气条件下船舶产生大角度横摇、纵摇以及甲板上浪等，易导致船上工作人员摔伤。

第三节　特定水域航行风险识别

特定水域航行风险识别包括定线制、桥区等架空构筑物、航行受限以及战区、海盗多发区等特定水域的航行风险识别，以下分别进行介绍。

一、定线制水域航行风险识别

船舶在定线制水域航行风险主要体现在：

(1)定线制水域船舶交通流往往相对密集,其风险可参考本章第一节渔区、交通流密集水域航行风险识别相关内容;

(2)定线制水域可能出现横越通航分道的船舶,易导致避让行动的不协调而发生碰撞事故;

(3)定线制水域内的船舶间的避让行为可能会导致船舶短暂地处于通航分道以外,如船舶位于分隔带内甚至进入沿岸通航带,易发生事故;

(4)定线制水域内因交通流密集,尤其是环形道水域内航行船舶与进入或驶出环形道水域的船舶间避碰难度较大,因动作不协调易发生事故。

二、桥区等架空构筑物水域航行风险识别

船舶在桥区等架空构筑物水域航行风险主要体现在:

(1)桥区等架空构筑物下的通航水域宽度受限,受风流影响容易导致船舶偏航搁浅甚至触碰桥墩;

(2)净空高度受限,容易造成大桅与桥梁或架空构筑物发生碰撞;

(3)架空电缆有可能导致船舶的通信和导航设备的功能受到影响。

三、航行受限水域航行风险识别

船舶在航行受限水域航行风险主要体现为:

(1)可操纵水域范围受限,船舶避让困难;

(2)周围水深较浅,吃水较大的船舶易发生搁浅事故;

(3)船舶密集,船间距离较小,易发生船间效应,如操纵措施不当易发生船舶碰撞事故。

四、其他特定水域航行风险识别

1.战区水域航行风险识别

船舶在战区水域航行的风险主要为:

(1)被军舰拦截导致人员、船舶及货物被扣押;

(2)被军舰袭击导致人员伤亡、船舶损坏或沉没、货物灭失。

2.海盗多发区水域航行风险识别

船舶在海盗多发区水域航行的风险主要为:

(1)财物被抢劫;

(2)船员或旅客被劫持;

(3)船舶及货物被劫持;

(4)船员或旅客伤亡。

第四章

制定航行安全措施

制定航行安全措施是航次计划工作中的重要环节，一般需要针对各种航行条件，如复杂航区、恶劣天气以及特定水域等，结合本船实际情况，制定出具体的操作性强的航行安全措施。

气象导航，也称气象定线，主要是利用气象和海洋数据来协助船舶规划航线。采用气象定线是船舶航行很重要的一项安全措施，一方面可以在一定程度上指导船舶避开风暴、大浪、台风、浓雾、冰区等恶劣天气和海况，降低事故发生的风险；另一方面可以节省燃料，减少碳排放量，利用有利风流提高航速，缩短航行时间，提高航行效率。

本章主要针对制定航行安全措施评估任务下的制定各种航行条件下的航行安全措施以及TSS、VTS区域等航行规定及船舶报告的程序与方法2个评估要素的相关内容进行介绍。

第一节　制定各种航行条件下的航行安全措施

一、各种航行条件下的航行安全措施

1.复杂航区的航行安全措施

(1)进/出港航行安全措施

①航行前准备

a.信息收集：获取港口最新航行通告、潮汐表、水深数据、泊位信息及港口规则。

b.航线规划：制订详细的进出港计划，标注航道边界、浅滩、障碍物、浮标和导航标志。

c.设备检查：确保雷达、AIS(船舶自动识别系统)、ECDIS(电子海图显示与信息系统)、GPS、舵机、主机、声号设备等处于良好状态。

d.船员部署：加强驾驶台团队，安排舵工、瞭望员，必要时船长亲自指挥。

②航行中操作

a.控制航速：保持安全航速(通常为港内速度)，确保舵效和主机随时可用。

b.避让规则:严格遵守《1972 年国际海上避碰规则》。

c.拖船协助:根据船舶尺寸和操纵难度,提前协调拖船协助靠离泊。

d.水深监控:持续监测实际水深,结合潮汐变化留足富余水深。

③沟通协调

a.与 VTS 联系:通过 VHF 与港口船舶交通服务(VTS)保持通信,报告动态并接收指令。

b.引航员配合:提前申请引航员(如强制引航),与引航员明确操作意图和应急计划。

c.船岸协作:与码头方确认泊位准备情况,协调带缆人员。

(2)狭水道航行安全措施

①航道分析与准备

a.航道特征研究:掌握水道宽度、弯曲度、水流方向及速度、碍航物位置。

b.潮汐与流压计算:根据潮汐时间调整通过狭窄段时机,计算流压对船舶偏转的影响。

c.备车备锚:提前备妥主机、舵机,双锚做好应急抛锚准备。

②航行中关键操作

a.居中航行:保持船舶位于航道中央,避免因岸吸/浅水效应导致偏移。

b.转向点管理:提前设定转向点,结合叠标、导标或雷达/ECDIS 导航,及时修正航向。

c.瞭望与警戒:增加瞭望人员,结合视觉、雷达和 AIS 监控周围船舶动态,警惕交叉相遇局面。

d.控制船间效应:与他船保持安全距离,避免并列航行(尤其大型船舶间)。

e.采取合适的定位、导航、避险以及转向方法:

定位方法:卫星定位、陆标定位、航迹推算等;

导航方法:浮标导航、叠标导航、导标方位导航、平行线导航、利用 GPS 和 ECDIS 导航等;

避险方法:方位避险、距离避险、平行线避险等;

转向方法:物标正横转向、逐渐转向、导标方位转向、平行线转向、平行方位线转向等。

③特殊情况应对

a.能见度不良:开启航行灯、鸣放雾号,使用雷达辅助导航,必要时择地锚泊。

b.强流影响:调整航向抵消流压,避免因横流导致偏离航道。

c.应急避让:若突发碰撞风险,优先采取减速、停车、倒车或抛锚等措施。

(3)渔区航行安全措施

①航行前准备

a.信息获取

查阅获取渔区范围、渔汛期及常见渔船作业方式(如拖网、围网、流刺网)等资料。

通过 AIS 或 VHF 询问当地渔船动态,了解渔网布设区域。

b.航线规划

尽量绕行渔区,若无法避开,选择渔船密度较低的水域通行。

标注渔网浮标、鱼栅、养殖区边界等碍航物位置。

c.设备检查

确保雷达(使用 X 波段识别小目标)、AIS、探照灯、声号设备正常。

备妥应急舵、主机备车状态。

②航行中操作

a.安全航速

采用合理的安全航速,确保能及时避让渔船或渔网。需要特别注意的是,有的渔船有护网行为和抢大船船头的习俗。

b.加强瞭望

安排专职瞭望员,结合目视、雷达和夜视仪监控渔船动态,特别注意无 AIS 信号的小型渔船。

注意渔网浮标(夜间可能有闪烁灯光或反光标志)。

c.避让原则

了解渔船的意图,主动避让。

注意渔船作业时可能忽略避碰规则,应主动采取“早、大、宽、清”的避让措施。

避免穿越渔船编队或拖网船正后方(渔网可能延伸数百米)。

d.沟通协调

通过 VHF16 频道或当地渔船频道(如中国沿海常用 72 频道)表明意图。

夜间可用探照灯照射本船甲板,增强渔船对本船的可见性。

③特殊情况应对

a.渔网缠绕

发现渔网靠近时,立即停车、倒车,避免螺旋桨被缠绕。

若已缠绕,立即停车并通知渔船协商处理,严禁强行脱困。

b.密集渔船包围

保持航向航速稳定,避免频繁转向引发碰撞。

鸣放五短声警告信号,必要时请求附近船舶协助。

(4)交通流密集水域航行安全措施

①航行前准备

a.交通流分析

研究分道通航制(TSS)规则、推荐航路及报告线。

标注习惯航路、交叉点和渡船航线等。

b.应急预案

制定主机失灵、舵机故障、碰撞等预案,明确应急锚位。

②航行中操作

a.遵守分道通航规则

严格按 TSS 规定的方向航行,避免逆向航行或者进入分隔带。

按照《1972 年国际海上避碰规则》采取避让行动。

b.动态监控

使用 AIS 筛选重点目标(CPA/TCPA 较小的船舶),持续评估碰撞风险。

利用 ARPA 雷达跟踪多目标,警惕突然转向的渡船或小型船。

c.控制船位

保持船位,避免因避让过度偏离航线而导致搁浅。

在航道交叉口或转向点提前减速,观察周围船舶动向。

③避让与协调

a.主动沟通

通过 VHF 与目标船协商避让方案。

b.避免并行

与他船保持至少 1 倍船长的横距,防止船吸效应导致碰撞。

(5)岛礁区航行安全措施

①在沿岸岛屿之间航行,要仔细研究海图和有关航海资料,注意掌握水流和气象情况,正确使用各种人工或自然导标、叠标和转向、避险物标等。

②在珊瑚礁区航行,应特别注意做好各种准备,选定一条安全、经济的航线,采用最新的大比例尺海图。测深点稀少时,应尽量将计划航线画在测深点上,航线离礁至少在 5~6 n mile,不宜为了定位方便而过分接近岛屿或珊瑚礁。

③必须通过两礁间的水道时,应尽可能从两礁间最窄处的垂直平分线上通过,以确保航行安全。为了便于目视发现浅水礁盘的存在,应选择白天、在礁盘的上风方向 2~3 n mile 处通过。

④珊瑚礁区水下危险物较多,而陆标定位条件往往较差,航行时要加强瞭望,抓紧时间利用测天和无线电定位。利用天文定位时,要注意热带礁区因赤纬圈几乎和地平圈垂直,晨光昏影时间特别短,观测时一定要抓紧时间,接近岛礁时,应坚持测深和利用岛礁边缘定位。

⑤岛礁区海底崎岖,水深起伏很大,在水流急剧变浅时,应减速直至倒车,仔细观测水色,以防触礁。

⑥在沿岸岛屿和热带珊瑚礁之间航行,除了利用狭水道通常的导航、转向和避险方法外,还可经常利用物标的“开门”“关门”来确定转向时机和避离危险等。

⑦“开门”“关门”位置线是转向和避险应用中的一种方位叠标线,直观、准确、使用方便,且不依赖罗经,在岛礁区航行,应尽可能采用。值得注意的是,物标“开门”转向时,如后标开始时被前标遮蔽,对后标的识别要求就非常高,两标一旦“开门”,船舶就应立即转向。如果物标识别有误,或者因后标识别费时而延误了转向时机,都可能给航行安全造成严重影响,使用时要特别谨慎。

⑧此外,航行前方单一物标不仅可用于方位导航,如能同时用雷达测定其距离,还可方便地用来确定转向时机。为充分发挥这一特点,岛礁区航行时,可采用“二次转向法”:先将转向点附近某物标置于航线正前方用来导航,接近到一定距离时,适当向该物标安全一侧转向,到该物标正横时再转至下一航向,而不采用该物标一次性正横转向法。采用二次转向法,直观、方便,有利于导航和避险,能大大减轻航海者的工作紧张程度,对航程的影响也非常小,可忽略不计。

2.恶劣天气条件下的航行安全措施

(1)能见度不良水域航行安全措施

①船舶进入雾航之前,应尽快完成下述各项准备工作:

a.尽可能准确地测定船位,了解周围船舶动态;

b.按章采取安全航速,施放雾号;

c.开启航行灯;

d.开启雷达、VHF,并派出必要的瞭望人员;

e.变自动操舵为人工操舵;

f.及时报告船长,通知机舱备车;

g.保持肃静,打开驾驶台门窗,关闭所有水密门窗,保证一切必要的听觉和视觉瞭望。

②进入雾中航行,应及时适当地调整航线的离岸距离。如果按照良好能见度设计的计划航线离岸距离为 2~3 n mile,在雾航中航线与海岸之间的距离至少需要 3~4 n mile,甚至 5 n mile 以上,以保证船岸之间有足够的回旋余地。

③雾中航行,值班驾驶员要认真做好航迹推算工作。为提高推算船位准确性,非不得已时不宜频繁改变航向、航速。沿岸航行时,测深是检查推算船位的重要办法之一。有时,某一等深线还可作为避险警戒线使用。测深数据和时间,应记在海图上相应的推算船位附近,以便分析航迹推算情况和估计以后的趋势。对推算船位的准确度,要有恰当的估计,必要时应画出并设法缩小概率船位区。一旦仪器发生故障,推算船位就成为唯一的船位根据。

④应尽可能利用一切可获得的手段来定位和导航,尤其要充分地使用卫星定位和导航。

⑤为了在雾航中能够熟练而有把握地使用雷达来导航和避让,要求值班驾驶员能够全面掌握雷达的技术特性,善于辨别各种干扰回波,并能迅速地识别影像和进行观测。利用雷达进行瞭望,应选择适当的量程:大洋航行可用 12~24 n mile 量程;沿岸航行可用 6~12 n mile 量程;狭水道航行应远近量程兼用,一般以 2~6 n mile 为主。当然,即使性能较好的雷达,毕竟不如目视那样直观、可靠,因此不可盲目地依赖雷达,忽视目视瞭望。为了不影响值班驾驶员的瞭望和工作,雾航时可安排专人负责雷达观测和标绘。

⑥雾中航行,应时刻掌握当时能见度状况下的实际能见距离。驾驶员可利用目视发现某一物标(例如发现相遇船)的同时用雷达测出其距离的办法求得实际能见距离。如是雷达不易探测到的其他物标,可在目视发现时记下计程仪读数,正横时再记下计程仪读数,两次观测间的计程仪航程即大致相当于当时的实际能见距离。当然,雾中的能见距离会根据雾的浓度有所变化,不可能是固定不变的,应予注意。

⑦注意倾听声号。雾中声号的作用是向周围船舶提示本船在其附近。声音的作用距离随天气(风向、风力等)因素变化而变化,不能根据声音的大小判断距离的远近。声音在空气中并非直线传播,特别是在声源附近呈不规则现象。虽处声源附近,但在不同的位置上,有时会听不到声号,即有寂静区存在。当雾号站附近海上有雾而其周围无雾,雾警设备可能不工作,船舶就不能听到声号,这种情况尤其在夜间经常发生。此外,有些雾哨、雾钟仅在有风浪时才工作,且声音随风浪大小而变化。因此,雾中航行,不可单凭声音的大小或有无来判断船舶航行安全情况。总之,听见声号,应视船舶在危险区内,注意采取一切必要的避险措施。在应该听见的位置上而未听见声号,亦不应武断认定尚未进入危险区。

⑧在沿高而陡的岸边 2~3 n mile 距离航行时,根据本船声号的回音,可粗略推算出船岸距离,即当开始施放声号时启动秒表,听见回声时停秒表。按声音的传播速度乘以秒表读数的 1/2,即得船岸的大概距离。

⑨认真加强瞭望,对雾航的安全关系极大,熟练的瞭望人员必须能及时发现船舶周围的任何微小的变化。例如:

a.风向风速稳定时,突然波浪减弱,则说明船舶可能已接近上风的海岸或浅水区;反之,若风浪突然增大,则说明上风沿岸可能有大的湾口。

b.航行条件没有变化,而风突然变小,则说明船舶可能已很接近高陡的岸边。

c.海水颜色和透明度发生变化,如果海水变得浑浊,则说明船可能已接近泥底海岸或河口；在海上发现漂浮物，诸如海草、海藻等，这是接近海岸的迹象；如果海面发现渔具、垃圾和油迹等，则表明附近有船舶。

d.发现大量海鸟海兽，也表明已接近陆地或冰山。

（2）冰区航行安全措施

①为了确保冰区航行安全，在进入冰区以前，应做好以下几方面的准备：

a.认真分析有关冰情资料和所能接收到的冰情报告，以便及时避离冰山和浮冰，选择一条有利的冰中航路。冰区航行的可能性，要视冰量、冰厚、冰的硬度及本船冰级条件而定。通常冰量在 6/10 以下，冰厚在 30 cm 时普通商船还可以航行。

b.仔细检查主机和操舵系统，确保其可靠工作，并能快速响应各自的操纵命令。船上助航设备和通信设备等同样应处于良好的工作状态，特别要确保雷达能正常工作。

c.调整好船舶的吃水和吃水差。一般应尽可能增大吃水，并保持 1~1.5 m 左右尾倾，使螺旋桨尽可能没入水中。这样，既能使船具有较好的破冰能力、提高稳性并保护螺旋桨和舵不受损伤，又不会因为过大的尾倾而影响船舶的操纵性能。

d.尽可能在进入冰区前，采取一切有效的定位方法测得准确的船位，作为冰区推算和定位的基础。

e.船头、船尾和驾驶台应设置性能良好的探照灯，以便夜间航行时能及时探明冰情。

f.准备好各种御寒和堵漏器材，关闭水密门窗。

②如有可能，应避免进入冰区航行，而选择其他的，哪怕是航程更长的航线。一定要通过冰区时，必须选择在冰最少、冰质弱或在冰裂缝中航行。航行中开启雷达及早发现冰中水道，以利前进，遇到冰山，应及早在下风保持适当距离避航。

③应尽量从冰区的下风方向接近冰区，并尽量选择在冰块凹陷处，用很慢的速度，保持船首柱正对冰区边缘，直角进入，以便减小冲击影响。一旦船首进入冰区后，应适当加速，以维持首向和控制船舶运动。

④根据冰量、冰质、本船的船型结构及实际强度，谨慎决定航速，特别是老船，更要慎重。冰区航行用过高的船速，往往导致船体受损；而船速过慢，船舶又有被冰围困的危险。通常采用 3~5 kn，即维持舵效的最低航速。当有破冰船引航时，航速将由破冰船指定。一般冰量为 4/10 时，可取 8 kn 航速，冰量每增加 1/10，航速减少 1 kn。当冰量大于 7/10~8/10 时，航速不应超过 5 kn。

⑤加强首尾瞭望和雷达观测，以便及时发现浮冰、冰山，探明可航水道以及监视和预防碎冰损坏车、舵和船体。大风浪天气发现有碎冰集结时，应在下风航行。遇有冰山和碎冰互相接近运动时，应尽快避开，以防止被围困产生危险。

⑥抓住一切时机测定船位。冰区航行，航迹推算、陆标定位都十分困难，定位精度也受到很大的影响，卫星定位系统在冰区可以正常定位，因此，应利用各种无线电导航仪器等尽可能测定准确的船位。

⑦破冰船引航时，应注意与破冰船或前船保持适当的距离，一般取 2~3 倍的本船船长。要密切注意破冰船的动态，加强相互间的联系，确保航行安全。

⑧尽量避免在冰区抛锚，如果必须抛锚，应选择在冰层最薄处下锚，且锚链长度不得超过当地水深的 2 倍。

⑨船舶主机应做好随时全速倒车的准备，冰区倒车必须格外谨慎，倒车前，应使舵处于正

舵位置。

⑩船舶一旦被密集浮冰阻挡无法前进，应在正舵的情况下慢速进车，将浮冰冲离船尾区域，再倒车后退。

(3)大风浪天气条件下航行安全措施

①进入大风浪区前

a.船长应考虑到大风浪中航行的不利因素以及避免或减轻发生大角度横摇、谐振、主机飞车等现象的措施；尤其应考虑到局部海域的特殊情况，如冬季北半球洋区温带气旋盛行，我国沿海、地中海和黑海等区域常出现寒潮大风；同时也要考虑到大风天气有可能发展快、气象预报不及时的特殊情况。

b.船长获悉大风天气预报后，应及时通报全体船员，要求各部门领导亲自检查防御风浪的准备情况。

c.及时检查并确认通信设备(包括应急通信设备)和主管的助航仪器工作正常。视情加固通信天线。

d.接到大风浪预报后，及时检查并确认驾驶台、机舱和舵机室的通信畅通，备妥大风浪区域的沿岸避风海图及相关资料，并改正到最新一期通告。

e.空载航行时，船长会同大副商定调整压舱水、增大吃水、减少受风面积以便提高操纵性能(但要满足稳性和强度要求)。凡无纵向隔堵结构的水舱必须压满(包括专用压载货舱等)。

f.大风浪情况下除个别使用中的淡水柜或燃料柜外，组织调整水柜(压舱水柜、深水柜)和油柜，减少自由液面的影响。

g.其他准备工作

- 吊货设备、主锚、备用锚、舷梯、救生艇、筏以及一切可能移动的物件都要绑牢加固。
- 对甲板和货舱货物进行再检查、再加固。
- 所有甲板堆放的大缆放入仓库、吊杆要放妥系牢。
- 转移甲板某些堆放物至风浪冲击的盲区，如首救生筏。
- 检查甲板上测量管、透气管盖子的封闭情况。
- 关闭甲板面的水密门、窗、通风孔、道门。
- 关闭主甲板一层舷窗护板和居住区不用的水密门窗道门。
- 将通风筒关闭，并加盖防水布。
- 疏通甲板出水孔和有关下水道、保证甲板上的排水孔畅通。
- 盖好锚链筒，防止海水灌进锚链舱。
- 如装有重大件，要认真检查、根据系固手册中的要求再次从确保安全的角度计算承受拉力，必要时重新加固。
- 保证消防和堵漏设备随时可用。
- 甲板上装妥生活区至首、尾的安全扶手绳。
- 加固室内公共场所易动设施。
- 加固厨房、仓库的有关设施和物品。
- 妥善放置易碎品。
- 对某些容器加盖，防止油、水溢出。
- 检查船舶动力、机电设备，如主机、辅机、舵机、锚机、锅炉、泵浦等，使之处于良好的工作状态。

• 检查排水管系、排水泵、分路阀、规定配备的潜水泵等,保证处于良好的工作状态。

• 合理做好相关设备的检修安排,避免在大风浪航行中检修机器,以保证船舶设备和人员的安全。

• 大管轮做好机舱易动设备的加固、关闭机舱天窗及其他水密门窗。

• 电机员、三管轮检查应急设备,使之处于良好的工作状态。

②进入大风浪区后

a.大风浪中航行,无关人员禁止在甲板行走。如确因甲板工作需要,必须报告船长。

b.船长应亲自操纵船舶,调整航向航速,经船长风险评估同意后方可安排甲板作业,并应安排 2 人以上在下风舷作业,系好安全带。

c.值班轮机员按驾驶台通知做好有关变速的准备工作,如重油柜加速预热或换轻油等。注意主机转速变化,防止飞车和增压器喘振等情况发生,视情增加巡回检查的次数。

d.在进入大风浪区后,如船舶操纵困难,船长必须亲自在驾驶台指挥并按下述原则操纵:

• 顶浪航行时,视情减速、保持舵效、减小涌浪的冲击力;空船要防止或减轻发生拍底现象,警惕空转造成船舶强烈振动,导致桨叶脱落、尾轴断裂;警惕中拱或中垂现象可能使船体结构变形,受到严重损伤,甚至使船体断裂。

• 甲板上浪严重时,警惕直接受冲击的甲板机械,如锚机、绞缆机、起货机等受损。

• 避免正顶涌/浪航行,操作上应左右舷交替保持首向与涌浪向成 25°～35°夹角航行,如水域允许可采用“Z”字航法。

• 避免正横涌/浪航行,操作上船长应根据海况调整航向、航速,避免船舶的横摇周期和波浪周期接近或相一致。

• 顺涌/浪航行时,船舶容易出现舵效下降、淹尾、车舵受损。操作上应左右胯交替受涌/浪,避免涌浪直接冲击车叶、舵叶。

• 大风浪中若滞航,应保持舵效。

• 必要时采取绕航、改向或驶往避风港等措施。

• 遇台风时具体操作按《船舶防抗台操作须知》执行。

e.大风浪区航行,必要时,轮机长应亲自在机舱值守,重要部位必要时加派专人值守,并根据船长的指令和实际情况调整主机转速。

木匠必须每天至少 2 次测量水舱和污水井,必要时根据船长指示适当增加测量次数。如有异常,立即报告船长。

f.船舶纵摇猛烈时,当值轮机员应注意适当降低主机转数,尽可能减少推进器的空转,并通报当值驾驶员。

g.大风浪中调头是一项风险很大的操作,应慎重并在船长的亲自指挥下按下列要求进行:

• 挑选经验丰富的水手操舵。

• 尽量选择在白天、大浪群后的相对平稳期掉头。

• 在大风浪中,每当几个大浪过后,随后有一阵海浪较小的间隙,船舶应趁此机会调头。掉头时应掌握:

海浪大小的变化是有规律的,一般情况下,连着三四个大浪之后,必接七八个小浪,俗称“三大八小”。要利用这个规律,使船舶在海面较平静时掉头。

开始时慢速中舵(15°左右),掉头过程中适时使用快车满舵。这样可以使前冲惯性小,减小船舶转向过程中的横倾角,同时保证舵效,缩短掉头时间。

从顶浪转为顺浪时,转向应在较平静海面到来之前开始,以求较平静海面来临时正好转到横浪。此后可配合主机突进,用满舵,加速完成后半圈旋转。

从顺浪转为顶浪比较危险,必先减速降低惯性冲力,等待时机,以求后半段掉转在较平静的海面进行。后半圈旋转应尽可能迅速,否则大浪来到便难以转向顶浪,为此,可根据情况采取逐级突进的措施,以增加舵效,加速掉转。

由于判断错误在旋转中遇到大浪来临而处于困难境地时,切勿强行掉转,应选择与波浪相对平稳的夹角,但切忌急速回舵,防止大角度横倾,等待时机,再次掉头。

• 根据首尾受风影响的不同,应向船首易偏转的这一侧转向。

车舵的使用。开始先用慢车小舵角压舵,当最后一个大风浪过后立即加车,加大舵角,在第二次大浪群袭来前调头完毕,切勿在大浪群袭来时船身正好横浪而遭倾覆危险;大风浪中掉头,当船身转至横浪时,若回转引起的横倾角与波浪的横倾角相位一致,则过大的横倾角将危及船舶的安全。并且横向受浪时,容易出现横摇谐振,就更加危险。因此必须谨慎操作。

船速较快时,不可大舵角转向,转向过程中出现船身倾斜时切不可急回舵或操反舵。

3.特定水域的航行安全措施

(1)定线制水域航行安全措施

①在定线制水域航行、值班驾驶员除遵守《1972 年国际海上避碰规则》关于分道通航的规定外还应遵守各国政府及各港区域性的规定。

②二副应根据《航海通告》、航行警告及时对航经海区的分道通航规定进行修改。

③在驶近定线制水域前,船长应查阅《航路指南》、航行警告、《无线电信号表》、海图、《航海通告》等资料并对驾驶员提出相关要求。

④应在相应的通航分道内顺着该分道的船舶总流向行驶。

⑤应尽可能让开通航分隔线或分隔带。

⑥通常在通航分道的端部驶进或驶出,但从分道的任何一侧驶进或驶出时,应与分道的船舶总流向形成尽可能小的角度。

⑦应尽可能避免穿越通航分道,但如不得不穿越,应尽可能用与分道的船舶总流向成直角的船首向穿越。

⑧当船舶可安全使用邻近分道通航制区域中相应通航分道时,不应使用沿岸通航带。但当船舶抵离位于沿岸通航带中的港口、近岸设施或建筑物、引航站或任何其他地方或为避免紧迫危险时,可使用沿岸通航带。

⑨除穿越船或者驶进或驶出通航分道的船舶外,船舶通常不应进入分隔带或穿越分隔线,除非在紧急情况下避免紧迫危险。

⑩不使用分道通航制区域的船舶,应尽可能远离该区。

⑪在接近和驶入分道通航制区域后,应精确测定船位,以保证船舶行驶在相应的通航分道内。

⑫在分道通航制区域端部附近行驶时,船舶密集且航向不一,应特别谨慎。

⑬在分道通航制区域内航行的船舶,仍应遵守《1972 年国际海上避碰规则》其他各条的规定。

⑭应按规定守听 VHF,并向 VTS 报告船舶资料、动态以及 VTS 要求的其他内容。

⑮船舶应尽可能避免在分道通航制区域内或其端部附近锚泊。

(2)桥区等架空构筑物水域航行安全措施

①船舶在桥区水域航行,除遵守《1972 年国际海上避碰规则》以外,还应遵守桥区所在国有关避碰的相关规则以及当地的桥区通航相关的管理规定;

②采取一切有效的手段,控制船位,确保船舶沿计划航线航行;

③如允许追越的话应保持与他船的安全横距;

④桥区或架空构筑物水域航行,雷达等导助航设备性能可能受限,应充分利用浮标等目视手段进行导航和定位;

⑤确保当时潮高情况下船舶水面以上最大高度可安全通过桥梁或架空构筑物。

中版海图上给出的平均大潮高潮面至桥梁和架空构筑物底部最低点的垂直距离为净空高度,它和大潮升之和为潮高基准面以上的可利用高度。而潮高基准面以上相对于船舶航行所要求的安全高度为当时潮高、水面以上船舶的最大高度和为了保证安全通过所要求的安全余量三者之和。由于可利用空间对于某个横空障碍物是固定的量,为了船舶的安全通过,潮高就不能大于某值,这就是最大安全潮高。

$$最大安全潮高=大潮升+净空高度-水面至船舶大桅顶端的高度-安全余量$$

根据船舶本身情况和航道条件求得安全潮高后,便可根据《潮汐表》求得合适的通过浅滩或横空障碍物的时间,以便引导船舶安全通过。

(3)航行受限水域航行安全措施

航行受限水域包括进出港航道、狭水道、岛礁区、桥区等,除应采取前述进出港、狭水道以及岛礁区等特定水域安全措施以外,还应特别考虑当时潮高是否可以安全通过该航行受限水域。

在进出港航道、狭水道、岛礁区等航行受限水域,存在着一些浅水区。当船舶(特别是大型船舶)航行到这些区域之前,首先要确定本船是否能够安全驶过。这由两个因素决定:一是船舶通过浅水区所要求的最小安全水深,即船舶的最大吃水和安全通过浅水所应有的富余水深之和;二是当时浅滩上的实际水深。为了船舶安全驶过浅水区,当时的实际水深必须大于或等于最小安全水深,即

$$海图水深+潮高+(CD-TD)\geqslant 船舶吃水+富余水深$$

这要求潮高必须大于或等于一最小安全值,该值便为最小安全潮高:

$$最小安全潮高=吃水+富余水深-海图水深-(CD-TD)$$

例 4-1:某船满载某日中午到达某水道,吃水为 9.5 m, 龙骨上最大高度为 28.5 m。该水道海图水深 8 m,潮高基准面在海图基准面下 200 cm,海图深度基准面在平均海面下 220 cm;大潮升 4.5 m;水面上空有桥梁,其净空高度为 19.5 m;该日午后潮汐为 1157 401 cm, 1902 130 cm。如果要求富余水深为 0.7 m,大桅顶端至桥底部的安全余量为 1.5 m。求该船该日午后安全通过该水道的最早和最迟时间。

解:①通过水道所需安全潮高:

$$\begin{aligned}最小安全潮高 &= 吃水 + 富余水深 - 海图水深 - (CD - TD)\\ &= 9.5 + 0.7 - 8 - (2.2 - 2.0) = 2.0\ (\mathrm{m})\end{aligned}$$

$$\text{最大安全潮高} = \text{大潮升} + \text{净空高度} - \text{水面至大桅顶端的高度} - \text{安全余量}$$
$$= 4.5 + 19.5 - (28.5 - 9.5) - 1.5 = 3.5\ (\text{m})$$

②通过水道的最早、最迟时间:由于午后是落潮过程,所以最早通过时间是落潮至最大安全潮高的时间,最迟通过时间是落潮至最小安全潮高的时间。

$$\text{最早通过时间}\ t_1 = \text{高潮潮时} + \frac{T}{180°} \times \arccos\left(1 - \frac{2\times\text{潮高改正数}}{\text{潮差}}\right)$$
$$= 1157 + \frac{1902-1157}{180°} \times \arccos\left[1 - \frac{2\times(401-350)}{401-130}\right]$$
$$= 1157 + 2\ \text{h}\ 01\ \text{min} = 1358$$

$$\text{最迟通过时间}\ t_2 = \text{高潮潮时} + \frac{T}{180°} \times \arccos\left(1 - \frac{2\times\text{潮高改正数}}{\text{潮差}}\right)$$
$$= 1157 + \frac{1902-1157}{180°} \times \arccos\left[1 - \frac{2\times(401-200)}{401-130}\right]$$
$$= 1157 + 4\ \text{h}\ 41\ \text{min} = 1638$$

(4)其他特定水域航行安全措施

①战区或敏感地区航行安全措施

a.进入战区或敏感地区前

• 应及时接收航行警告,尽可能避开战区或尽快驶离战区。

• 在抵港前应及时与船东或租家代理联系,落实引航员上船时间,争取抵港后直接上引航员进港,缩短在港停留时间(如不进港,可在外海漂泊或滞航)。

• 应详细了解港口航道、泊位的水深情况,涨落潮时间、潮高,流向流速,以及泊位前后靠船情况等。

• 抵港前,船长应了解与当地有关方面的联系方式,人员和通信号码。

• 船长要做好船员的思想政治工作,在遇到紧急情况时,做到沉着冷静、遇事不惊、果断指挥。全体船员要听从指挥、团结一致、确保船员和船舶安全。

• 轮机长发动轮机部人员,做好各项动力设备的检查工作,保证"四机一炉"和应急设备处于良好的工作状态。

• 确保通信设备处于随时可用状态以便在突发事件中确保船岸通信畅通。

b.进入战区或敏感地区后

• 在有飞机、军舰接近盘旋、判断可能有拦截意图时船长应立即报告公司,船岸进入戒备状态,直到警戒结束。

• 船舶在战区或敏感地区航行要认真落实值班制度,电台保持 24 h 连续值班,使用手操舵,保持 2 个水手当班,加强瞭望(包括雷达观测),严密监视船舶周围海面和空中情况。

• 安排专人守听 VHF CH16,保持与巡逻军舰、飞机的通信畅通,做到有问必答。

• 在战区或敏感地区航行或有军舰、飞机接近时白天在主桅挂大号国旗,夜间船尾也挂国旗并开灯照亮烟囱标志。

• 船舶应尽量避免与战区各方或参加拦截的军舰、飞机发生冲突,以减少不必要的损失。

• 船长要警惕海盗船冒充军舰拦截船舶,注意识别、冷静分析。如怀疑是海盗船(海盗船一般是单船、船型小、无空中配合)，应按《船舶保安计划》中防海盗措施行动。

• 靠泊时，船长要提醒引航员加抛外档开锚，以利自引离港。

• 应主动与引航员协商，条件许可时，船首应朝便于离港的方向，首尾倒缆应加强。

• 根据所泊位置和四周情况，制定自行离泊操作方案并通知相关人员，以便万一发生意外情况时，可砍缆自引离泊。

• 全体船员不能上岸。

• 所有动力系统保持完好，确保随时可用。

• 每天或每工班工人离船后，要对所涉及的工作场所进行检查，以防装卸工留下可疑危险物品。

• 在上述地区如无特别需要尽量不上伙食/淡水/物料等，如果有确实需要，应对所上物品进行严格检查。

• 公开场合不对当地局势做任何评论，不与当地人谈敏感话题。

②海盗多发区航行安全措施

a.进入海盗多发区之前的准备工作

• 培训船员熟悉防海盗部署并进行演习，熟悉从各个位置进入安全舱的撤离路线。

• 安装必要的防海盗设备或装置；

• 对海盗行为风险评估，明确攻击时驾驶台值守人员和其他人员职责。

• 保持本船最大干舷高度，船舷安置防海盗钢丝网和皮龙等。

• 多方搜集所处海域的海盗信息，通过相关网站、公司和当地代理等。

• 合理安排人员值守及当值人员配置装备。

• 提前与国际海事搜救中心或防海盗指挥中心建立联系(参考 SSP，BMP5，BIMCO，IMB，RCC，MRCC 等)。

• 通报船公司，使船舶与船公司 CSO 保持 24 h 有效通信，随时能够获得有效的岸基支持和指导。

• 提前查找船舶所在区域的当地大使馆或领事馆的联系方式。

• 船长或 SSO 提前拟定电文格式，准备好相关的邮件，包括时间、地点、海盗船名称、海盗人数、攻击事件、攻击次数、离开时间、船上各种损失等(报告内容可参看如 BMP5 等)。

• 申请军舰护航。

• 申请雇用武装保安。

b.进入海盗多发区的安全措施

• 临近海盗多发区时，增派保安值守人员和安排额外瞭望人员，提高夜间巡逻人员的巡逻频率。

• 保持正规瞭望，充分利用雷达扫描海面情况，发现异常及时报告船长和船舶保安员。

• 航行期间尽可能不要停车接受任何外部的检查。

• 发现有疑似海盗船，立即开启 AIS 进行识别。

• 疑似海盗船渐渐接近本船，立即释放灯光声响信号(如，探照灯、汽笛等)，船内释放警报和船内广播，通知全体船员立即按照保安应变部署采取行动，其间避免单独行动，最好是 3 人以上为一组。

• 海盗船接近本船攻击时，要通过各种方式全力阻止海盗船接近本船：包括启动 SSAS 报警装置,发出 DSC 遇险求救信息释放救生信号(白天/橙色烟雾信号;夜间/红光降落伞火箭信号),通过 VHF 进行紧急呼叫(MAYDAY)说明海盗攻击求助,利用卫星电话通知沿岸搜救协调中心(RCC)和船公司(CSO),开启船上汽笛和内部警铃装置。

- 采用"Z"字航法操纵船舶,全速航行,尽量甩开海盗船,阻止其接近。
- 发现海盗已登上甲板,应尽全力阻止其进入生活区。
- 船上人员应做好撤离准备,随时进入安全舱。
- 船员进入安全舱,随时通过船上闭路电视监控系统(CCTV)或听觉等一切手段了解海盗的动向,及时将事态的发展情况通报给搜救协调中心或防海盗指挥中心及船公司,争取自救和等待救援。
- 如果海盗已经登船并控制船舶和部分船员时:尽可能保证船舶安全,安抚船员要克制、忍耐。不要激怒海盗,避免无谓的伤害,争取减少船舶和船员的损失,可适当地听从海盗的要求和指令,以保证船舶和人员的安全,试图和海盗谈判,从而了解他们的真实意图。

二、外部因素及外部保障条件影响下的安全措施

风、浪、流等外部因素会导致船舶保向困难,甚至使船舶偏离计划航线。当船舶进出港或航经受限水域时容易导致船舶偏离航道,从而引发搁浅、触礁或碰撞事故,船舶应采取各种有效措施应对这些外部因素的影响。另外,外部保障条件,如引航员没有按时登船、港池内协助操纵的拖船未按时就位以及码头带缆工人没有按时到位等都将对船舶的靠离泊作业带来极大影响。

受到各种外部因素及外部保障条件的影响,船舶应采取如下安全措施:

(1)制定对应的应急预案;

(2)充分考虑外部因素及保障条件的影响合理制订航次计划,如应急锚地、放弃线的设置等;

(3)充分利用船舶自身条件,如车、舵、锚、缆控制船舶,确保安全;

(4)及时寻求外界援助。

三、应急措施/反应

1.能见度不良的应急措施

(1)备车航行,使用安全航速,正确释放雾号;

(2)自动舵改手操舵,增派瞭望人员;

(3)守听 VHF,打开驾驶台门窗,关闭水密门;

(4)开启航行灯,2 部雷达正常工作,远近量程挡交替扫描;

(5)适当调整离岸距离,保证船舶有足够的旋回余地;

(6)准确测定船位,做好航迹推算;

(7)准确判断、掌握周围船舶动态;

(8)必要时采用逐点航法和测深定位。

2.主机失灵的应急措施

(1)利用惯性余速尽量控制船舶至开阔相对安全水域;

(2)悬挂失控型号；
(3)播发船舶安全或紧急信息；
(4)应急备锚，必要时请求拖船协助；
(5)报告交管或有关当局。

3.舵机失灵应急措施

(1)考虑使用应急舵，如应急舵仍不可用则尽快停车降速，必要时可考虑倒车；
(2)悬挂失控型号；
(3)播发船舶安全或紧急信息；
(4)应急备锚，必要时请求拖船协助；
(5)报告交管或有关当局。

4.雷雨大风应急措施

雷雨大风可能导致能见度不良，故除采取能见度不良的措施外，还应做好防风浪措施：
(1)做好各种防风浪准备，绑扎货物，关闭水密门；
(2)空船压载，减小受风面积，提高稳性；
(3)自动舵改手动舵，必要时船长亲自操纵；
(4)根据风浪方向调整航向或采用“Z”字航法；
(5)适当调整航速，避免飞车，减小主机负荷；
(6)加强值班，防止机电故障等。

第二节　TSS、VTS 区域等航行规定及船舶报告的程序与方法(关键要素)

一、获取 VTS、TSS 细节和规定

船舶所经海区和港口涉及的 VTS 和 TSS 细节和规定，包括航行方法及报告要求可通过无线电信号表》第六卷(NP286)进行查阅。

二、国内外的船舶报告系统及报告的种类和程序

船舶报告系统一般以较大海域为服务对象水域，对象船舶不予限定，服务是免费的。现在使用的系统有美国的船舶自动互助系统(AMVER)、印度的船位和信息报告系统(INSPIRES)、日本的 JAREP、韩国的 KOSREP、澳大利亚的 AUSREP、新西兰的 Voluntory Ship Reporting System、阿根廷的 SECOSENA、巴西的海上通信信息控制系统(SISCONTRAN)、智利的 CHILREP 和中国的 CHISREP 等，目前国际上采纳强制性的船舶报告系统有 23 处。不同的系统采用不同的报告格式、报告程序、报告手段，船舶在利用这些系统时应查阅《进港指南》《无线电信号表》等有关资料。

第五章

航次计划报告书

一、航次计划书

每一航次应根据航次的具体情况,完成航次计划书。不同航运公司的安全管理体系不同,对航次计划书的设计也有区别,但所包括的内容基本一致,以下是航次计划评估项目采用的航次计划书模板。

航次计划书

PASSAGE PLAN

考生姓名______________

准考证号______________

船　　舶______________

航　　次______________

日　　期______________

CHECKLIST FOR MAKING PASSAGE PLAN

PLANNING 计划

01 Largest scale charts being used. Charts corrected up to NM.No.____.

使用最大比例尺的海图,并改正到航行通告第______期。

02 Courses drawn on charts, and double checked for accuracy, old courses to be erased.

航向线已画在海图上,并复查无误,所有旧的航线已擦掉。

03 Courses to be marked on charts in 360°, and checked against actual course.

航向线以圆周方位法标示,并反复核对实际航向。

04 Distances between waypoints marked.

航路点间的距离已标示。

05 Waypoint Co-ordinate marked.

航路点的坐标已标示。

06 Waypoints entered into all electronic navigation equipment.

航路点已输入所有相关的电航仪器。

07 Distance to go marked at each waypoint.

自每个航路点所需航行的距离已注明。

08 Hazards, un-navigable area, dangerous areas, and non-return point have been marked on charts.

危险物,不可航和危险区域及不可返回点已标示在海图上。

09 Cross track error margins to be indicated, as applicable, on charts.

合适的横越航道偏离界限已标示在海图上。

10 Bearing and distance from alteration points marked.

自转向点的方位和距离已标示。

11 Radar conspicuous objects, coastline, radar objects/shapes, indicated on charts.

雷达显著目标、海岸线、雷达物标/形状都已标示在海图上。

12 Raising/dipping distances for lights indicated on charts.

灯塔初显/初隐距离已标示在海图上。

13 Danger clearing bearings and distances indicated on charts.

方位及距离避险已标示在海图上。

14 Parallel indexing distances to be indicated on charts.

平行线避险距离已标示在海图上。

15 Safe and practicable speeds to each stage of passage have been determined.

航路各阶段上的安全和实际可行的航速已经确定。

16 Areas where restricted visibility maybe expected, and additional look out maybe required, is indicated on charts.

航路中那些可能视线受限制而需附加瞭头的区域已标示在海图上。

17 Areas where heavy traffic may encounter have been indicated.

航路中那些通航密集的区域已说明。

18 Minimum under keel clearance for each stage have been determined.

航路各航段的船底最小富余水深已经确定。

19 Best positions fixing methods for each area have been determined and indicated.

航路各区域上的最好定位方法已确定，并标明。

20 Contingency planning against emergence to be made and included in the plan, with recommended actions to be decided and included. (e.g. emergency anchorage, abort maneuver, etc.)

意外事故的应急计划已经制订，并包括在航次计划中，同时包括紧急情况下所采取的行动（例如：紧急抛锚，操作失误等）。

21 Tide information has been written on charts along with areas where strong currents may be encountered.

航路上那些可能遇到强流的区域的潮汐情况已写在海图上。

2nd Officer: Date:

Master: Date:

二、航次计划（Passage Plan）

1.航线所需海图清单（Charts Required）

序号 No.	图号 Chart No.	图名 Title	比例尺 1： Scale 1：	出版年月 Date of Pub.	新版时间 New Edition	最新改正 Up to Date	备注 Remarks
1							
2							
3							
4							
5							
6							
7							
8							
9							
10							
11							
12							
13							
14							

2.航线所需图书资料(Publications Required)

序号 No.	书号 NP#	书名 Name of Publication	出版年月 Date of Pub.	最新改正 Up to Date	备注 Remarks
1					
2					
3					
4					
5					
6					
7					
8					
9					
10					
11					
12					
13					
14					
15					

3.港口信息(Port Information)

出发港		到达港	
引航		引航	
VTS		VTS	
港口调度		港口调度	
航道与泊位限制		航道与泊位限制	

4.船长对航线设计的要求(Master's Requirements for Passage Plan)

1	
2	
3	
4	
5	
6	
7	
8	

5.航次风险管控(Risk Management)

	风险位置(转向点) Location (WP. No.)		风险评估 Risk Assess	风险控制 Risk control Measures
狭水道 Narrow Channel				
分道航行 Traffic Separation Zone				
交通管制区 Traffic Control Area				
大风浪区 Rough Sea				
强流区 Strong Current				
能见度不良 Restricted Visibility				
高寒水域及冰区 Ice Area				
特殊区域 * Special Areas *				
防污染管制区 Anti-pollution Areas				
防海盗区域 Anti-piracy Areas				
防偷渡区域 Anti-stowaway Areas				

注：* 航程会经过的废弃物处理或排放控制区域参照相关环保规定[to deal with the treatment of SEWAGE, BALLAST, GARBAGE, FUEL OIL TRANSFER (in Sulphur Emission Area) etc. during the passage as required]。

* 根据航线实际情况填写风险管控相应内容。

6.航路点列表[Passage Waypoint List (berth to berth)]

序号 No.	转向点经纬度 Waypoint Lat. & Long.	航向 Course	下一转向点距离 DTG Next wpt.	剩余航程 DTG Destination	船速/时间 Speed/Time	富余水深 UKC	定位方法/平行线避险 Fixing Method/ Parallel Indexing	转向点目标方位、距离及备注 Name, Bearing & Distance Off Target for Course	使用海图图号 Chart No.	船长要求 Master's Instruction
	计划总航程 Total Distance					预计总航时 Time		总计用图数 Chart		

请执行本航次计划,并遵照夜航命令的进一步指示。阅读明白后并签名。

Please comply with this passage plan and also refer to the night order book for further instructions. Read and understand this passage plan and sign.

7.计划航线审核意见

航线设计工作的规范性审核	1. 2. ……
计划航线的完整性、安全性审核	

第二篇

气象传真图分析

第六章

气象传真图的识别

第一节　气象传真图基础知识

一、气象传真图的定义

通常把由气象、海洋部门制作的含有气象和海洋水文信息并利用无线电或网络技术进行传输的各类天气图统称为气象传真图。目前,气象传真图仍广泛应用于全球气象和海洋水文预报。用户在全球范围内均可通过气象传真接收机或互联网进行接收。目前,通过气象传真接收机接收到的气象传真图仍为黑白图像。

气象传真图一直以来都是全球海洋船舶获取气象和海洋水文信息的主要途径,对保障船舶的航行安全和经济效益起到了显著作用。

二、气象传真图的种类

根据气象传真图的使用功能,将其分为两大类型:分析图和预报图。分析图用于填绘并分析过去某时刻的气象水文信息,又称实况图。预报图用于填绘预计未来某时刻出现的气象水文状况。根据产品的具体内容,分析图和预报图又可各自分为许多种类。

目前全球航海领域常用的气象传真图分为:地面传真天气图、高空传真天气图、波浪传真图、热带气旋警报图、气象卫星云图、海流传真图、海冰传真图、海温传真图、辅助图。

一般来说,各类要素的气象传真图都可制作出分析图和预报图。需要指出的是,随着人们对气象、水文信息观探测技术及预报水平的不断提高和实际需要的不断变化,在未来气象传真图将可能出现更多新的种类。

目前,世界各国发布的气象传真图产品种类繁多、形式多样、内容丰富,既具有相同或相似之处,又具有各自的特点。

日本气象传真图是东南亚地区和北太平洋海域广泛应用的气象传真图产品。美国气象传真图是北太平洋海域和北大西洋海域广泛应用的气象传真图产品。本教材主要对以上两种气象传真图产品的识别做详细讲解。

我国气象和海洋部门已经于近几年重新启动中国气象传真图制作和播发业务,气象传真图产品已经基本成熟,在本教材中也对其做简要介绍。

三、气象传真图的获取方法

目前,海洋船舶主要通过两种途径和方法获取气象传真图:

一是利用船载气象传真接收机进行实时接收。船载气象传真接收机具有操作简便、接收性能强、成本低廉等优点,接收的纸质传真图也便于使用和查阅,因此气象传真接收机至今仍是各类船舶的标准配置设备。其缺点是无线电接收信号的质量会对图面质量造成较大影响,或者接收不到传真图。图 6-1 为 TF-708 型气象传真接收机主机。

图 6-1　TF-708 型气象传真接收机

二是访问互联网网站。目前,大多数国家气象传真图播发机构会在各自的网站上同时发布气象传真图,多数传真图具有黑白图像和彩色图像两种模式。访问互联网网站获取气象传真图的优点是图像清晰,接收时间灵活,资料易于保存,彩色图像更利于识别,多数网站还支持查阅历史资料。其缺点是会受到网络信号的限制,在没有网络信号覆盖的区域无法获取气象传真图。

四、气象传真图的基本结构

气象传真图的基本结构形式相对固定,其核心部分是主图,除此之外通常还包括图题、图例、制作播发机构名称以及其他需要说明的内容。气象传真图的基本结构形式如图 6-2 所示。由于各国在文字语言、表达方式、行业规范及使用习惯等方面存在差异,因此各国家气象传真图在构图格式、填图项目、填绘规范和整体风格等方面也不尽相同,既有统一遵循的国际标准,又有各自不同的样式。

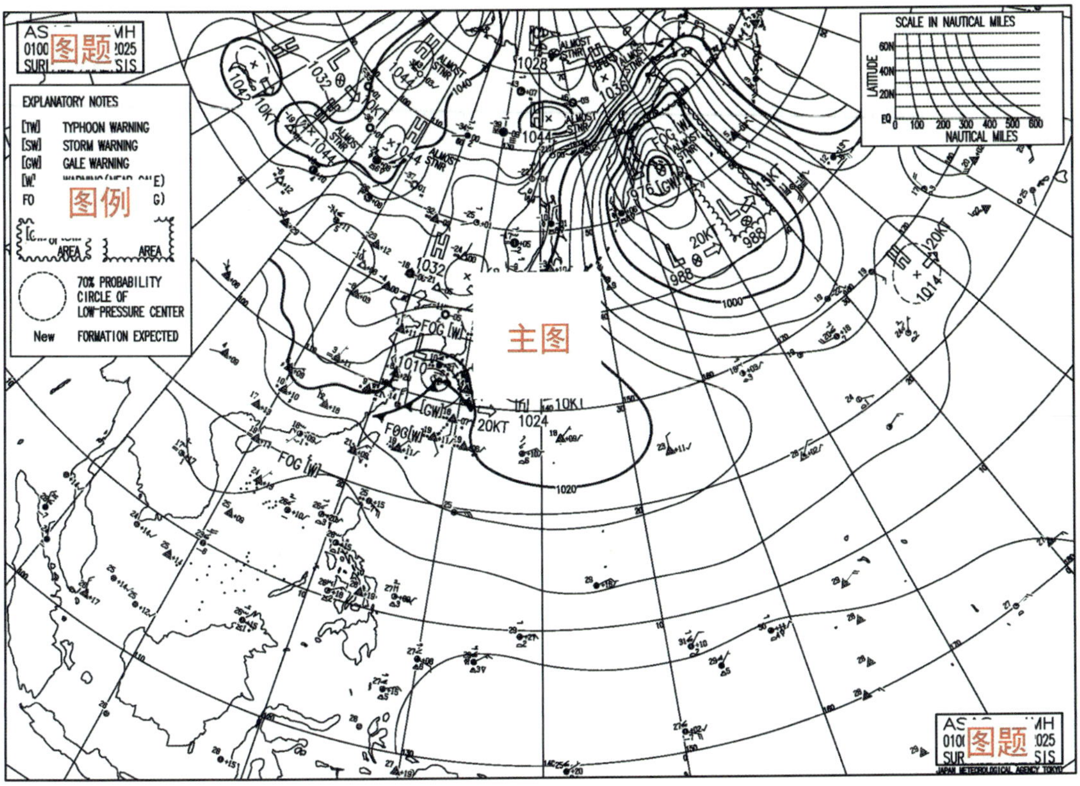

图 6-2　气象传真图的基本结构形式

(一)主图

气象传真图主图是各类彩色天气图经过去掉色彩、简化填图要素、简化地理信息等处理后的适合通过无线电设备播发的黑白颜色传真图像资料。目前气象传真图的图幅大多采用 A4 规格,每幅页面上可放置一张或多张天气图。

(二)图题

图题即气象传真图的图名标题。准确识读图题是分析和应用气象传真图的基础和前提。图题通常标注在图幅四周空白位置处,遵循相对固定的格式,由若干组字符、代码或数字构成。标注的项目主要有:气象传真图的种类、覆盖区域(上述两项习惯上合称为传真图的图名)、发布时间、有效时间、传真台呼号或名称等,有时也会标注传真图的全称、填图要素、绘制人员名字、制作和发布机构名称等其他需要说明的信息。文字部分通常统一使用英文,也有的使用本国文字。

(三)图例

为便于准确识读,多数气象传真图在图面适当位置标注图例,解释该图中使用的各类警报符号、填图符号的含义和规范以及其他需要说明的内容。

(四)填图要素

各类气象传真图按照其功能和使用需求,在图面上填绘相应的各种气象和水文要素。各个国家气象传真图的填图要素和填图规范都有所不同,既有按照国际标准的必填项目,也有根据各自国家标准和实际需要的选填项目。表 6-1 列出了各类气象传真图的主要填图要素。

表 6-1　各类气象传真图的主要填图要素

图类	填图要素
地面分析图	测站实况,等压线,天气系统性质、位置、强度、移动路径,锋面,天气警报等
地面预报图	等压线,天气系统性质、位置、强度、移动路径,风矢,降水量,天气警报等
高空分析图	等高线、等温线、涡度、散度、垂直速度等
高空预报图	等高线、等温线、风场、涡度、散度、垂直速度等
波浪分析图	海上测站实况、等波高线、波向、风矢等
波浪预报图	等波高线、波向、风矢、波浪周期、波陡度等
海流分析	流向、流速等
海流预报	流向、流速等
海冰分析	冰缘线、密集度、厚度等
海冰预报	冰缘线、密集度、厚度等
热带气旋预报	强度等级、中心位置、中心气压、未来移动路径、中心附近风力及影响范围等

第二节　日本气象传真图的识别

一、日本气象传真图概况

日本气象传真图由日本气象厅制作,由东京传真一台播发,传真台呼号为 JMH。传真图覆盖区域主要包括 AS(亚洲地区)、FE(远东地区)、PN(北太平洋海区)、JP(日本本土区域)。无线传真台常用播发频率为 3 622.5 kHz,7 795 kHz,13 988.5 kHz。传真图底图全部采用兰伯特投影方式。

表 6-2 列出了 JMH 传真台播发的主要气象传真图产品。

表 6-2　JMH 传真台播发的主要气象传真产品

种类		图类代码	图名	时效 h	图时 UTC				主要填图要素
					00	06	12	18	
地面图	分析图	ASAS	亚洲地面分析		00	06	12	18	气压、测站实况、警报
	预报图	FSAS24	亚洲地面 24 h 预报	24	00		12		气压、天气区
		FSAS48	亚洲地面 48 h 预报	48	00		12		气压、天气区
		FSAS04 FSAS07	亚洲地面 48 h 预报 亚洲地面 72 h 预报	48 72	00		12		气压、降水量
		FSAS09	亚洲地面 96 h 预报	96			12		气压、降水量
		FSAS12	亚洲地面 120 h 预报	120			12		气压、降水量
		FSFE02	远东地面 24 h 预报	24	00		12		气压、降水量、风矢
		FSFE03	远东地面 36 h 预报	36	00		12		气压、降水量、风矢
	台风警报图	WTAS07	热带气旋路径预报	72	00	06	12	18	中心位置、气压、风力
高空图	分析图	AUAS50	亚洲 500 hPa 分析		00		12		位势高度、温度、湿区
		* AUAS70	亚洲 700 hPa 分析		00		12		位势高度、温度、湿区
		AUAS85	亚洲 850 hPa 分析		00		12		位势高度、温度、湿区
		* AU FE50	远东 500 hPa 分析		00		12		位势高度、涡度
		* AXFE78	远东 700、850 hPa 分析		00		12		850 hPa 温度、风矢 700 hPa 垂直速度
	预报图	* FXAS504	亚洲 500 hPa 48 h 预报	48	00		12		位势高度、涡度
		* FXAS507	亚洲 500 hPa 72 h 预报	72	00		12		位势高度、涡度
		* FXAS784	亚洲 500 hPa 48 h 预报	48			12		850 hPa 温度、风矢 700 hPa 垂直速度
		* FXAS787	亚洲 500 hPa 72 h 预报	72			12		850 hPa 温度、风矢 700 hPa 垂直速度
		FUFE502	远东 500 hPa 24 h 预报	24	00		12		位势高度、涡度
		FUFE503	远东 500 hPa 36 h 预报	36	00		12		位势高度、涡度

续表

种类		图类代码	图名	时效 h	图时 UTC 00	06	12	18	主要填图要素
波浪图	分析图	AWJP	日本沿海波浪分析		00		12		波高、波向、周期、风、测点海况
		AWPN	北太平洋波浪分析		00		12		波高、波向、风、测点海况
	预报图	FWJP	日本沿海波浪预报	24	00		12		波高、波向、周期、风、逆流区、测点海况
		FWPN	北太平洋 24 h 波浪预报	24	00		12		波高、波向、风、交叉波区、测站海况
		FWPN07	北太平洋 72 h 波浪预报	12/24/48/72	00		12		浪高、浪向、周期
海流图		SOPQ	西北太平洋海流分析		每周二、五				流向、流速、水温、冰区
海冰图		STPN	海冰分析图		12 月至次年 5 月每周二、五				密集度、水温、冰情
		FIOH04	48 h 海冰预报图	48	海冰延伸至 48 °N 以南				密集度
		FIOH16	168 h 海冰预报图	168					
卫星云图			北半球卫星云图		00	06	12	18	
说明		标记“ * ”的产品不通过无线传真台播发，可通过其官方网站查看							

二、图题的一般格式

日本气象传真图的图题格式是目前全球范围内气象传真图普遍采用的一种格式，如图 6-3 所示。各组代码的含义为：

（a）图题实例

TTAA CCC
DDHHmmUTC MMM YYYY
…… …… …… ……

（b）图题一般格式

TT	AA	CCC	DD	HH	mm	UTC	MMM	YYYY	…… ……
图类代码	图区代码（合称图名）	传真台呼号	日	时	分	协调世界时	月	年	补充注释

（c）图题一般格式的说明

图 6-3　JMH 台气象传真图的图题格式

第一组：由图类代码(TT)和图区代码(AA)组成传真图的名称。

表6-3为各国常用气象传真图的图类代码(TT)。

表6-3　各国常用气象传真图的图类代码

类　型	代号	中文名称	英文名称
分析图 A (Analysis)	AS	地面分析图	Surface Analysis
	AU	高空分析图	Upper-air Analysis
	AW	波浪分析图	Sea Wave Analysis
	AO	海流分析图	Ocean Current Analysis
	AI	海冰分析图	Sea Ice Analysis
	IR	红外卫星云图	Infrared Satellite Image
	VS	可见光卫星云图	Visible Satellite Image
预报图 F (Forecast)	FS	地面预报图	Surface Forecast
	FU	高空预报图	Upper-air Forecast
	FE	中期预报图	Extended Forecast
	FW	波浪预报图	Sea Wave Forecast
	FO	海流预报图	Ocean Current Forecast
	FI	海冰预报图	Sea Ice Forecast
	FT	热带气旋警报图	Tropical Cyclone Forecast
	FX	综合预报图	Upper-air & Surface Forecast
	FB	重要天气预报图	Significant Weather Forecast

表6-4为各国常用气象传真图的图区代码(AA)。

表6-4　常用气象传真图的图区代码

代号	图区	英文说明	代号	图区	英文说明
AA	南极	Antarctica	PA	太平洋	Pacific
AC	北极	Arctic	PN	北太平洋	North Pacific
AS	亚洲	Asia	PS	南太平洋	South Pacific
AU	澳大利亚	Australia	SJ	日本海	Sea of Japan
CN	中国	China	SS	南海	South China Sea
EA	东亚	East Asia	XE	东半球	Eastern Hemisphere
ES	东海	East China Sea	XN	北半球	Northern Hemisphere
FE	远东	Far East	XS	南半球	Southern Hemisphere
IO	印度洋	Indian Ocean	XT	热带地区	Tropical Belt
NA	北美	North America	XW	西半球	Western Hemisphere
NT	北大西洋	North Atlantic	PQ	西北太平洋	Northwest Pacific

另外，某些种类的传真图在第一组代码(图名)末尾后缀有不同位数的数字，用来表示几种不同含义，应根据实际情况加以判断：一是在预报图中表示该图的预报时效，例如："FSAS24"中的"24"表示预报时效为24 h；二是在高空分析图中表示该图的平均等压面气压值，例如："AUAS70"中的"70"表示700 hPa等压面；三是在高空预报图中表示该图的平均等

压面气压值和预报时效的组合，例如：“FXFE572”中的“572”表示 500 hPa 等压面和 700 hPa 等压面的 24 h 预报。

第二组：传真台呼号 CCC。

通常在图题内标注各传真台的专属呼号，以便于识别传真图来源。传真台呼号的具体信息可查阅最新版本的英版《无线电信号表》第三卷。也有的气象传真图上不标注传真台呼号，而是使用制作或发布机构的全称、简称或专属图像标志进行标注，需在应用中熟练识别，如美国气象传真图。

第三组：时间 DDHHmmUTC MMM YYYY。

时间标注格式为日/时/分（均采用 2 位数字）/时间标准（采用协调世界时），月（采用 3 字符英文缩写），年（采用 4 位数字）。在一些传真图中，协调世界时也简化为“Z”。

应注意理解各种传真图上标注时间的含义：

在分析图上，标注的时间通常称作传真图的时次，即图上气象水文实况信息获取的时刻，也就是观测时刻。

在预报图上，通常标注两个时间，第一个时间为预报的起始时刻，通常与分析图的时次同步对应。第二个时间为预报的有效时刻，也称作预报有效期。

第四组：补充注释。

根据需要，有时在图题内也会标注一些需要完整标注或补充说明的信息，如传真图的全称、填图要素等。

三、填图规范及各种符号、短语的含义

（一）地面测站天气实况的填图格式

在地面分析图中，通常会填写地面测站气象要素的观测实况。地面测站按照地理环境可分为陆地站、高山站和海洋站，按照观测方法可分为人工观测站和自动观测站。测站实况必须按照规范格式填写。日本气象传真图上地面测站实况的填写格式及实例如图 6-4 所示。

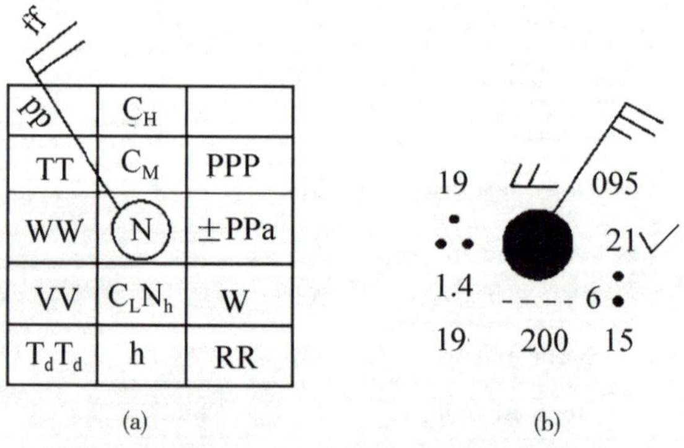

图 6-4 地面测站实况的填写格式及实例

各符号含义和填写规范为：

○——站圈标志。表示天气底图上对应的测站或船舶位置。当测站为自动观测站时，则在站圈外加注正三角形符号，如△。

N ——总云量。用在圆圈内填涂阴影符号表示,表示方法说明见表 6-5。

$C_L/C_M/C_H$——分别为低云状、中云状、高云状的名称。以符号表示,表示方法说明见表 6-6。

N_h——低云量。以数字表示,填图数字与实际云量的对应关系见表 6-5。

h ——低云高。当出现低云时,记录最低的低云高度,以数字表示,单位为 m。记录到个位。

PPP——海平面气压。以数字表示,单位为 hPa。填写时省略气压值的百位数和千位数,只填写十位、个位和第一位小数,但不填写小数点。例如气压 1 009.5 hPa,在图上填作 095。

±PP——3 h 气压变量。即观测时气压与观测前 3 h 气压的差值,以数字表示,单位为 hPa,精确到一位小数,但不填写小数点。如果气压上升,数字前加“+”号;如果气压下降,数字前加“-”号。

a——3 h 变压倾向。以符号表示,其说明见表 6-6。

W——过去天气现象。即观测前 6 h 内出现的天气现象,以符号表示,其说明见表6-6。

RR ——观测前 6 h 内(包括观测时)的累计降水量。以数字表示,单位为 mm。记录到个位。

TT ——气温。以数字表示,单位为 ℃。若实际气温为零下,则前面加“-”号。记录到个位。

WW——现在天气现象。即观测时或观测前 1 h 内出现的天气现象,以符号表示。现在天气现象符号见表 6-7。天气现象符号的解释说明较为复杂,在此略去。

VV ——水平能见度。以数字表示,单位为 km,记录到第一位小数。

T_dT_d——露点温度。以数字表示,单位为 ℃,记录到个位。

dd —— 地面 10 m 高处的风向。以风矢杆表示,风矢杆的一端应紧靠站圈并指向站圈中心,从站圈往外矢杆所指的方向,就是风的来向,即风向,如图 6-5 所示。

ff——地面 10 m 高处的风速。以矢羽表示,矢羽与矢杆垂直,绘制在低压一侧。矢羽的一个长杠代表风速 10 kn,一个短杠代表风速 5 kn,一个三角旗代表风速 50 kn,如图 6-5 所示。需要注意的是,在我国天气图上,矢羽的一个长杠代表风速 4 m/s,一个短杠代表风速 2 m/s,一个三角旗代表风速 20 m/s。

由上述可知,通过这些符号和数字,可以很简明、准确地识别出每个测站的天气情况。例如图 6-4(b)中的测站实况表示:该站总云量是 10,中云状为蔽光高层云,低云量为 6,低云状为碎层云,最低云高为 200 m。海平面气压为 1 009.5 hPa,3 h 气压变量上升 2.1 hPa,气压倾向为先微降后上升。过去天气现象为降水,观测前 6 h 内降水量 15 mm。气温为 19 ℃。现在天气现象为连续性中雨。水平能见度为 1.4 km。露点温度为 19 ℃。风向为北东(NE),风速为 25 kn(若在中国天气图上,则表示风速为 9~10 m/s)。

表 6-5　总云量、低云量表示方法说明

天空实际云量	无云	≤1	2~3	4	5	6	7~8	9	10	天空不明
总云量符号	○	⦶	◔	◔	◑	◕	◕	◕	●	⊗
低云量数字	不填	1	3	4	5	6	8	9	10	×

表 6-6　云状、过去天气现象、3 h 气压倾向表示方法说明

电码	低云		中云		高云		过去天气现象		3 h 气压倾向	
	符号	云状	符号	云状	符号	云状	符号	现象	符号	倾向
0	不填	没有低云	不填	没有中云	不填	没有高云	不填	云量不超过 5		升后微降
1		淡积云		透光高层云		毛卷云	不填	云量变化不定		升后平
2		浓积云		蔽光高层云		密卷云	不填	阴天或多云	/	稳定上升
3		秃积雨云		透光高积云		伪卷云	S/+	沙暴或吹雪		微降后升
4		积云性层积云		荚状高积云		钩卷云	≡	雾	—	不变
5		普通层积云		系统发展辐射状高积云		卷层云（云层高度<45°）	,	毛毛雨		后降微升
6	—	层云或碎层云		积云性高积云	2	卷层云（云层高度>45°）	•	雨		降后平
7	---	碎雨云		蔽光高积云		卷层云（云层布满全天）	*	雪	\	稳定下降
8		雨层云	M	堡状或絮状高积云		卷层云（云量不增加也没有布满全天）	▽	阵性降水		微升后降
9		鬃积雨云		混乱天空的高积云		卷积云		雷暴	不填	

表 6-7　现在天气现象符号

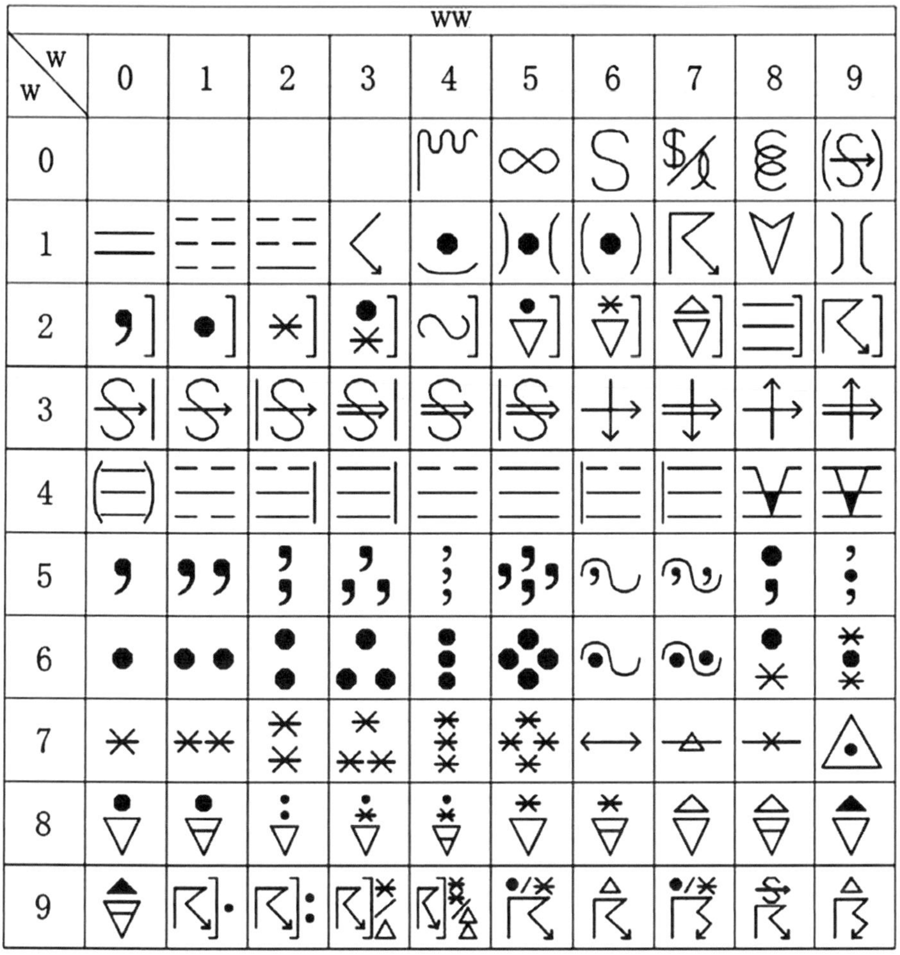

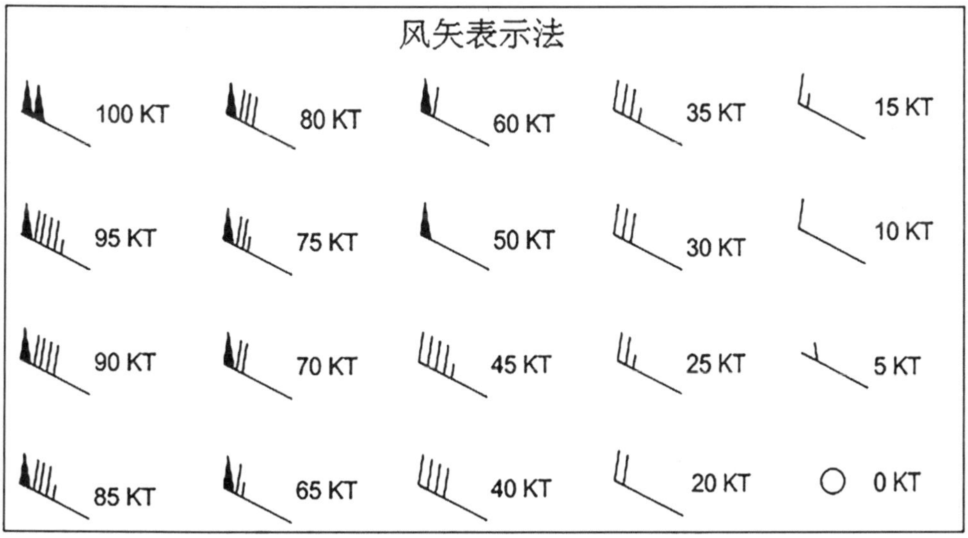

图 6-5　风矢表示法

（二）海上测站水文实况的填图格式

在一些情况下，气象传真图上还需要填写海上测站的水文要素观测实况。通常有两种情况：一是在地面分析图上，视需要填写海上测站水文要素的观测实况；二是在波浪分析图、海流分析图和海冰分析图等含有海洋水文信息的气象传真图中，填写海上测站水文要素的观测实况。

国际规定的海上测站填图格式如图 6-6 所示，与陆地测站填图格式相似，是在填写气象要素观测实况的基础上，又增加了海上测站水文要素的观测实况。两者相同的填写规范不再重述。其他符号的含义和填写规范为：

P_WP_W——风浪周期，以数字表示，单位为秒（s）。

H_WH_W——风浪波高，以数字表示，单位为米（m）。

D_1V_1——船舶的航向、航速，单位为节（kn）。

d_Wd_W——主波向，指大波传播的方向，用方位表示。

P_SP_S——涌浪周期，以数字表示，单位为秒（s）。

H_SH_S——涌浪波高，以数字表示，单位为米（m）。

不同国家的填写项目和具体规定可能与国际格式有所不同，应在使用时注意识别。

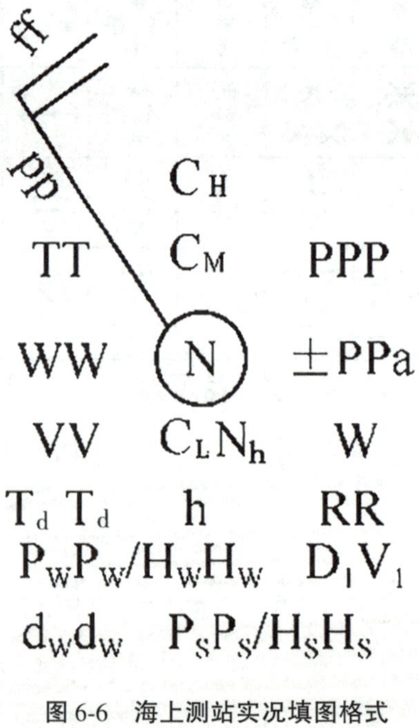

图 6-6　海上测站实况填图格式

（三）填图符号的含义

表 6-8 为日本气象传真图中常用填图符号及其含义说明。

表 6-8　日本气象传真图中常用填图符号及其含义说明

符号	含义说明
H × 1020	高压及其中心位置和中心气压值
L⊗ 1000	低压及其中心位置和中心气压值
—	等压线
	冷锋
	暖锋
	静止锋
	锢囚锋
	天气系统中心移动路径
FOG[W]	浓雾警报，海面水平能见度<0.3 n mile
[W]	一般警报，表示接近大风强度、风力≤7 级，有必要警告
[GW]	大风警报，风力 8~9 级
[SW]	风暴警报，对热带气旋表示风力 10~11 级，对非热带气旋表示风力≥10 级
[TW]	台风警报，风力≥12 级
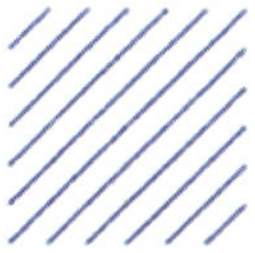 ICING AREA	船体积冰区
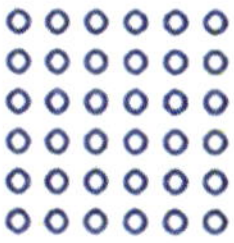 SEA ICE AREA	海冰区
 FOG AREA	浓雾区，海面水平能见度<0.3 n mile

(四) 常用短语、缩略语的含义

表 6-9 列出了日本气象传真图中主要常用短语和缩略语及其含义，其他未见短语和缩略语可查阅各类传真图的识别。

表 6-9　日本气象传真图中主要常用短语和缩略语及含义

短语(缩略语)	全称	中文含义
TD	Tropical Depression	热带低压
TS	Tropical Storm	热带风暴
STS	Severe Tropical Storm	强热带风暴
T	Typhoon	台风
NM	Nautical Miles	海里
STNR	Stationary	静止
Q-STNR	Quasi Stationary	准静止
DSIPT	Dissipate	消散
WKNG	Weakening	正在减弱
RPDLY	Rapidly	加速
FRMG	Forming	正在形成
MOVG	Moving	正在移动
COMB	Combined	合并
DCRS	Decrease	减弱
INCRS	Increase	加强
INTSFY	Intensify	加深
SEMICIRCLE	Semicircle	半圆(象限)
ELSEWHERE	Elsewhere	其他范围(方向)
GUST	Gust	阵风
EXPECTED	Expected	预计
UPGRADED FROM	Upgraded from	由……升级为
DOWNGRADED FROM	Downgraded from	由……减弱为
DEVELOPING LOW	Developing low	正在发展的温带气旋
DEVELOPED LOW	Developed low	发展成熟的温带气旋
FCST	Forecast	预报
PROG	Prognostic	预报

四、地面分析图(ASAS)的识别

ASAS 图是 JMH 传真台播发的一种主要的地面分析图,传真图时次对应国际标准统一的海洋水文气象观测规定时次,每天播发 00、06、12、18 时(UTC)4 个时次(即北京时间 08、14、20、02 时),如图 6-7 所示。

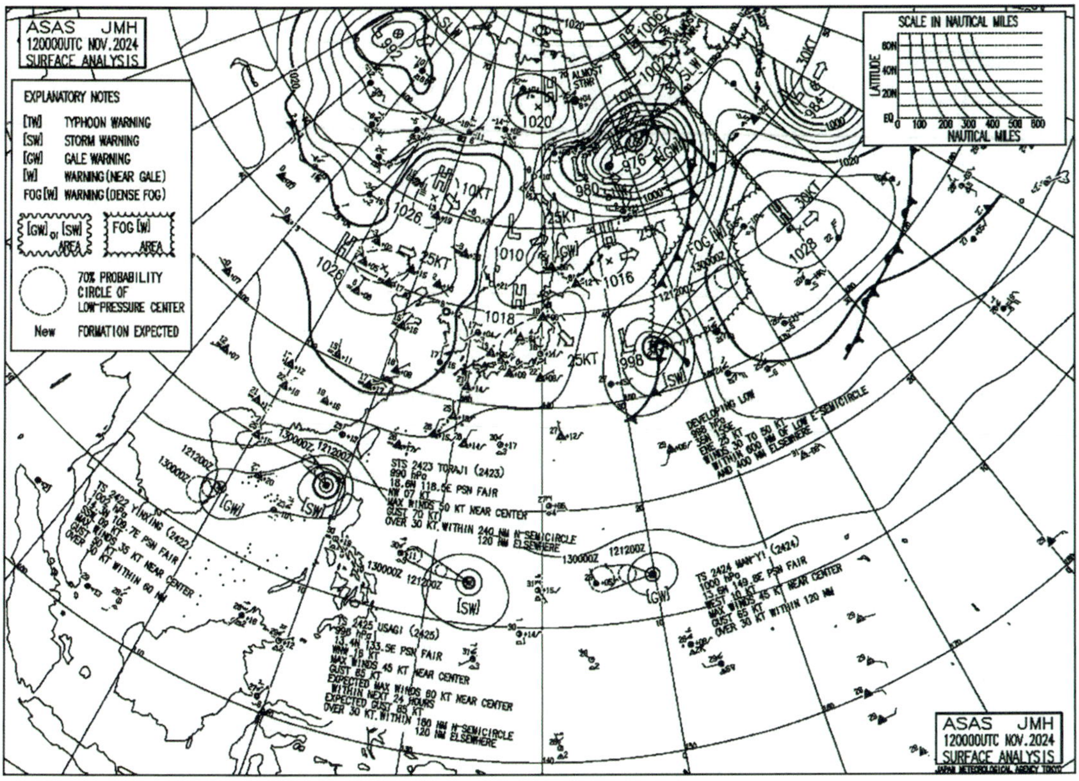

图 6-7　JMH 传真台地面分析图 ASAS

(一)图题

“ASAS JMH 120000UTC NOV. 2024 SURFACE ANALYSIS”表示该图为日本传真台发布的协调世界时 2024 年 11 月 12 日 00 时 00 分亚洲地面分析图。

(二)图例

左侧文字框内的“EXPLANATORY NOTES”(注释)解释了图中各种警报的标注符号及其含义:

[TW](TYPHOON WARNING)——台风警报:风力≥12 级。

[SW](STORM WARNING)——风暴警报:对热带气旋表示风力 10~11 级,对非热带气旋表示风力≥10 级。例如图中南海东部海域、菲律宾东部海域、北太平洋海域等 3 处的标注。

[GW](GALE WARNING)——大风警报:风力 8~9 级。例如图中南海西部海域;15°N,150°E 附近南太平洋海域;45°N,145°E 附近日本海海域;55°N,170°E 附近西北太平洋海域等 4 处的标注。

[W][WARNING(NEAR GALE)]——一般警报:风力接近大风强度且≤7 级,有必要警告。

FOG[W][WARNING(DENSE FOG)]——浓雾警报:海面水平能见度<0.3 n mile。

当预计[GW]或[SW]、FOG[W]出现区域的覆盖范围较大时,采用不同样式的曲线标注区域边界,并在区域中心标注一个警报符号。例如图中 45°N,165°E 附近西北太平洋海域用曲线标注大范围浓雾警报。

当预计未来某个强低压(主要指热带气旋和强温带气旋)中心进入某个区域范围内的概率达到70%以上时,采用虚线绘制的概率圆标注区域范围。

New(FORMATION EXPECTED)——预计该区域范围内将生成新的气压系统。

除作特殊说明和标注外,图中各种警报的预报时效均为未来24 h。

(三)比例尺

标注于图的右上角,可用于分析天气系统的覆盖范围、移动速度等,单位为海里(n mile/NM)。

(四)填图要素及规范

(1)测站实况:按照地面测站实况填图格式和海上测站实况填图格式,分别填写地面测站和海上测站的天气实况。

(2)等压线:用黑色细实线绘制,每条相邻等压线间隔为4 hPa,每间隔20 hPa对等压线加粗绘制以便突出显示,并在线上标注气压值,如980、1 000、1 020等(单位为hPa)。必要时,每间隔2 hPa用黑色虚线增加绘制辅助等压线,以突出显示某个区域的气压场。

(3)天气系统:高压中心位置用"×"表示,用H标注;低压中心位置用"×"表示,用L标注。系统中心的气压值用数字标注在H或L下方,只标注整数值,单位为hPa。

需要注意热带气旋的特殊标注方法。在低纬海域,标注"TD"或"L"的天气系统都为热带低压,同属热带气旋初级阶段,最大风力均小于8级,移向移速均可确定。区别在于"TD"表示该气旋的中心位置已定,用"×"表示,而"L"表示该气旋的中心位置待定,不标注。

对于其他强度的热带气旋(不含热带低压TD),通常不用符号标注其中心位置,而是采用英文天气简报的形式做详细标注。例如图中4个热带气旋中心的标注方法。

若出现锋面,按照单色天气图中锋面的填图规范绘制。分析锋线的起止位置和走向时,在大洋上通常用锋线上若干个点的经纬度坐标表示,在陆地上通常用锋面经过的显著地貌或地理位置表示。例如:图中西北太平洋海域的锋面气旋(中心气压976 hPa)已经出现冷锋、暖锋和锢囚锋,西北太平洋海域的锋面气旋(中心气压998 hPa)已经出现冷锋、暖锋,北太平洋东部海域出现一条静止锋。

(4)天气系统未来移动路径和发展趋势,通常用以下几种不同的标注方法来表示:

①用粗箭矢"⇒"和数字标注系统中心未来的移向、移速,如"⇒15 KT",可以表述为:预计气压系统中心将向东移动,移速15 kn。这是一种比较常见的标注方法。

②用粗箭矢"⇒"和英文缩略语标注系统中心未来的移向、移速,如"⇒SLW(或SLY)",这种状态称作系统缓慢移动,表示此时可以判定气压系统中心未来的移动方向,同时判定其移速在≤5 kn。例如图6-7中西伯利亚地区的低压;55°N,150°E附近日本海海域上的弱低压;62°N,180°E附近西北太平洋海域上的弱低压等3个天气系统。

③仅用英文缩略语"STNR"、"QSTNR"或"ALMOST STNR"标注,这种状态称作系统静止或准静止,表示此时对气压系统中心未来的移动方向判断不定,但同时可以判定移速在≤5 kn范围内。例如图6-7中东西伯利亚海域附近的高压和低压等2个天气系统。

④当有热带风暴以上强度的热带气旋和风力≥10级的强锋面气旋出现时,对于其系统中心的未来移动路径,则着重用扇形区(虚线绘制)和概率圆(实线绘制)表示。扇形区表示其系统中心未来可能经过的区域,概率圆表示其系统中心未来某个时刻可能到达的区域,预计到达

的概率为70%以上。概率圆边上用数字标注的时间表示预报时效,格式为DDHHmmZ(注意:其中的“Z”为协调世界时的简化写法),例如121200Z表示协调世界时12日12时00分。此外,标注NEW表示为新生的气压系统,标注UKN表示气压系统情况不明。例如图6-7中对南海海域2个热带气旋、南太平洋海域2个热带气旋、北太平洋1个温带气旋未来移动路径的标注。

⑤天气简报:为详细和着重说明可能造成恶劣天气的气压系统状况,通常在图面的空白处使用英文天气简报,对已经达到或预计未来24 h内达到热带风暴以上强度的热带气旋以及风力达到10级或以上强度的强温带气旋作出特别标注。文中使用固定句式和缩略语,标注的项目主要包含气压系统的性质、状态(对于热带气旋会同时标注编号和命名)、中心强度、中心位置、移向移速以及风力范围和发展趋势等。

在简报中对热带气旋中心位置的确定,有3种方法说明其定位精度:

PSN GOOD 表示定位误差<30 n mile;

PSN FAIR 表示定位误差为30~60 n mile;

PSN POOR 表示定位误差>60 n mile。

显然,只有当船舶距离热带气旋中心很近时,考虑其定位精度才具有实际意义。

下面以图6-7为例,解释图中4个热带气旋和1个温带气旋的英文简报含义:

【原文1】

```
TS 2422 YINXING (2422)
1002 hPa
14.3N 109.7E PSN FAIR
SSW    09 KT
MAX WINDS35 KT NEAR CENTER
GUST50 KT
OVER 30 KT WITHIN 60 NM
```

【解释1】2024年第22号(2422)热带风暴“YINXING”(银杏)。中心气压值1 002 hPa。中心位置14.3°N,109.7°E(定位误差为30~60 n mile)。中心向南南西方向移动,移速9 kn。近中心附近最大风速为35 kn。阵风风速50 kn。中心附近60 n mile范围内风速超过30 kn。

【原文2】

```
STS 2423   TORAJI (2423)
990 hPa
18.6N 118.5E PSN FAIR
NW    07 KT
MAX WINDS 50 KT NEAR CENTER
GUST 70 KT
OVER 30 KT WITHIN 240 NM N-SEMICIRCLE
                  120 NM ELSEWHERE
```

【解释2】2024年第23号(2423)强热带风暴“TORAJI”(桃芝)。中心气压值990 hPa。中心位置18.6°N,118.5°E(定位误差为30~60 n mile)。中心向西北方向移动,移速7 kn。近中心附近最大风速为50 kn。阵风风速70 kn。中心以北240 n mile范围内和其他方向120 n mile范围内风速超过30 kn。

【原文 3】

```
TS 2424    MAN-YI (2424)
1000 hPa
13.6N 149.8E PSN    FAIR
WEST    10 KT
MAX WINDS 45 KT NEAR CENTER
GUST 65 KT
OVER 30 KT WITHIN 120 NM
```

【解释 3】2024 年第 24 号(2424)热带风暴 MAN-YI(万宜)。中心气压值 1 000 hPa。中心位置 13.6°N,149.8°E(定位误差为 30~60 n mile)。中心向西方向移动,移速 10 kn。近中心附近最大风速为 45 kn。阵风风速 65 kn。中心附近 120 n mile 范围内风速超过 30 kn。

【原文 4】

```
TS 2425    USAGI (2425)
996 hPa
13.4N 133.5E PSN    FAIR
WNW    16 KT
MAX WINDS 45 KT NEAR CENTER
GUST 65 KT
EXPECTED MAX WINDS 60 KT NEAR CENTER
WITHIN NEXT 24 HOURS
EXPECTED GUST 85 KT
OVER 30 KT WITHIN 180 NM N-SEMICIRCLE
                  120 NM ELSEWHERE
```

【解释 4】2024 年第 25 号(2425)热带风暴 USAGI(天兔)。中心气压值 996 hPa。中心位置 13.4°N,133.5°E(定位误差为 30~60 n mile)。中心向西北西方向移动,移速 16 kn。近中心附近最大风速为 45 kn。阵风风速 65 kn。预计未来 24 h 中心附近最大风速 60 kn。预计阵风风速85 kn。中心以北 180 n mile 范围内和其他方向 120 n mile 范围内风速超过 30 kn。

【原文 5】

```
DEVELOPING    LOW
998 hPa
35N 155E
ENE    25 KT
WINDS 30 TO 50 KT
WITHIN 600 NM OF LOW E-SEMICIRCLE
AND    400 NM ELSEWHERE
```

【解释 5】正在发展的(温带)气旋。中心气压值 998 hPa。中心位置 35°N,155°E。中心向东北东方向移动,移速 25 kn。气旋中心以东 600 n mile 范围内和其他方向 400 n mile 范围内风速达到 30~50 kn。

五、地面预报图（FSAS）的识别

日本气象传真图中地面预报图有多个种类和多个时次，FSAS24 图是制作短时和短期预报中常用的一种预报图，每天播发 00、12 时（UTC）两个时次，如图 6-8 所示。

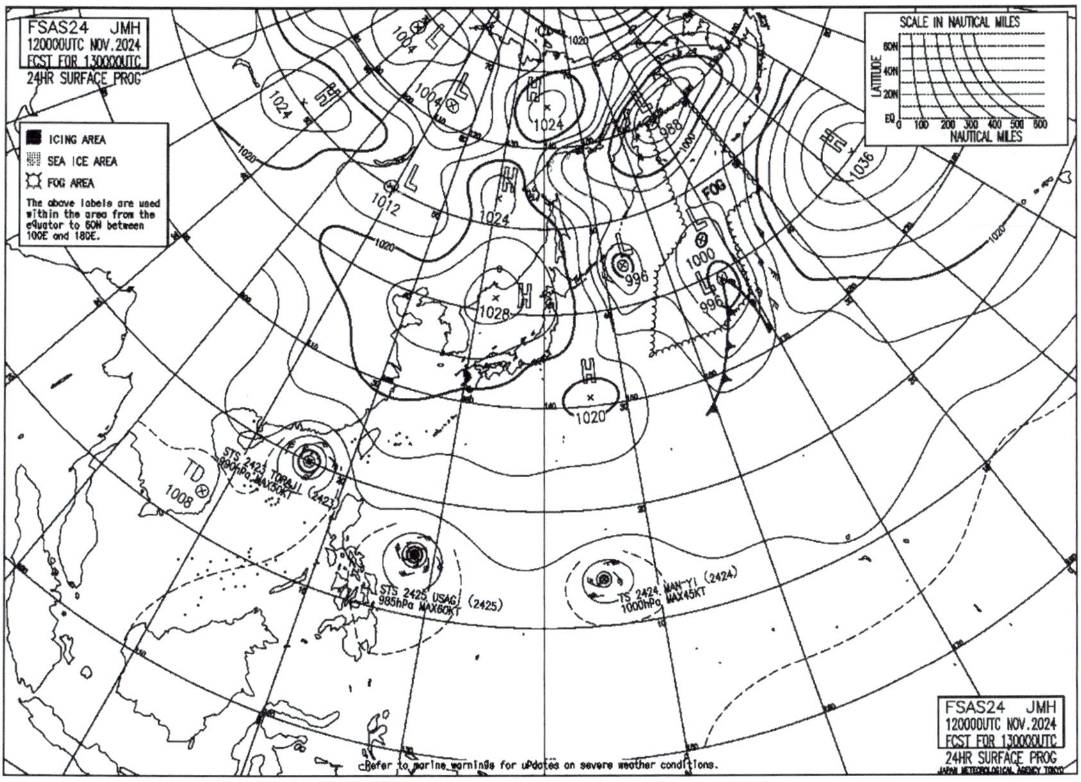

图 6-8　JMH 传真台地面预报图 FSAS24

（一）图题

“FSAS24 JMH 120000UTC NOV. 2024 FCST FOR 130000UTC”表示该图为日本传真台发布的协调世界时 2024 年 11 月 12 日 00 时 00 分 24 h 亚洲地面预报图，预报时限为协调世界时 13 日 00 时 00 分。

下方标注“24HR SURFACE PROG”补充说明图类为 24 h 地面预报。

（二）图例

在左侧文字框内解释了图中几种恶劣天气区用符号标注的方法，其含义为：

ICING AREA——船体积冰区；

SEA ICE AREA——海冰区；

FOG AREA——浓雾区。

并说明以上天气区通常只在赤道-60°N，100°E～180°E 的区域内标注。

例如该图中,预计在西北太平洋区域将出现浓雾区。

(三)比例尺

标注于图的右上角,同地面分析图(ASAS)。

(四)填图要素及规范

(1)未来地面气压场:用等压线绘制未来某时刻的气压场形势,绘制规范完全相同于地面分析图(ASAS)。

(2)天气系统:标注预计未来可能出现的天气系统。

高压、低压(含热带低压)和锋面的标注方法同地面分析图(ASAS)。例如图中位于南海西部海域的热带低压标注TD×。

预计出现热带气旋时,在其中心附近标注强度、编号、命名以及中心气压值、中心附近最大风力。例如图中对2423号、2424号、2425号热带气旋的标注。

(3)海上大风区:当预计海上出现风力超过30 kn的大风时,在该区域内用风矢杆标注。例如图中在2423号、2424号、2425号热带气旋和西北太平洋海域的锋面气旋附近都标注了大风区。

六、台风警报图(WTAS)的识别

台风警报图(WTAS)属于一种预报图,在有台风生成时段播发,每天播发00、06、12、18时(UTC)4个时次。目前日本台风警报图的预报时效为120 h,如图6-9所示。需要正确理解的是,此处所指“台风”以及我们日常所说的“台风”,是涵盖各种强度的热带气旋天气系统的一个概括名称,而“台风”属于热带气旋天气系统中的一类。

(一)图题

“WTAS12　JMH　120600UTC NOV. 2024 TYPHOON FORECAST”表示该图为日本传真台发布的协调世界时2024年11月12日06时00分120 h亚洲台风警报图。

(二)图例

左上角文字框内的“EXPLANATORY NOTES”(注释)解释了图上标注热带气旋警报的方法,其含义为:

CURRENT POSITION——热带气旋的当前位置;

AREA OF 50KT WINDS OR MORE——热带气旋中心附近出现≥50 kn风力的区域,以实线圆表示;

70% PROBABILITY CIRCLE OF CENTER POSITION FORECAST——预计热带气旋中心未来到达位置的70%概率圈,以虚线圆表示;

STORM WARNING AREA——风暴(风力≥10级)预警区域,用预报概率圆外围的实线带状区表示。

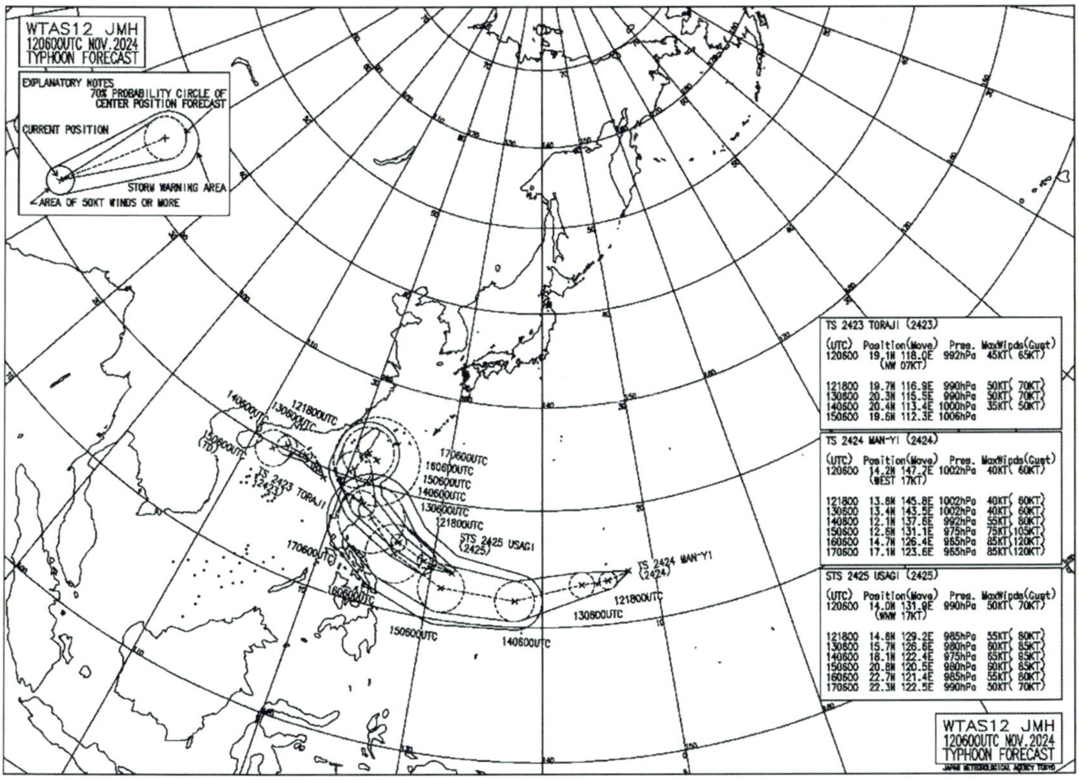

图 6-9　JMH 传真台台风警报图 WTAS12

(三)填图要素及规范

(1)热带气旋当前状况:在热带气旋的当前中心位置处标注其强度等级、编号、命名。

(2)热带气旋未来状况:按照图例中的方法标注热带气旋未来各时刻的状况,并标注各时刻的时间,时间的标注格式同地面分析图(ASAS)中热带气旋的标注格式。目前日本台风警报图中各时段的预报时效为 12 h、24 h、48 h、72 h、96 h 和 120 h,即 0.5 天、1 天、2 天、3 天、4 天和 5 天。当热带气旋移动速度特别缓慢时,则不发布 12 h 预报。

(3)热带气旋简报:在图边空白处的文字框内列出英文简报,对正在出现的热带气旋分别标注详细信息,包括强度等级、编号、命名,逐时段的中心位置(移向移速)、中心气压值、最大风力(阵风风力)。

以原文简报为例,解释如下:

【原文】

TS 2423 TORAJI (2423)

(UTC)	Position(Move)	Pres.	MaxWinds(Gust)
120600	19.1N 118.0E (NW 07KT)	992hPa	45KT(65KT)
121800	19.7N 116.9E	990hPa	50KT(70KT)
130600	20.3N 115.5E	990hPa	50KT(70KT)
140600	20.4N 113.4E	1000hPa	35KT(50KT)
150600	19.6N 112.3E	1006hPa	

【解释】

2024 年第 23 号热带风暴“桃芝”。

12 日 06 时 00 分，中心位于 19.1°N，118.0°E；中心气压 992 hPa；最大风力 45 kn；阵风 65 kn。向西北移动，移速 7 节。

12 日 18 时 00 分，中心位于 19.7°N，116.9°E，中心气压 990 hPa；最大风力 50 kn；阵风 70 kn。

13 日 06 时 00 分，中心位于 20.3°N，115.5°E，中心气压 990 hPa；最大风力 50 kn；阵风 70 kn。

14 日 06 时 00 分，中心位于 20.4°N，113.4°E，中心气压 1 000 hPa；最大风力 35 kn；阵风 50 kn。

15 日 06 时 00 分，中心位于 19.6°N，112.3°E，中心气压 1 006 hPa。

七、波浪分析图（AWPN）的识别

波浪分析图（AWPN）对北太平洋海域过去某个时刻的波浪状况进行分析，每天播发 00 时（UTC）和 12 时（UTC）2 个时次。从传真图上的图区可以看出，实际区域应为北太平洋海域，如图 6-10 所示。

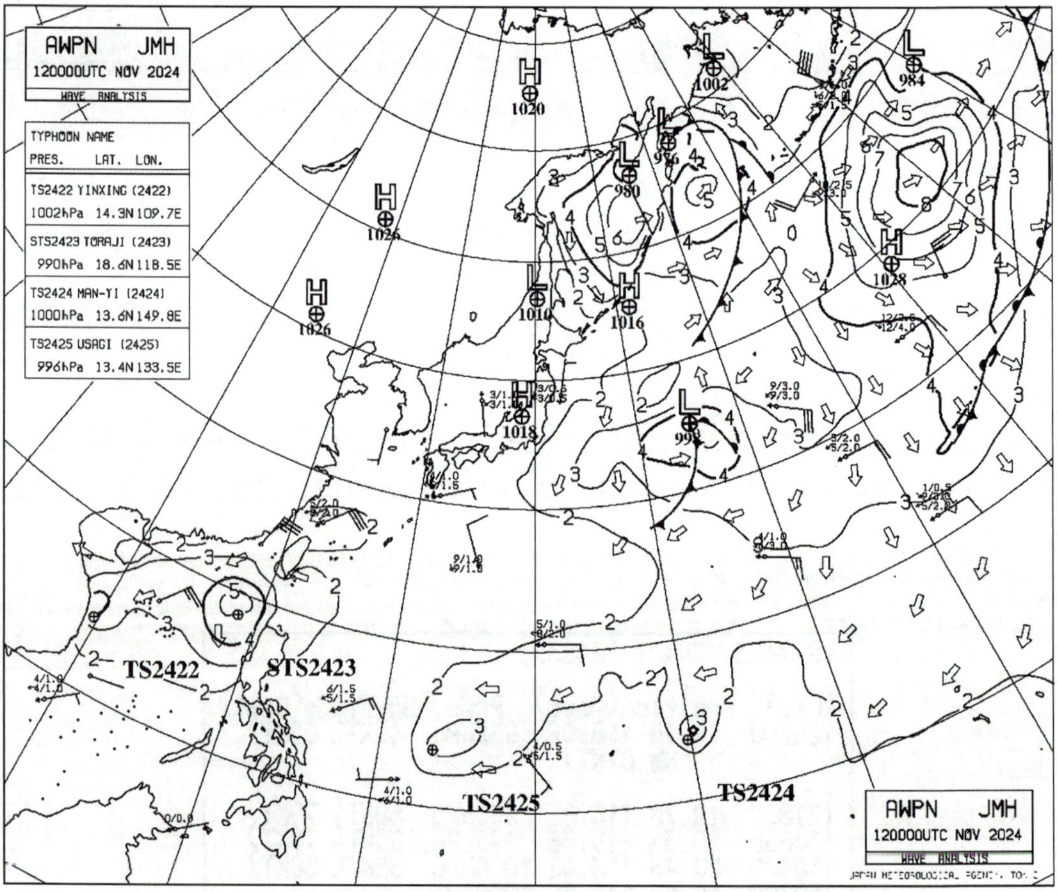

图 6-10　JMH 传真台波浪分析图 AWPN

（一）图题

“AWPN　JMH　120000UTC　NOV　2024”表示该图为日本传真台发布的协调世界时 2024 年 11 月 12 日 00 时 00 分北太平洋波浪分析图。

下方标注“WAVE ANALYSIS”补充说明图类为波浪分析。

（二）填图要素及规范

（1）海上测站实况：按照海上测站实况填图格式，填写海上测站的观测实况。

（2）天气系统：在图中与同一时刻地面分析图上相对应的位置处，标注主要天气系统的中心位置，高压中心用符号“H+”标注，低压中心用符号“L+”标注，热带气旋中心用符号“TD”标注，并用数字标注中心气压值，单位为 hPa。

如有热带气旋出现，则标注以下两项内容：①用符号“+”标注每个热带气旋中心位置，在中心附近标注其强度和编号。②在图左上方的文字框内分别标注每个热带气旋的强度、编号、命名、中心气压值和中心位置。

如有锋面出现，在与同一时刻地面分析图上相对应的位置处标注锋面。

（3）波高和波向：用黑色细实线绘制等波高线，单位为 m。等波高线起始值为 2 m，每条相邻等波高线间隔为 1 m。当波高大于 8 m 时，每条相邻等波高线间隔为 2 m。在每条等波高线上标注波高值。每间隔 4 m 对等波高线加粗绘制以便突出显示。用粗箭头表示主波向的来向。

（4）冰缘线：如若海上有海冰出现，则用符号“×”标注海冰边缘线。

八、波浪预报图（FWPN）的识别

波浪预报图（FWPN）对北太平洋海域未来某个时刻的波浪状况作出预报，每天播发 00 时（UTC）和 12 时（UTC）2 个时次。实际区域同样为西北太平洋海域，如图 6-11 所示。

（一）图题

“FWPN JMH 120000UTC NOV. 2024 FCST FOR 130000UTC”表示该图为日本传真台发布的协调世界时 2024 年 11 月 12 日 00 时 00 分北太平洋波浪预报图，预报时限为协调世界时 13 日 00 时 00 分。

下方标注“24HR WAVE FORECAST”补充说明图类为 24 h 波浪预报。

需要注意一点，该预报图未在图类代码后缀标注预报时效。

（二）填图要素及规范

（1）天气系统：采用相同于波浪分析图（AWPN）的标注方法，标注主要天气系统（包括高压、低压、热带低压、热带气旋和锋面）在未来相同预报时效内的状况。

（2）波高和波向：采用相同于波浪分析图（AWPN）的标注方法，标注未来预报时效内的波高和波向的状况。

（3）海面风：用风矢表示海面上的风向、风速。风速单位为 kn。

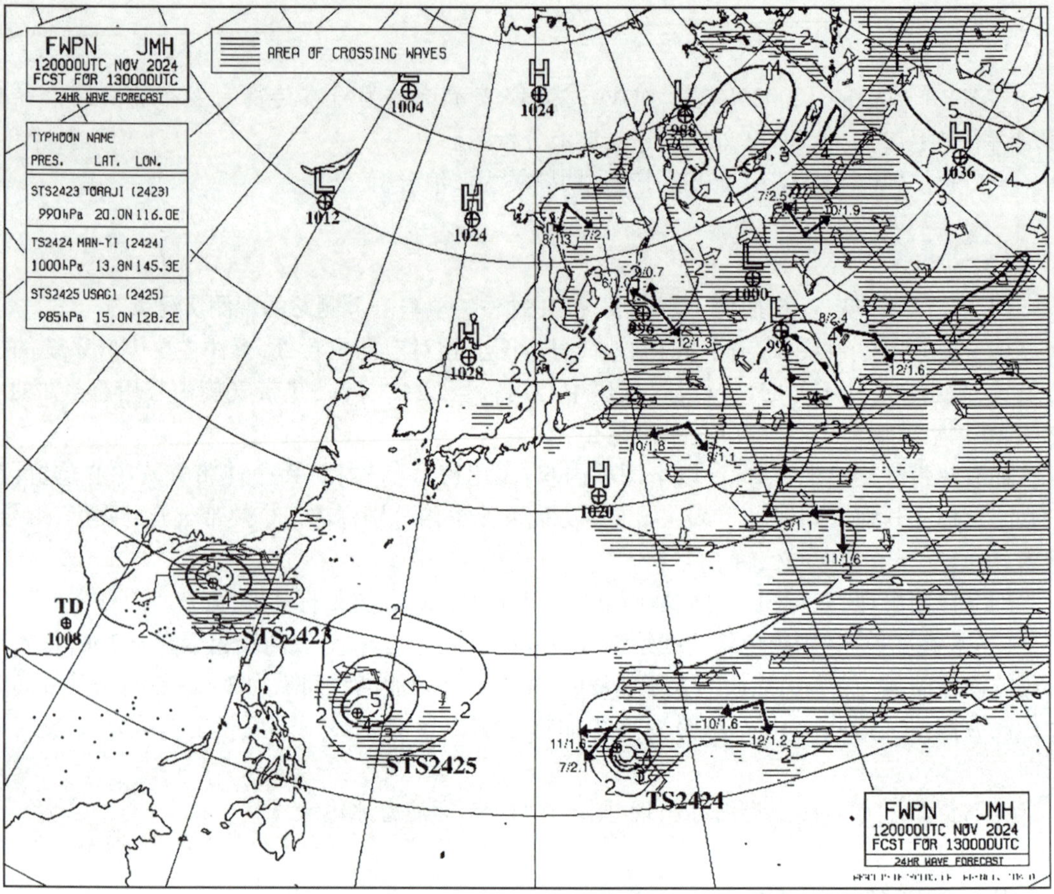

图 6-11　JMH 传真台波浪预报图 FWPN

(4)交叉波(Crossing Wave):交叉波是指海面上某处同时出现两列及两列以上不同方向的波浪。当有交叉波出现时,用横线填涂区表示交叉波区域。同时,用加粗的黑实线箭头表示每列波的波向,并用数字标注每列波的波浪周期和波高。例如,在该图中位于 15°N,155°E 附近海域出现两列不同方向的波浪,分别为:波向 E,波浪周期 10 s,波高 1.6 m;波向 N,波浪周期12 s,波高 1.2 s。

(5)冰缘线:如若预计海上有海冰出现,则用符号“×”标注海冰边缘线。

九、海流分析图(SOPQ)的识别

海流分析图(SOPQ)分析西北太平洋海域的表层海流和海温状况,在每周的周二、周五时间各发布一次,每次播发 1 张图,如图 6-12 所示。

(一)图题

“SOPQ JMH 27 FEB 2025”表示该图为日本传真台发布的西北太平洋海流分析图,发布时间为 2025 年 2 月 27 日。注意,该图的发布时间中没有标注时刻。

图题框右侧标注发布机构名称。

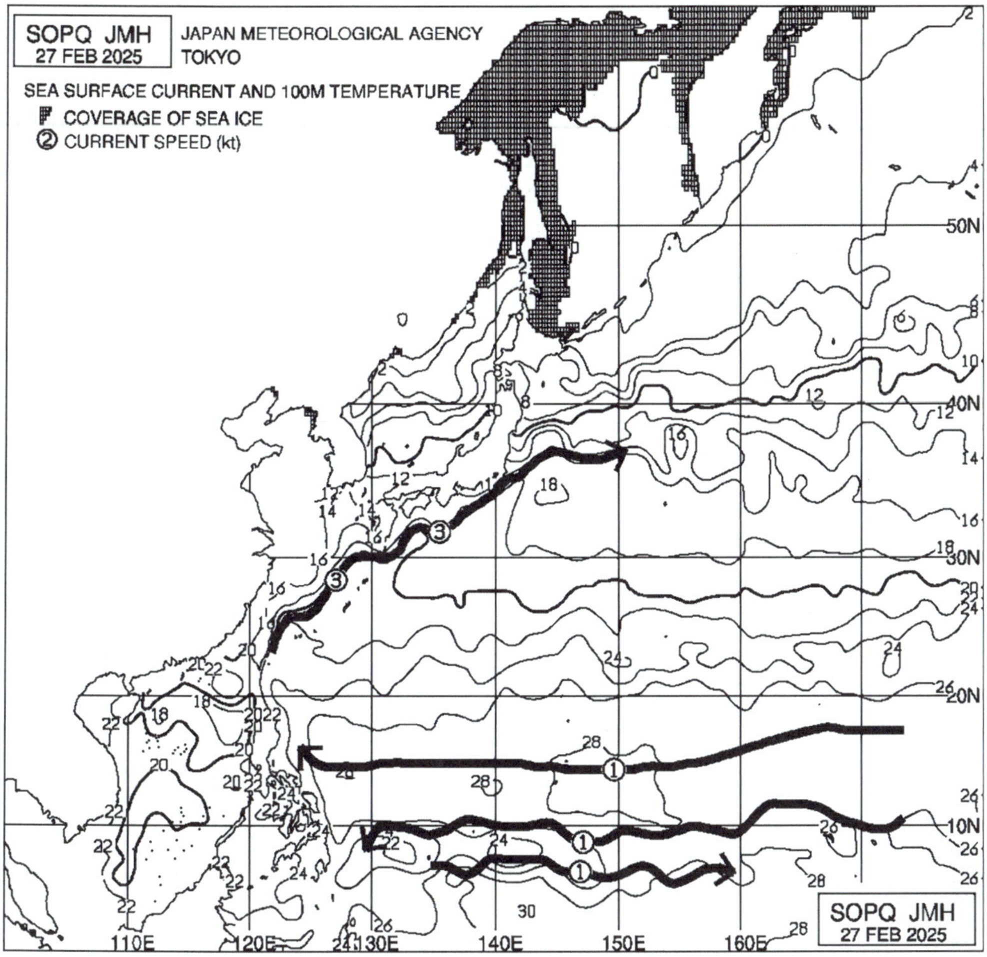

图 6-12　JMH 传真台海浪分析图 SOPQ

图题框下方补充说明:分析要素为海面表层海流和 100 m 混合层内的海温。海冰区用阴影区表示,流速用带圈数字 2 标注(单位为 kn)。

(二)填图要素及规范

(1)表层海流:用带有箭矢的粗实曲线表示。曲线走向和箭头方向分别表示表层海流的轨迹和流向。曲线上带圈的数字 2 表示流速,单位为 kn。

(2)海温:等海温线用黑实线绘制,单位为 ℃。每条相邻等海温线间隔 2 ℃,在每条等海温线上标注海温值。

(3)海冰区:如有海冰出现,用阴影符号填涂海上积冰区,例如图 6-12 中 50°N 附近海域已经出现海冰。

十、海冰分析图(STPN)的识别

北太平洋海冰分析图(STPN)为季节性播发产品,限定在每年结冰期内(12 月至次年 5

月）每周的周二和周五时间各发布一次，每次播发 1 张图。实际图区同样为西北太平洋海域，如图 6-13 所示。

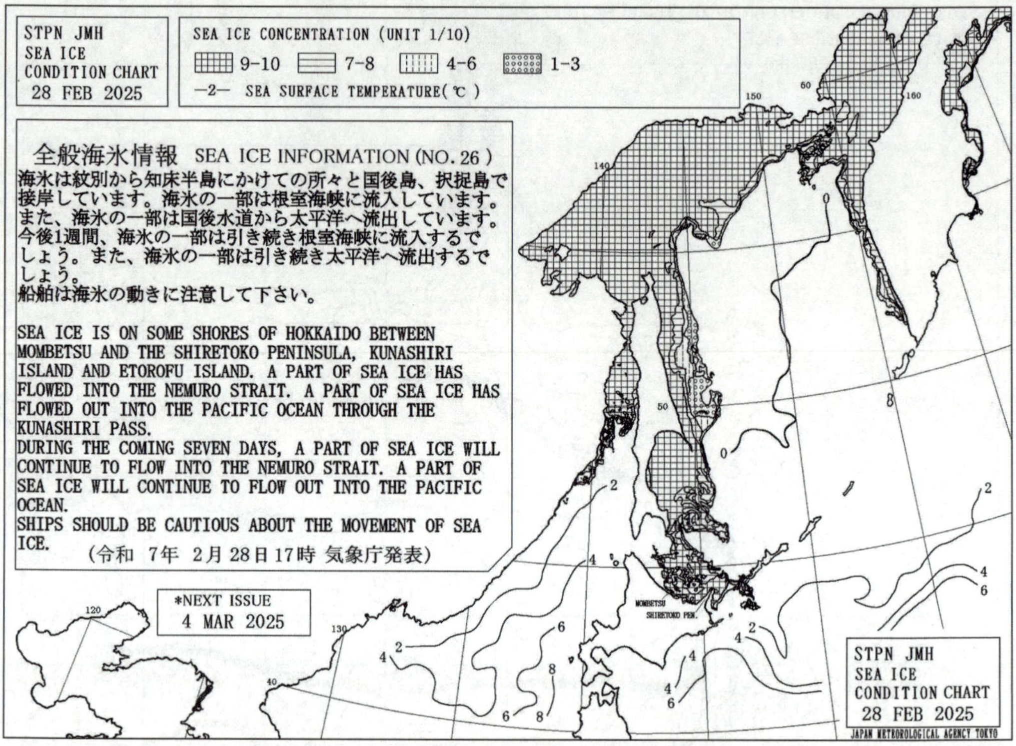

图 6-13　JMH 传真台海冰分析图 STPN

（一）图题

“STPN JMH SEA ICE CONDITION CHART 28 FEB 2025”表示该图为日本传真台发布的北太平洋海上冰况分析图，发布时间为 2025 年 2 月 28 日。注意，发布时间中同样没有标注时刻。这里需要解释一下：图类代号“ST”实为“Sea Temperature”（海温），即冰况图实质是海温分析图，意为根据海温状况来分析海冰的分布状况。

（二）图例

图例中标注了海冰区内海冰密集度的填涂方法和海表温度的标注方法。

（三）填图要素及规范

（1）海冰密集度：用不同样式的图案标注各海区的海冰密集度，单位为 1/10 成。

（2）表层海温：等海温线用黑色细实线绘制，单位为 ℃。每条相邻等海温线间隔为 2 ℃，在每条等海温线两端标注海温。

（3）海冰情报：在图面文字框内同时用日文和英文标注，包括：分析当前冰情，预测未来 7 天内冰情变化，对船舶提出必要的警示。

（4）预告下一次冰况分析图的发布时间。

十一、海冰预报图（FIOH）的识别

海冰预报图为季节性播发产品。在每年的结冰期内(12 月至次年 5 月),如果出现海冰并且海冰区延伸至 48°N 以南,则在每周的周三和周六时间各发布一次海冰预报图,每次播发 1 张图。实际图区为北海道海域。

日本海冰预报图的预报时效为未来 24 h 至 192 h(即未来 8 天),各时段(即逐日)的海冰预报图显示在一张页面上,如图 6-14 所示。

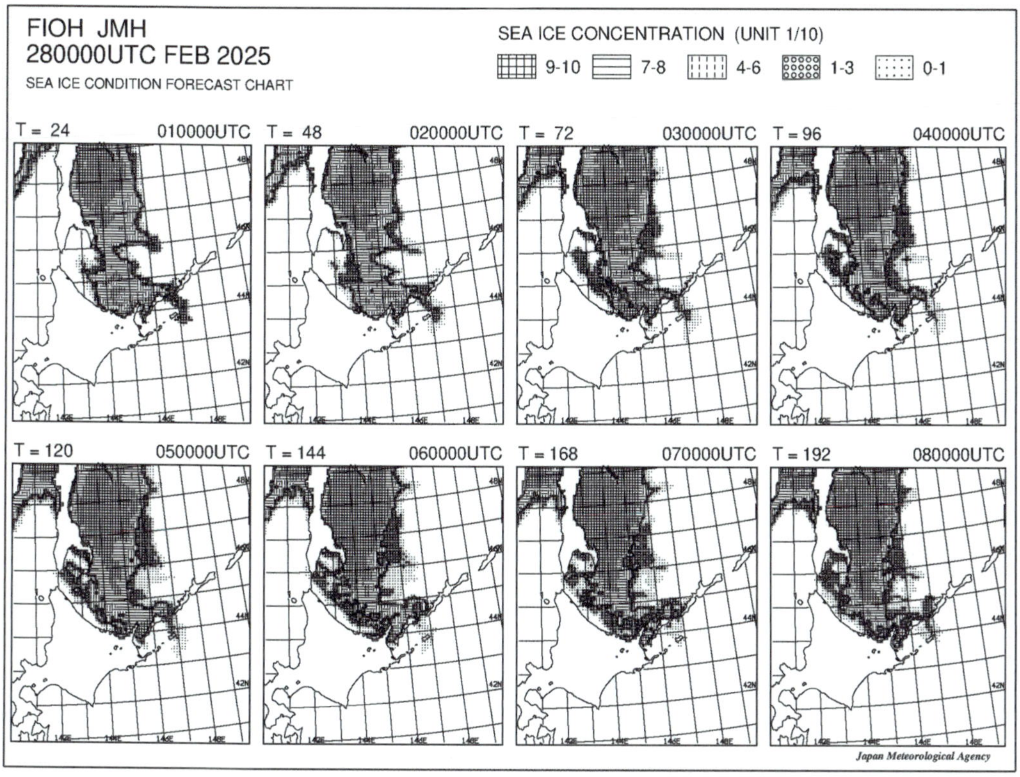

图 6-14　JMH 传真台海冰预报图 FIOH

(一)图题

“FIOH JMH 280000UTC FEB 2025”表示该图为日本传真台发布的北海道海域海冰预报图,发布时间为协调世界时 2025 年 2 月 28 日 00 时 00 分。

下方补充说明图类为海洋冰况预报图。

(二)图例

图例中标注了海冰区内海冰密集度的填涂方法。

(三)填图要素及规范

海冰密集度:用不同样式的图案标注各海区的海冰密集度。

第三节　美国气象传真图的识别

一、美国气象传真图概况

美国气象传真图由美国国家海洋和大气管理局(NOAA)海洋预报中心制作,目前由4个传真台按照不同责任区播发。4个传真台分别为:

(1)马萨诸塞州波士顿台(BOSTON,MASSACHUSETTS),呼号:NMF;

(2)加利福尼亚州雷斯岬台(PT. REYES,CALIFORNIA),呼号:NMC;

(3)阿拉斯加科迪亚克台(KODIAK,ALASKA),呼号:NOJ;

(4)路易斯安那州新奥尔良台(NEW ORLEANS,LOUISIANA),呼号:NMG。

图区主要包括北太平洋地区、北大西洋地区、阿拉斯加湾地区和热带地区。传真图底图采用墨卡托投影方式和兰伯特投影方式相结合。

图6-15为美国NMF传真台、NMC传真台、NOJ传真台、NMG传真台的播发频率和播发时间表。

BOSTON, MASSACHUSETTS, U.S.A.

CALL SIGN	FREQUENCIES	TIMES (UTC)	EMISSION	POWER
NMF	4235 kHz	0230z-1039	F3C	4 KW
	6340.5 kHz	ALL BROADCAST TIMES	F3C	4 KW
	9110 kHz	ALL BROADCAST TIMES	F3C	4 KW
	12750 kHz	1400z-2239	F3C	4 KW

TRANS TIME	CONTENTS OF TRANSMISSION	RPM/IOC	VALID TIME	MAP AREA
0230/1400	TEST PATTERN	120/576		
0233/----	PRELIMINARY SURFACE ANALYSIS	120/576	0000	1
0243/1405	BROADCAST SCHEDULE (PART 1)	120/576		
0254/1420	BROADCAST SCHEDULE (PART 2)	120/576		
0305/1433	REQUEST FOR COMMENTS	120/576		
----/1443	PRODUCT NOTICE BULLETIN	120/576		
----/1453	PRELIMINARY SURFACE ANALYSIS	120/576	1200	1
----/1503	SATELLITE IMAGE	120/576	1200	5
0315/1515	WIND/WAVE ANALYSIS	120/576	00/12	8
0325/1525	SURFACE ANALYSIS (PART 1 NE ATLANTIC)	120/576	00/12	2
0338/1538	SURFACE ANALYSIS (PART 2 NW ATLANTIC)	120/576	00/12	3
0351/----	SATELLITE IMAGE	120/576	0000	5
----/1600	ICE CHART (REBROADCAST)	120/576	2100	
----/1720	TEST PATTERN	120/576		
0402/1723	(REBROADCAST OF 0325/1525 NE ATLANTIC)	120/576	00/12	2
0415/1736	(REBROADCAST OF 0338/1538 NW ATLANTIC)	120/576	00/12	3
0428/1749	500MB ANALYSIS	120/576	00/12	4
----/1759	SEA STATE ANALYSIS	120/576	1200	4
0438/----	ICE CHART (REBROADCAST)	120/576	2100	
----/1810	24HR SURFACE FORECAST	120/576	1200	8
0452/1824	CYCLONE DANGER AREA* or HIGH WIND/WAVES	120/576	03/15	7
----/1835	24HR WIND/WAVE FORECAST	120/576	1200	8
----/1855	24HR 500MB FORECAST	120/576	1200	4
0745/----	TEST PATTERN	120/576		
0755/----	PRELIMINARY SURFACE ANALYSIS	120/576	0600	1
0805/----	24HR SURFACE FORECAST	120/576	0000	8
0815/----	24HR WIND/WAVE FORECAST	120/576	0000	8
0825/----	24HR 500MB FORECAST	120/576	0000	4
0835/1905	36HR 500MB FORECAST	120/576	12/00	4
----/1915	96HR SURFACE FORECAST	120/576	1200	4
----/1925	96HR WIND/WAVE FORECAST	120/576	1200	4
----/1935	96HR 500MB FORECAST	120/576	1200	4
----/1945	96HR WAVE PERIOD FORECAST	120/576	1200	4
0845/1955	48HR SURFACE FORECAST	120/576	00/12	4
0855/2005	48HR WIND/WAVE FORECAST	120/576	00/12	4
0905/2015	48HR 500MB FORECAST	120/576	00/12	4
0915/2025	48HR WAVE PERIOD FORECAST	120/576	00/12	4
----/2035	PRELIMINARY SURFACE ANALYSIS	120/576	1800	1
----/2045	72HR SURFACE FORECAST	120/576	1200	4
----/2055	72HR WIND/WAVE FORECAST	120/576	1200	4
----/2105	72HR 500MB FORECAST	120/576	1200	4
----/2115	72HR WAVE PERIOD FORECAST	120/576	1200	4
0925/2125	SURFACE ANALYSIS (PART 1 NE ATLANTIC)	120/576	06/18	2
0938/2138	SURFACE ANALYSIS (PART 2 NW ATLANTIC)	120/576	06/18	3
0951/2151	SATELLITE IMAGE	120/576	06/18	6
1002/2202	(REBROADCAST OF 0925/2125 NE ATLANTIC)	120/576	06/18	2
1015/2215	(REBROADCAST OF 0938/2138 NW ATLANTIC)	120/576	06/18	3
1028/2228	CYCLONE DANGER AREA* or HIGH WIND/WAVES	120/576	09/21	7
1039/2239	REBROADCAST/N American Ice Service Chart	120/576	21/21	

PT. REYES, CALIFORNIA, U.S.A.

CALL SIGN	FREQUENCIES	TIMES (UTC)	EMISSION	POWER
NMC	4346 kHz	0140-1608	F3C	4 KW
	8682 kHz	ALL BROADCAST TIMES	F3C	4 KW
	12786 kHz	ALL BROADCAST TIMES	F3C	4 KW
	17151.2 kHz	ALL BROADCAST TIMES	F3C	4 KW
	22527 kHz	1840-2356	F3C	4 KW

TRANS TIME	CONTENTS OF TRANSMISSION	RPM/IOC	VALID TIME	MAP AREA
0140/1400	TEST PATTERN	120/576		
0143/1403	NE PACIFIC GOES IR SATELLITE IMAGE	120/576	00/12	6
0154/1414	PACIFIC GOES IR SATELLITE IMAGE	120/576	00/12	5
0205/1425	TROPICAL SEA STATE ANALYSIS	120/576	00/12	4
0215/1435	TROPICAL 48HR SURFACE FORECAST	120/576	12/00	4
0225/----	TROPICAL 48HR WIND/WAVE FORECAST	120/576	1200	4
0235/----	TROPICAL 72HR WIND/WAVE FORECAST	120/576	1200	4
0245/1445	500MB ANALYSIS	120/576	00/12	1
0255/1455	SEA STATE ANALYSIS, WIND/WAVE ANALYSIS	120/576	00/12	1/8
0305/1505	PRELIM SURFACE ANALYSIS(PART 1 NE PAC)	120/576	00/12	2
0318/1518	PRELIM SURFACE ANALYSIS(PART 2 NW PAC)	120/576	00/12	3
0331/1531	FINAL SURFACE ANALYSIS(PART 1 NE PAC)	120/576	00/12	2
0344/1544	FINAL SURFACE ANALYSIS(PART 2 NW PAC)	120/576	00/12	3
0357/1557	CYCLONE DANGER AREA* or HIGH WIND/WAVES	120/576	03/15	10
0408/1608	TROPICAL SURFACE ANALYSIS	120/576	00/12	4
0655/1820	TEST PATTERN			
0657/----	2033Z REBROADCAST (96HR 500MB)	120/576	1200	1
0707/----	2043Z REBROADCAST (96HR SURFACE)	120/576	1200	1
0717/----	2053Z REBROADCAST (96HR WIND/WAVE)	120/576	1200	1
0727/----	2103Z REBROADCAST (96HR WAVE PERIOD)	120/576	1200	1
----/1822	24HR SURFACE FORECAST	120/576	1200	8
----/1832	24HR WIND/WAVE FORECAST	120/576	1200	8
----/1842	24HR 500MB FORECAST	120/576	1200	1
----/1852	SST ANALYSIS	120/576	LATEST	9
----/1902	SST ANALYSIS	120/576	LATEST	6
0737/1913	TROPICAL GOES IR SATELLITE IMAGE	120/576	06/18	7
0748/1923	WIND/WAVE ANALYSIS	120/576	06/18	8
0758/----	24HR SURFACE FORECAST	120/576	0000	8
0808/----	24HR WIND/WAVE FORECAST	120/576	0000	8
0818/----	24HR 500MB FORECAST	120/576	0000	1
----/1933	96HR SURFACE FORECAST	120/576	1200	1
----/1943	96HR WIND/WAVE FORECAST	120/576	1200	1
----/1953	96HR 500MB FORECAST	120/576	1200	1
----/2003	96HR WAVE PERIOD/SWELL DIRECTION	120/576	1200	1
0828/2013	48HR SURFACE FORECAST	120/576	00/12	1
0838/2023	48HR WIND/WAVE FORECAST	120/576	00/12	1
0848/2033	48HR 500MB FORECAST	120/576	00/12	1
0858/2043	48HR WAVE PERIOD/SWELL DIRECTION	120/576	00/12	1
----/2053	72HR SURFACE FORECAST	120/576	1200	1
----/2103	72HR WIND/WAVE FORECAST	120/576	1200	1
0908/2113	PACIFIC GOES IR SATELLITE IMAGE	120/576	06/18	5
0919/2124	SURFACE ANALYSIS (PART 1 NE PACIFIC)	120/576	06/18	2
0932/2137	SURFACE ANALYSIS (PART 2 NW PACIFIC)	120/576	06/18	3
0945/2150	TROPICAL SURFACE ANALYSIS	120/576	06/18	4
0959/2204	TROPICAL 24HR WIND/WAVE FORECAST	120/576	00/12	4
1009/2214	CYCLONE DANGER AREA* or HIGH WIND/WAVES	120/576	09/21	10
1120/2320	TEST PATTERN	120/576		
1124/2324	BROADCAST SCHEDULE (PART 1)	120/576		
1135/2335	BROADCAST SCHEDULE (PART 2)	120/576		
1146/----	REQUEST FOR COMMENTS	120/576		
1157/----	PRODUCT NOTICE BULLETIN	120/576		
1208/----	TROPICAL 48HR WIND/WAVE FORECAST	120/576	0000	4
1218/----	TROPICAL 72HR WIND/WAVE FORECAST	120/576	0000	4
1228/2346	TROPICAL 48HR WAVE PERIOD/SWELL DIR	120/576	00/12	4
----/2356	TROPICAL 72HR WAVE PERIOD/SWELL DIR	120/576	0000	4

KODIAK, ALASKA, U.S.A.

CALL SIGN	FREQUENCIES	TIMES	EMISSION	POWER
NOJ	2054 kHz	ALL BROADCAST TIMES	F3C	4KW
	4298 kHz	ALL BROADCAST TIMES	F3C	4KW
	8459 kHz	ALL BROADCAST TIMES	F3C	4KW
	12412.5 kHz	ALL BROADCAST TIMES	F3C	4KW

CARRIER FREQUENCY IS 1.9 kHz BELOW THE ASSIGNED FREQUENCY

TRANS TIME (UTC)	CONTENTS OF TRANSMISSION	RPM/IOC	VALID TIME	MAP AREA
0340/1540	TEST PATTERN	120/576		
0343/1543	SEA ICE ANALYSIS/REBROADCAST 1057	120/576	LATEST	6
0403/1603	SURFACE ANALYSIS	120/576	00/12	2
0427/1627	REBROADCAST 24HR SURFACE F'CAST 2227/1027	120/576	12/00	3
0437/1637	REBROADCAST 48HR SURFACE F'CAST 2237/1037	120/576	12/00	1
0447/1647	REBROADCAST 96HR SURFACE F'CAST 2348	120/576	12/12	1
0456/1656	SEA STATE ANALYSIS/REBROADCAST	120/576	00/00	1
0506/1706	GOES IR SATELLITE IMAGE	120/576	00/12	5
0517/1717	500 MB ANALYSIS	120/576	00/12	1
0527/1727	SYMBOLS AND CONTRACTIONS/SCHEDULE	120/576		
0548/1748	REQUEST FOR COMMENTS/PRODUCT NOTICE	120/576		
0558/1758	24HR 500 MB FORECAST	120/576	00/12	1
----/1808	48HR 500 MB FORECAST	120/576	1200	
0950/2150	TEST PATTERN	120/576		
0953/2153	SURFACE ANALYSIS	120/576	06/18	2
1017/2203	24HR SURFACE FORECAST	120/576	00/12	3
1027/2217	24HR WIND/WAVE FORECAST	120/576	00/12	3
1037/2227	48HR SURFACE FORECAST	120/576	00/12	1
1047/2237	48HR WIND/WAVE FORECAST	120/576	00/12	1
----/2247	48HR WAVE PERIOD, SWELL DIRECTION	120/576	1200	1
1057/2257	5-DAY SEA ICE FORECAST/REBROADCAST 0343	120/576	LATEST	6
1117/2307	GOES IR SATELLITE IMAGE	120/576	06/18	5
1128/----	48HR WAVE PERIOD, SWELL DIRECTION	120/576	00/12	1
1138/----	48HR 500 MB FORECAST	120/576	0000	1
1148/----	SEA SURFACE TEMPERATURE ANALYSIS	120/576	LATEST	4
1159/----	COOK INLET SEA ICE FORECAST	120/576	LATEST	7
/0017	72HR SURFACE FORECAST	120/576	1200	1
----/2328	72HR WIND/WAVE FORECAST	120/576	1200	1
----/2338	72HR WAVE PERIOD, SWELL DIRECTION	120/576	1200	1
----/2348	96HR SURFACE FORECAST	120/576	1200	1
----/2358	96HR WIND/WAVE FORECAST	120/576	1200	1
----/0008	96HR WAVE PERIOD, SWELL DIRECTION	120/576	1200	1
----/0018	96HR 500 MB FORECAST	120/576	1200	1

NEW ORLEANS, LOUISIANA, U.S.A.

CALL SIGN	FREQUENCIES	TIMES (UTC)	EMISSION	POWER
NMG	4317.9 kHz	ALL BROADCAST TIMES	F3C	4 KW
	8503.9 kHz	ALL BROADCAST TIMES	F3C	4 KW
	12789.9 kHz	ALL BROADCAST TIMES	F3C	4 KW
	17146.4 kHz	1200-2045	F3C	4 KW

TRANS TIME	CONTENTS OF TRANSMISSION	RPM/IOC	VALID TIME	MAP AREA
0000/1200	TEST PATTERN	120/576		
0005/1205	U.S./TROPICAL SURFACE ANALYSIS (W HALF)	120/576	18/06	1
0020/1220	TROPICAL SURFACE ANALYSIS (E HALF)	120/576	18/06	2
0035/1235	REBROADCAST OF 1925/0725 (24 HR WIND/WAVE)	120/576	12/00	3
0045/1245	REBROADCAST OF 1950/0750 (48 HR WIND/WAVE)	120/576	12/00	3
0055/1255	REBROADCAST OF 2015/0815 (72 HR WIND/WAVE)	120/576	12/00	3
0105/1305	REBROADCAST OF 1855/0655 (24 HR SURFACE)	120/576	12/00	3
0115/1315	REBROADCAST OF 1905/0705 (48 HR SURFACE)	120/576	12/00	3
0125/1325	REBROADCAST OF 1915/0715 (72 HR SURFACE)	120/576	12/00	3
0135/1335	CYCLONE DANGER AREA* or HIGH WIND/WAVES	120/576	21/09	6
0150/----	REBROADCAST OF 0825 (72 HR WAVE PD/SWELL)	120/576	0000	3
----/1350	36 HR WIND/WAVE FORECAST	120/576	1200	3
0200/1400	GOES IR TROPICAL SATELLITE IMAGE	120/576	00/12	4
0215/1415	SEA STATE ANALYSIS	120/576	00/12	3
0225/1425	REQUEST FOR COMMENTS/PRODUCT NOTICE	120/576		
0245/1445	HIGH SEAS FORECAST (IN ENGLISH)	120/576	22/10	5
0600/1800	TEST PATTERN	120/576		
0605/1805	U.S./TROPICAL SURFACE ANALYSIS (W HALF)	120/576	00/12	1
0620/1820	TROPICAL SURFACE ANALYSIS (E HALF)	120/576	00/12	2
0635/1835	48 HR WAVE PERIOD/SWELL DIRECTION	120/576	00/12	3
0645/1845	REBROADCAST OF 0215/1415 (SEA STATE ANAL')	120/576	00/12	3
0655/1855	24 HR SURFACE FORECAST	120/576	00/12	3
0705/1905	48 HR SURFACE FORECAST	120/576	00/12	3
0715/1915	72 HR SURFACE FORECAST	120/576	00/12	3
0725/1925	24 HR WIND/WAVE FORECAST	120/576	00/12	3
0735/1935	CYCLONE DANGER AREA* or HIGH WIND/WAVES	120/576	03/15	6
0750/1950	48 HR WIND/WAVE FORECAST	120/576	00/12	3
0800/2000	GOES IR TROPICAL SATELLITE IMAGE	120/576	07/18	4
0815/2015	72 HR WIND/WAVE FORECAST	120/576	00/12	3
0825/----	72 HR WAVE PERIOD/SWELL DIRECTION	120/576	0000	3
0835/----	REBROADCAST OF 0215 (SEA STATE ANALYSIS)	120/576	0000	3
----/2025	BROADCAST SCHEDULE	120/576		
0845/2045	HIGH SEAS FORECAST (IN ENGLISH)	120/576	04/16	5

图 6-15 美国 NMF 传真台、NMC 传真台、NOJ 传真台、NMG 传真台播发频率和播发时间表

表6-10~表6-13分别列出了各传真台播发的主要气象传真图产品种类。

表6-10 NMF台气象传真图主要产品列表

台名	波士顿（美国马萨诸塞州）	呼号	NMF	频率	4 235 kHz 6 340.5 kHz 12 750 kHz 9 110 kHz				
种类		图类	图名	图时 UTC 00	06	12	18	图区	主要填图要素
地面图	分析图	PRELIMINARY SURFACE ANALYSIS	地面初步分析	00	06	12	18	1	气压、实况、警报
		SURFACE ANALYSIS	地面分析	00	06	12	18	2,3	
	预报图	24HR SURFACE FORECAST	24 h 地面预报	00		12		8	
		48HR SURFACE FORECAST	48 h 地面预报	00		12		4	
		72HR SURFACE FORECAST	72 h 地面预报			12		4	
		96HR SURFACE FORECAST	96 h 地面预报			12		4	
高空图	分析图	500MB ANALYSIS	500 hPa 分析	00		12		4	位势高度、风矢 气压、天气区、警报
	预报图	24HR 500MB FORECAST	24 h 500 hPa 预报	00		12		4	
		36HR 500MB FORECAST	36 h 500 hPa 预报	00		12		4	
		48HR 500MB FORECAST	48 h 500 hPa 预报	00		12		4	
		72HR 500MB FORECAST	72 h 500 hPa 预报			12		4	
		96HR 500MB FORECAST	96 h 500 hPa 预报			12		4	
波浪图	分析图	WIND/WAVE ANALYSIS	风浪分析	00		12		8	波高、风矢
		SEA STATE ANALYSIS	海况分析			12		4	波高、波向
	预报图	24HR WIND/WAVE FORECAST	24 h 风浪预报	00		12		8	波高、风矢
		48HR WIND/WAVE FORECAST	48 h 风浪预报	00		12		4	
		72HR WIND/WAVE FORECAST	72 h 风浪预报			12		4	
		96HR WIND/WAVE FORECAST	96 h 风浪预报			12		4	
		48HR WAVE PERIOD FORECAST	48 h 波浪周期预报	00		12		4	波向、周期
		72HR WAVE PERIOD FORECAST	72 h 波浪周期预报			12		4	
		96HR WAVE PERIOD FORECAST	96 h 波浪周期预报			12		4	
警报图		CYCLONE DANGER AREA	热带气旋警报		09		21	7	热带气旋路径大风区
		HIGH WIND/WAVES	风浪警报		09		21	7	风力、浪高
冰况图		ICE CHART	冰况图			21			密集度、冰缘线
卫星云图		SATELLITE IMAGE	卫星云图	00	06	12	18	5,6	
图区说明	1. 28°N~52°N, 45°W~85°W 2. 18°N~65°N, 10°E~45°W 3. 18°N~65°N, 40°W~95°W 4. 18°N~65°N, 10°E~95°W 5. 20°N~55°N, 55°W~95°W 6. EQ°~60°N, 40°W~130°W 7. 05°N~60°N, 0°W~100°W 8. 22°N~51°N, 40°W~98°W								

表 6-11　NMC 台气象传真图主要产品列表

<table>
<tr><td colspan="2">台名</td><td>雷斯岬
（美国加利福尼亚州）</td><td>呼号</td><td colspan="2">NMC</td><td colspan="2">频率</td><td colspan="2">4 346 kHz　8 682 kHz　12 786 kHz
17 151.2 kHz　22 527 kHz</td></tr>
<tr><td colspan="2" rowspan="2">种类</td><td rowspan="2">图类</td><td rowspan="2">图名</td><td colspan="4">图时 UTC</td><td rowspan="2">图区</td><td rowspan="2">主要填图要素</td></tr>
<tr><td>00</td><td>06</td><td>12</td><td>18</td></tr>
<tr><td rowspan="10">地面图</td><td rowspan="4">分析图</td><td>SURFACE ANALYSIS</td><td>地面分析</td><td></td><td>06</td><td></td><td>18</td><td>2,3</td><td>气压、天气区</td></tr>
<tr><td>PRELIM SURFACE ANALYSIS</td><td>地面初步分析</td><td>00</td><td></td><td>12</td><td></td><td>2,3</td><td>气压、实况、警报</td></tr>
<tr><td>FINALSURFACE ANALYSIS</td><td>地面最终分析</td><td>00</td><td></td><td>12</td><td></td><td>2,3</td><td rowspan="2">气压、天气区</td></tr>
<tr><td>TROPICAL SURFACE ANALYSIS</td><td>热带地面分析</td><td>00</td><td>06</td><td>12</td><td>18</td><td>4</td></tr>
<tr><td rowspan="6">预报图</td><td>24HR SURFACE FORECAST</td><td>24 h 地面预报</td><td>00</td><td></td><td>12</td><td></td><td>8</td><td rowspan="2">气压、天气区</td></tr>
<tr><td>48HR SURFACE FORECAST</td><td>48 h 地面预报</td><td>00</td><td></td><td>12</td><td></td><td>1</td></tr>
<tr><td>72HR SURFACE FORECAST</td><td>72 h 地面预报</td><td>00</td><td></td><td>12</td><td></td><td>4</td><td>气压、降水量</td></tr>
<tr><td>96HR SURFACE FORECAST</td><td>96 h 地面预报</td><td></td><td></td><td>12</td><td></td><td>1</td><td>气压、降水量</td></tr>
<tr><td>TROPICAL 48HR SURFACE FORECAST</td><td>热带 48 h 地面预报</td><td></td><td></td><td>12</td><td></td><td>1</td><td>气压、降水量</td></tr>
<tr><td>CYCLONE DANGER AREA or HIGH WIND/WAVES</td><td>强气旋警报
（风浪警报）</td><td>03</td><td>09</td><td>15</td><td>21</td><td>10</td><td>中心位置、气压、风力</td></tr>
<tr><td rowspan="4">高空图</td><td>分析图</td><td>500MB ANALYSIS</td><td>500 hPa 分析</td><td>00</td><td></td><td>12</td><td></td><td>1</td><td rowspan="4">位势高度、风矢</td></tr>
<tr><td rowspan="3">预报图</td><td>24HR 500MB FORECAST</td><td>24 h 500 hPa 预报</td><td>00</td><td></td><td>12</td><td></td><td>1</td></tr>
<tr><td>48HR 500MB FORECAST</td><td>48 h 500 hPa 预报</td><td>00</td><td></td><td>12</td><td></td><td>1</td></tr>
<tr><td>96HR 500MB FORECAST</td><td>96 h 500 hPa 预报</td><td></td><td></td><td>12</td><td></td><td>1</td></tr>
</table>

续表

<table>
<tr><td colspan="2">台名</td><td>雷斯岬
（美国加利福尼亚州）</td><td>呼号</td><td>NMC</td><td>频率</td><td colspan="6">4 346 kHz　8 682 kHz　12 786 kHz
17 151.2 kHz　22 527 kHz</td></tr>
<tr><td rowspan="14">波浪图</td><td rowspan="3">分析图</td><td colspan="2">WIND/WAVE ANALYSIS</td><td colspan="2">风浪分析</td><td>00</td><td>06</td><td>12</td><td>18</td><td>8</td><td>波高、风矢</td></tr>
<tr><td colspan="2">SEA STATE ANALYSIS</td><td colspan="2">海况分析</td><td>00</td><td></td><td>12</td><td></td><td>1</td><td rowspan="2">波高、波向</td></tr>
<tr><td colspan="2">TROPICAL SEA STATE ANALYSIS</td><td colspan="2">热带海况分析</td><td>00</td><td></td><td>12</td><td></td><td>4</td></tr>
<tr><td rowspan="11">预报图</td><td colspan="2">24HR WIND/WAVE FORECAST</td><td colspan="2">24 h 风浪预报</td><td>00</td><td></td><td>12</td><td></td><td>8</td><td rowspan="7">波高、风矢</td></tr>
<tr><td colspan="2">48HR WIND/WAVE FORECAST</td><td colspan="2">48 h 风浪预报</td><td>00</td><td></td><td>12</td><td></td><td>1</td></tr>
<tr><td colspan="2">72HR WIND/WAVE FORECAST</td><td colspan="2">72 h 风浪预报</td><td></td><td></td><td>12</td><td></td><td>1</td></tr>
<tr><td colspan="2">96HR WIND/WAVE FORECAST</td><td colspan="2">96 h 风浪预报</td><td></td><td></td><td>12</td><td></td><td>1</td></tr>
<tr><td colspan="2">TROPICAL24HR WIND/WAVE FORECAST</td><td colspan="2">热带 24 h 风浪预报</td><td>00</td><td></td><td>12</td><td></td><td>4</td></tr>
<tr><td colspan="2">TROPICAL 48HR WIND/WAVE FORECAST</td><td colspan="2">热带 48 h 风浪预报</td><td>00</td><td></td><td>12</td><td></td><td>4</td></tr>
<tr><td colspan="2">TROPICAL 72HR WIND/WAVE FORECAST</td><td colspan="2">热带 72 h 风浪预报</td><td>00</td><td></td><td>12</td><td></td><td>4</td></tr>
<tr><td colspan="2">48HR WAVE PERIOD/SWELL DIRECTION</td><td colspan="2">48 h 波浪周期/涌浪方向预报</td><td>00</td><td></td><td>12</td><td></td><td>1</td><td rowspan="4">浪向、周期</td></tr>
<tr><td colspan="2">96HR WAVE PERIOD/SWELL DIRECTION</td><td colspan="2">96 h 波浪周期/涌浪方向预报</td><td></td><td></td><td>12</td><td></td><td>1</td></tr>
<tr><td colspan="2">TROPICAL 48HR WAVE PERIOD/SWELL DIR</td><td colspan="2">热带 48 h 波浪周期/涌浪方向预报</td><td>00</td><td></td><td>12</td><td></td><td>4</td></tr>
<tr><td colspan="2">TROPICAL 72HR WAVE PERIOD/SWELL DIR</td><td colspan="2">热带 72 h 波浪周期/涌浪方向预报</td><td>00</td><td></td><td></td><td></td><td>4</td></tr>
<tr><td colspan="2" rowspan="3">卫星云图</td><td colspan="2">PACIFIC GOES IRSATELLITE IMAGE</td><td colspan="2">太平洋红外卫星云图</td><td>00</td><td>06</td><td>12</td><td>18</td><td>5</td><td></td></tr>
<tr><td colspan="2">NE PACIFIC GOES IRSATELLITE IMAGE</td><td colspan="2">东北太平洋红外卫星云图</td><td>00</td><td></td><td>12</td><td></td><td>6</td><td></td></tr>
<tr><td colspan="2">TROPICAL GOES IRSATELLITE IMAGE</td><td colspan="2">热带红外卫星云图</td><td></td><td>06</td><td></td><td>18</td><td>7</td><td></td></tr>
<tr><td colspan="2">图区说明</td><td colspan="10">1. 20°N～70°N，115°W～135°E　2. 20°N～70°N，115°W～175°W　3. 20°N～70°N，175°W～135°E　4. 20°S～30°N，EAST OF 145°W　5. 05°N～55°N，EAST OF 180°W　6. 23°N～42°N，EAST OF 150°W　7. 05°N～32°N，EAST OF 125°W　8. 18°N～62°N，EAST OF 157°W　9. 40°N～53°N，EAST OF 136°W　10. 0°N～40°N，80°W～180°W</td></tr>
</table>

表 6-12　NOJ 台气象传真图主要产品列表

台名		科迪亚克（美国阿拉斯加州）	呼号	NOJ	频率	2 054 kHz　4 298 kHz　8 459 kHz　12 412.5 kHz				
种类		图类	图名	图时 UTC				图区	主要填图要素	
地面图	分析图	SURFACE ANALYSIS	地面分析	00	06	12	18	2	气压、实况、警报	
地面图	预报图	24HR SURFACE FORECAST	24 h 地面预报	00		12		3	气压、天气区、警报	
地面图	预报图	48HR SURFACE FORECAST	48 h 地面预报	00		12		1	气压、天气区、警报	
地面图	预报图	72HR SURFACE FORECAST	72 h 地面预报			12		1	气压、天气区、警报	
地面图	预报图	96HR SURFACE FORECAST	96 h 地面预报			12		1	气压、天气区、警报	
高空图	分析图	500MB ANALYSIS	500 hPa 分析	00		12		1	位势高度、风矢	
高空图	预报图	24HR 500MB FORECAST	24 h 500 hPa 预报	00		12		1	位势高度、风矢	
高空图	预报图	48HR 500MB FORECAST	48 h 500 hPa 预报	00		12		1	位势高度、风矢	
高空图	预报图	96HR 500MB FORECAST	96 h 500 hPa 预报			12		1	位势高度、风矢	
波浪图	分析图	SEA STATE ANALYSIS	海况分析	00				1	波高、波向	
波浪图	预报图	24HR WIND/WAVE FORECAST	24 h 风浪预报	00		12		3	波高、风矢	
波浪图	预报图	48HR WIND/WAVE FORECAST	48 h 风浪预报	00		12		1	波高、风矢	
波浪图	预报图	72HR WIND/WAVE FORECAST	72 h 风浪预报			12		1	波高、风矢	
波浪图	预报图	96HR WIND/WAVE FORECAST	96 h 风浪预报			12		1	波高、风矢	
波浪图	预报图	48HR WAVE PERIOD/SWELL DIRECTION	48 h 波浪周期/涌浪方向预报	00		12		1	波向、周期	
波浪图	预报图	72HR WAVE PERIOD/SWELL DIRECTION	72 h 波浪周期/涌浪方向预报			12		1	波向、周期	
波浪图	预报图	96HR WAVE PERIOD/SWELL DIRECTION	96 h 波浪周期/涌浪方向预报			12		1	波向、周期	
海冰图		SEA ICE ANALYSIS	海冰分析	最新				6	密集度、冰缘线	
海冰图		5-DAY SEA ICEFORECAST	5 天海冰预报	最新				6	密集度、冰缘线	
海冰图		COOK INLETSEA ICE FORECAST	库克湾海冰预报	最新				7	密集度、冰缘线	
海温图		SEA SURFACE TEMPERATURE ANALYSIS	海温分析	最新				4	海温	
卫星云图		GOES IRSATELLITE IMAGE	红外卫星云图	00	06	12	18	5		
图区说明		1. 20°N～70°N，115°W～135°E　2. 40°N～70°N，125°W～150°E 3. 40°N～70°N，115°W～170°E　4. 40°N～60°N，125°W～160°E 5. 05°N～60°N，110°W～160°W　6. ICE COVERED AK WATERS 7. COOK INLET								

表 6-13 NMG 台气象传真图主要产品列表

台名		新奥尔良（美国路易斯安那州）	呼号	NMG	频率	4 317.9 kHz 8 503.9 kHz 12 789.9 kHz 17 146.4 kHz			
种类		图类	图名	图时 UTC				图区	主要填图要素
地面图	分析图	TROPICAL SURFACE ANALYSIS	热带地面分析	00	06	12	18	1,2	气压、实况、警报
	预报图	24HR SURFACE FORECAST	24 h 地面预报	00		12		3	气压、天气区、警报
		48HR SURFACE FORECAST	48 h 地面预报	00		12		3	
		72HR SURFACE FORECAST	72 h 地面预报	00		12		3	
		CYCLONE DANGER AREA or 48HR HIGH WIND/WAVES	强气旋警报（48 h 风浪警报）	03	09	15	21	6	热带气旋路径大风区风力、浪高
波浪图	分析图	SEA STATE ANALYSIS	海况分析	00		12		3	波高、波向
	预报图	24HR WIND/WAVE FORECAST	24 h 风浪预报	00		12		3	波高、风矢
		36HR WIND/WAVE FORECAST	36 h 风浪预报			12		3	
		48HR WIND/WAVE FORECAST	48 h 风浪预报	00		12		3	
		72HR WIND/WAVE FORECAST	72 h 风浪预报	00		12		3	
		48HR WAVE PERIOD/SWELL DIRECTION	48 h 波浪周期/涌浪方向预报	00		12		3	波向、周期
		72HR WAVE PERIOD/SWELL DIRECTION	72 h 波浪周期/涌浪方向预报	00				3	
卫星云图		GOES IRTROPICAL SATELLITE IMAGE	热带红外卫星云图	00	06	12	18	4	
图区说明		1. 5°S～50°N, 55°W～125°W 2. 5°S～50°N, 0°W～70°W 3. 0°N～31°N, 35°W～100°W 4. 12°S～44°N, 28°W～112°W 5. 7°N～31°N, 35°W～98°W（AREA COVERED BY TEXT FORECAST） 6. 05°N～60°N, 0°W～100°W							

二、图题的一般格式

NOAA 气象传真图图题的一般格式通常采用全拼的标注方式，易于识读，如图 6-16 所示。

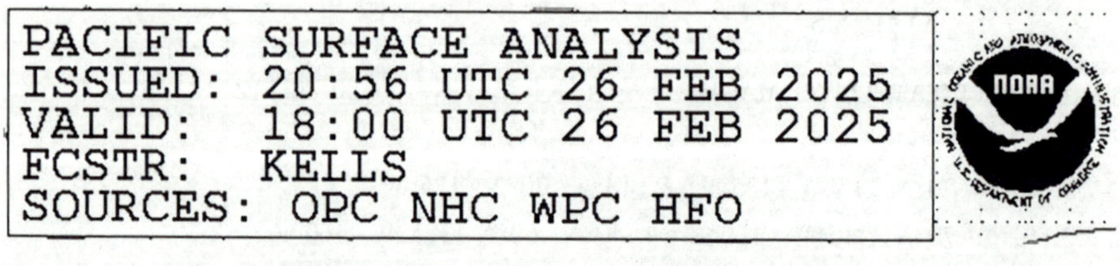

图 6-16 NOAA 气象传真图图题的一般格式

第一行：图名，包括图区和图类，采用全拼方式标注，如太平洋区域地面分析图。也有许多类型的传真图并不标注图区，需根据图中的地理信息进行识别。

第二行（ISSUED）：传真图的播发时间，采用协调世界时标准，如：协调世界时 2025 年 2 月

26 日 20 时 56 分。

第三行(VALID):传真图的有效时间,即传真图的时次,实际上是气象传真图上气象水文实况信息的获取时刻,也就是观测时刻(此处相同于日本气象传真图的标注)。

第四行(FCSTR):预报员名字。

第五行(SOURCES):数据来源。

右侧:制作发布机构,采用美国国家海洋和大气管理局(NOAA)海洋预报中心的专属标志图案。

三、填图规范及各种符号、短语的含义

以下为 NOAA 气象传真图中使用的填图规范及各种符号、缩略语的解释说明。

(一)地面站实况填图规范

如图 6-17 所示,NOAA 气象传真图地面站实况填图格式与日本气象传真图地面站实况填图基本相同,但应注意识别其中部分要素记录方法的不同之处。

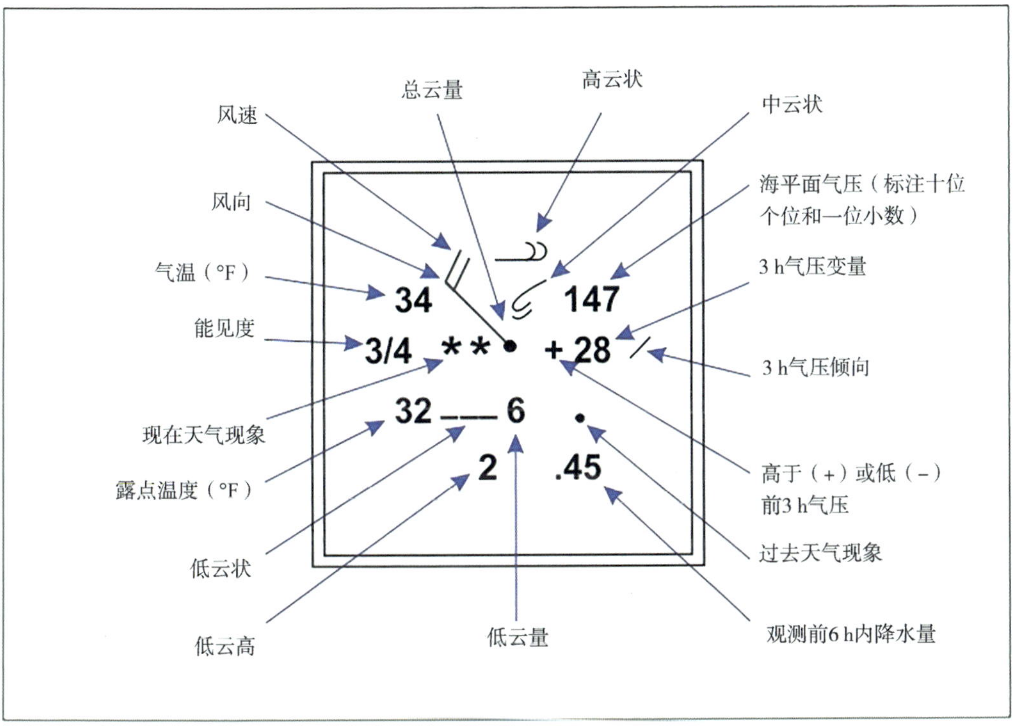

图 6-17 NOAA 气象传真图地面站实况填图格式

(二)海上测站实况填图规范

图 6-18 所示为 NOAA 气象传真图海上测站实况填图格式。

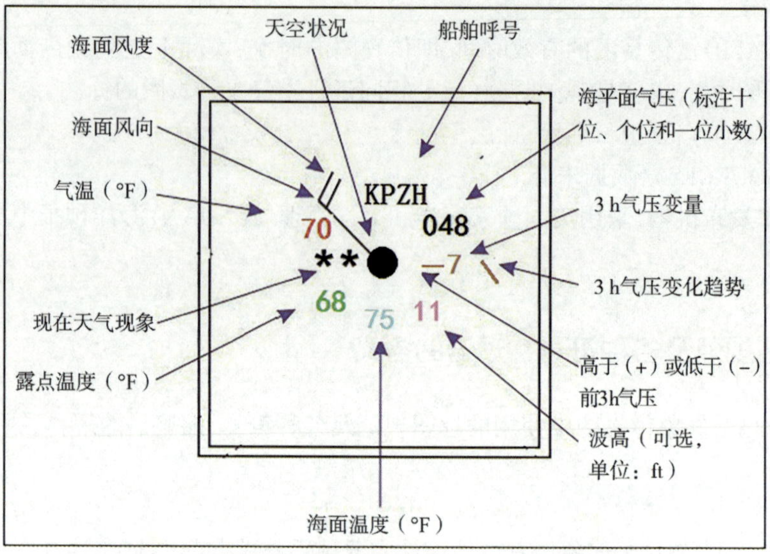

图 6-18　NOAA 气象传真图海上测站实况填图格式

（三）填图符号的含义

（1）NOAA 气象传真图风矢标注方法，如图 6-19 所示。

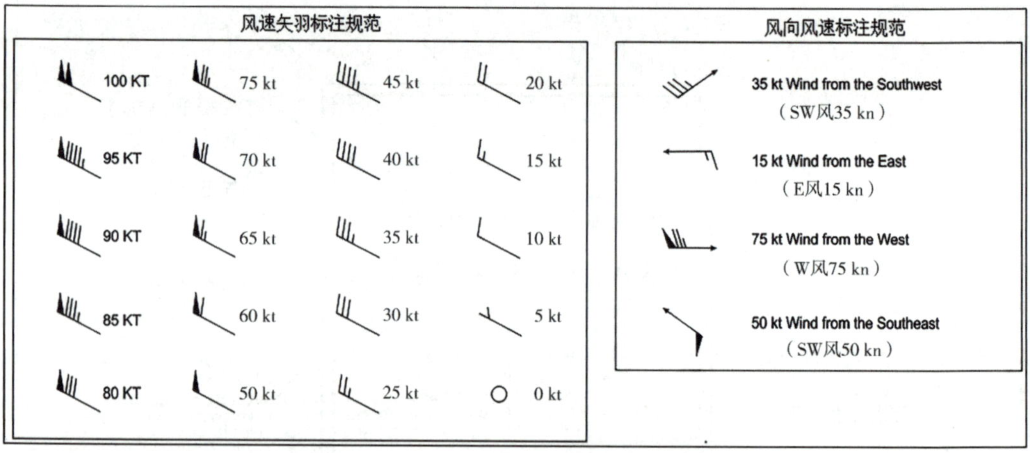

图 6-19　NOAA 气象传真图风矢标注方法

（2）地面填图中云状预兆和云量含义，如图 6-20 所示。

地面填图中云状预兆和云量含义

Cloud Types		云状及天气征兆
CU	Cumulus (Light Showers)	积云（弱降性降水）
ST	Stratus (Low Clouds/fog)	层云（低云或雾）
SC	Stratocumulus (Mainly Fair)	层积云（晴朗为主）
TCU	Towering Cumulus (Moderate Showers)	浓积云（中等阵性降水）
CB	Cumulonimbus (Thunderstorms)	积雨云（雷暴）
AC	Altocumulus (Middle Level)	高积云（中云）
AS	Altostratus (Middle Level)	高层云（中云）
CI	Cirrus (High Level)	卷云（高云）
CS	Cirrostratus (High Level)	卷层云（高云）

Areal Cloud Coverage (Eights)		云量
CLR	0～1/8	晴
SCT	1/8～3/8	少云
BKN	4/8～7/8	多云
OVC	8/8	阴

图 6-20　地面填图中云状预兆和云量含义

(3)NOAA 气象传真图天气系统的各种标注方法,如图 6-21 所示。

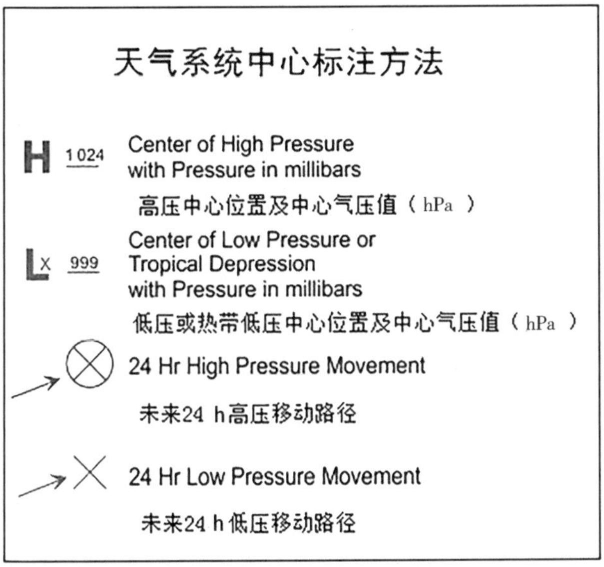

(a)

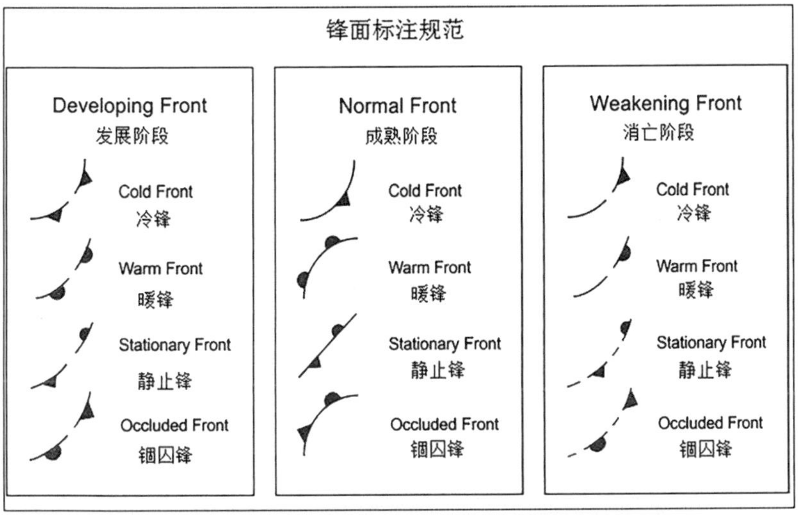

(b)

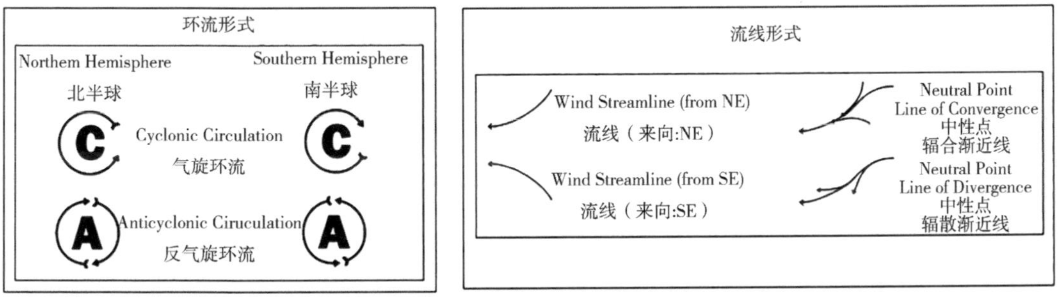

(c)

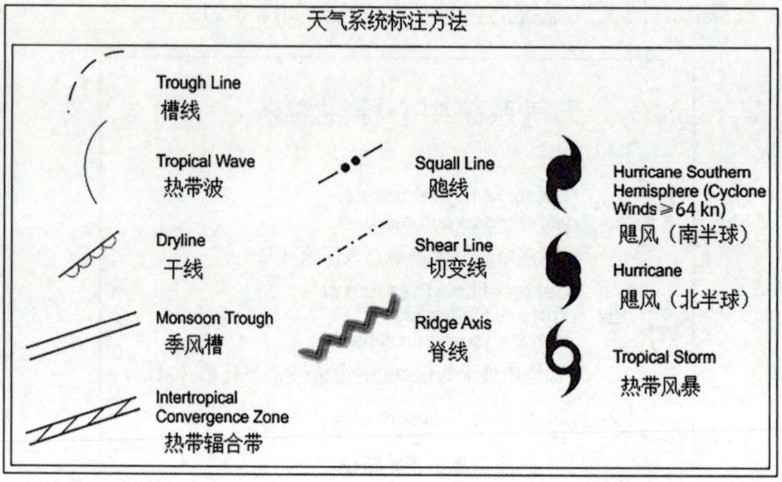

(d)

图 6-21　NOAA 气象传真图天气系统的各种标注方法

(4)积冰区的标注方法,如图 6-22 所示。

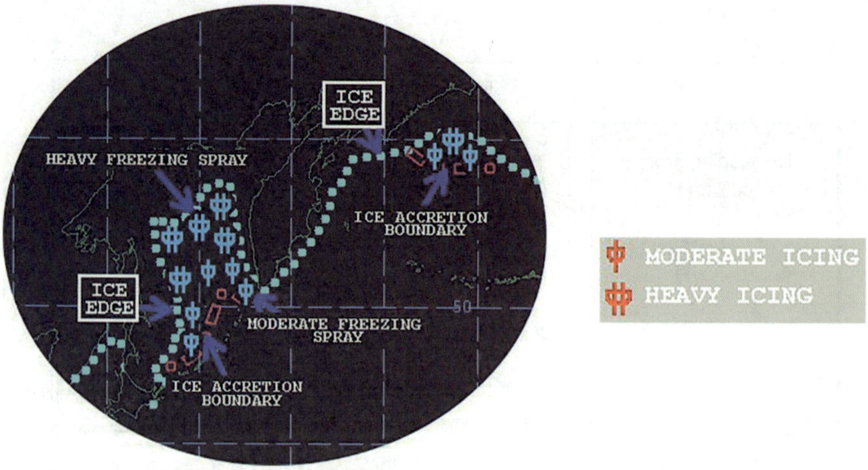

图 6-22　积冰区的标注方法

图中所标注短语和符号的含义为：

ICE EDGE——海冰边缘线(以海冰覆盖范围≥10%为界限),用蓝色点线表示。

ICE ACCRETION BOUNDARY——积冰区,用红色方框连线表示。

MODERATE FREEZING SPRAY——中度冻雾区,用符号  表示。

HEAVY FREEZING SPRAY——强冻雾区,用符号  表示。

(四)常用短语、缩略语的含义

NOAA 气象传真图中常用短语和缩略语及其含义如表 6-14 所示,未见短语和缩略语可在各类传真图的识别中查阅。

表 6-14　NOAA 气象传真图中常用短语和缩略语及其含义

缩略语	全称	中文含义
COMB	Combined	系统合并
DCRSG	Decreasing	正在减弱
DVLPG	Developing	正在发展
DSIPT	Dissipate	消亡
DSIPTG	Dissipating	正在消亡
FRMG	Forming	生成
FRZG SPRY	Freezing Spray	冻雾
FT	Feet	英尺
G	Gusts	阵风
HURCN	Hurricane	飓风
INCRSG	Increasing	增强
ITCZ	Intertropical Convergence Zone	热带辐合带
KT	Knot	节(速度单位)
MB	Millibars	百帕(气压单位)
MONSOON TROF	Monsoon Trough	季风槽
MOVG	Moving	移动
NEW	NEW	新生成系统
NM	Nautical Mile	海里
OUTFLOW BNDRY	Outflow Boundary	外流边界
PRES	Pressure	气压
Q-STNRY	Quasi-Stationary or Near Stationary	准静止
RPDLY INTSFYG	Rapidly Intensifying	迅速加强
STNRY	Stationary	静止
STYPH	Super Typhoon	超级台风
TRPCL	Tropical	热带
TC	Tropical Cyclone	热带气旋
TD	Tropical Depression	热带低压
TRPCL STORM (TS)	Tropical Storm	热带风暴
TRPCL WAVE	Tropical Wave	热带波
TROF	Trough	槽线
TYPH	Typhoon	台风
VT	Valid Time	有效时间
WKNG	Weakening	正在减弱
ABSORBED	ABSORBED	系统合并

四、地面分析图（SURFACE ANALYSIS）的识别

NOAA 气象传真图中的地面分析图有多种，应用比较广泛的为“SURFACE ANALYSIS”（地面分析图），另外还有“PRELIMINARY SURFACE ANALYSIS”（地面初步分析图）、“FINAL SURFACE ANALYSIS”（地面最终分析图）、“TROPICAL SURFACE ANALYSIS”（热带地面分析图）等。

现以地面分析图“SURFACE ANALYSIS”为例进行详细解析，如图 6-23 所示分别为同一时次该图的彩色图和单色图。

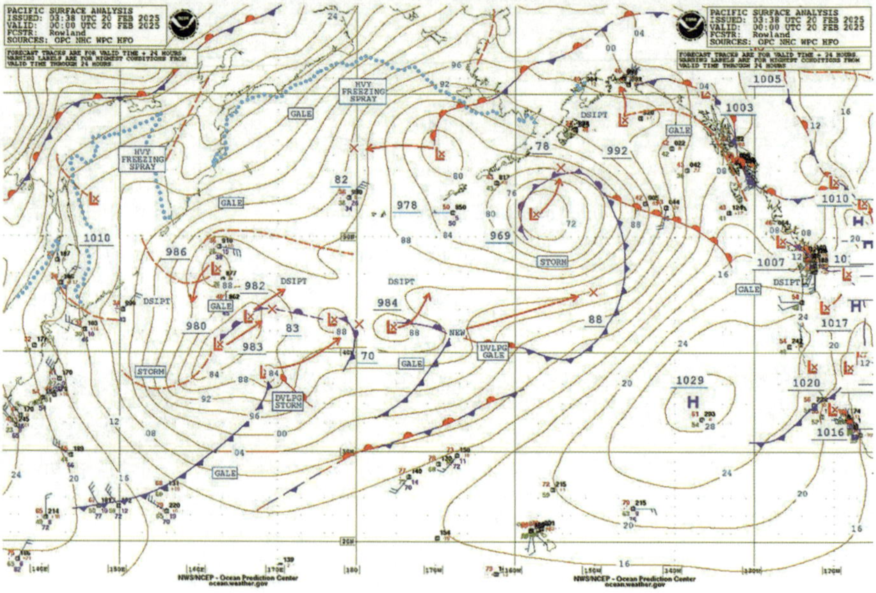

（a）

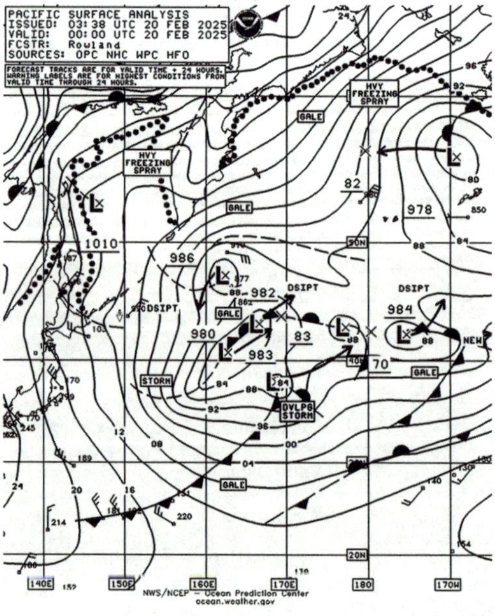

（b）

图 6-23　NOAA 地面分析图

（一）图题

NOAA 气象传真图的图题标注在图幅的左上角和右上角的方框内，有时也会出现只在一个位置标注的情况。

图名：包含图类和图区，通常采用全拼格式，如该图为太平洋地面分析图。

发布时间：即传真图的播发时间，协调世界时 2025 年 2 月 20 日 03 时 38 分。

有效时间：即传真图的时次，协调世界时 2025 年 2 月 20 日 00 时 00 分。

预报员：（略）。

数据来源：（略）。

下方文字框内补充说明：系统未来移动路径的预报时效为 24 h，天气警报的预报时效为 24 h。

发布机构：美国国家海洋和大气管理局（NOAA）海洋预报中心，用该机构的图形标志表示。

（二）填图要素及规范

（1）测站实况：按照地面测站实况填图格式和海上测站实况填图格式，分别填写地面测站和海上测站的天气实况。

（2）地面气压场和天气系统：用黑色细实线绘制等压线（在彩色图上为棕色实线），每条相邻等压线间隔为 4 hPa，在每条等压线上标注气压值（注意：只标注十位和个位）。高压中心用“H”标注，低压中心用“L×”标注，高、低压中心气压值用带有下划线的数字标注在系统中心位置附近，只记录整数位，单位为 hPa。在新生成的气压系统旁标注“NEW”。

标注低压系统中心未来 24 h 移动路径，移动路径用黑色单矢曲线（在彩色图上为红色单矢曲线）“→”表示，未来低压中心位置用“×”号标注，未来低压中心气压值用带有下划线的数字标注（注意：只标注十位和个位）。若预计低压系统未来将消亡，在未来低压中心位置标注“DSIPT”，只标注移动路径，不标注“×”和中心气压值。

标注锋面位置（在彩色图上用彩色绘制，在黑白色图上用单色绘制）。用黑色断划线（在彩色图上为红色断划线）标注槽线位置。

（3）各类天气警报：用带边框的字符标注天气警报种类，包括：“GALE”（大风，风力 8～9 级），“STORM”（风暴，风力 10～11 级），“HURRICANE FORCE”（飓风，风力 ≥12 级），“DVLPG GALE”（正在发展的大风），“DVLPG STORM”（正在发展的风暴），“DVLPG HURRICANE FORCE”（正在发展的飓风）。对地面气压 24 h 内下降或超过 24 hPa 的低压标注“RAPIDLY INTENSIFYING”（迅速加强），即爆发性气旋。

对于热带气旋，通常在中心位置用文字框标注天气简报，内容包括系统强度、命名、最大风力、阵风风力等。例如：“TS MAN-YI MAX WIND 40 KT G 50 KT”表示热带风暴“万宜”，最大风力 40 kn，阵风风力 50 kn。

（4）海冰：在结冰期，若海上出现积冰，标注冰缘线、积冰区、冻雾区，标注方法见图 6-22。

图中使用的缩略语及含义可参考表 6-14。

五、地面预报图（SURFACE FORECAST）的识别

地面预报图主要有“24HR SURFACE FORECAST”（24 h 地面预报图）、“48HR SURFACE

FORECAST”(48 h 地面预报图)、“72HR SURFACE FORECAST”(72 h 地面预报图)、“96HR SURFACE FOR-ECAST”(96 h 地面预报图)、“TROPICAL 48HR SURFACE FORECAST”(热带地区48 h 地面预报图)。

如图 6-24(a)、(b)所示,分别为 NOAA 24 h 地面预报图(彩色图)和 48 h 地面预报图(单色图)。现以图 6-24(a)为例进行解析。

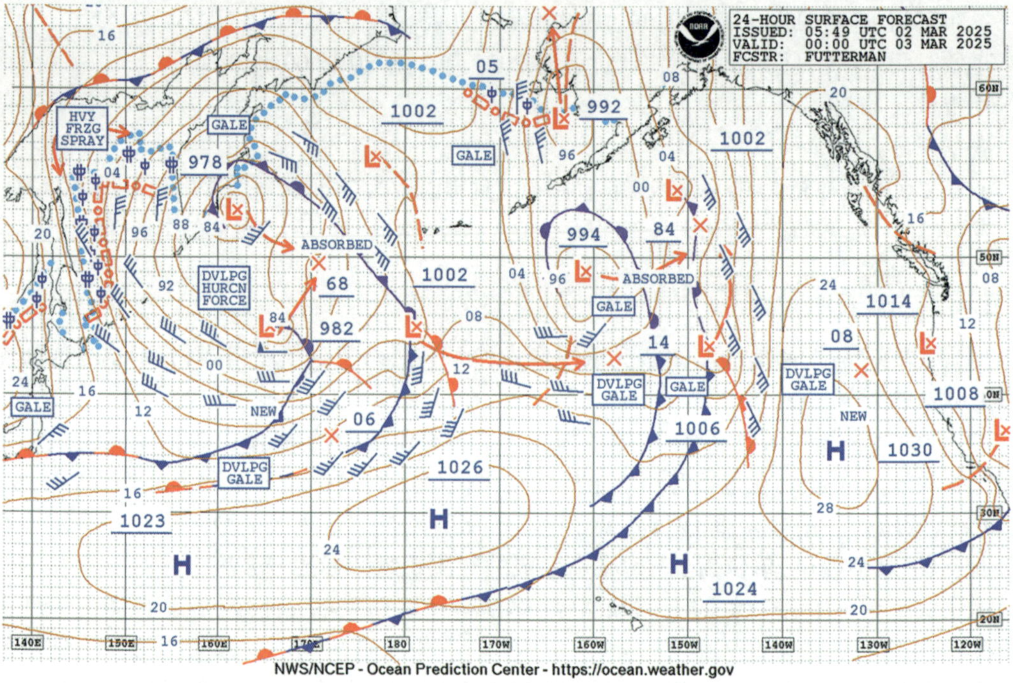

(a)

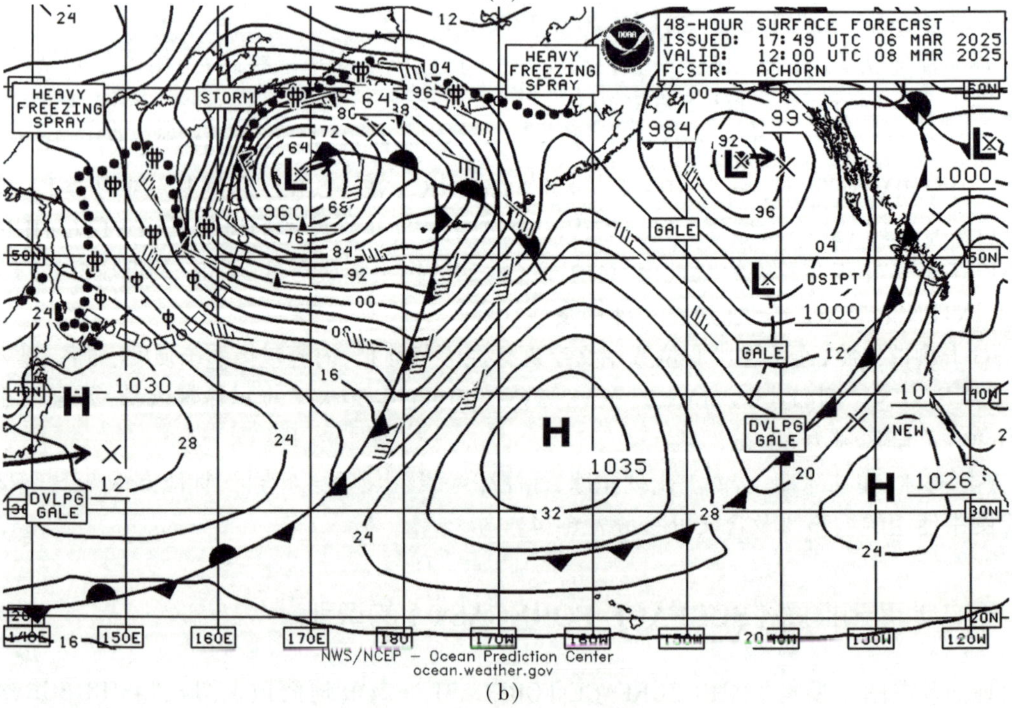

(b)

图 6-24 NOAA 地面预报图

(一)图题

该图的图题只标注在图幅的右上角。

图名:24 h 地面预报图。

发布时间:协调世界时 2025 年 3 月 2 日 05 时 49 分。

有效时间:协调世界时 2025 年 3 月 3 日 00 时 00 分。

预报员:(略)。

发布机构:美国国家海洋和大气管理局(NOAA)海洋预报中心。

注意:在该图的图题中,未标注图区,可据图识别判定为北太平洋区域;未标注预报的起始时刻,可根据预报时效和有效时间判定;未标注数据来源。

(二)填图要素及规范

(1)地面气压场和天气系统:标注方法完全相同于地面分析图。另外,若预计两个以上的天气系统未来将合并,在未来系统中心位置标注“ABSORBED”。

(2)大风区:在风力超过 8 级(34 kn)以上的区域用风矢标注大风区。

(3)各类天气警报:标注方法完全相同于地面分析图。

(4)海冰:标注方法完全相同于地面分析图。

六、风浪分析图(WIND/WAVE ANALYSIS)的识别

NOAA 风浪分析图(WIND/WAVE ANALYSIS)是对海面风和海浪的实况分析,如图 6-25(a)、(b)所示分别为同一时次该图的彩色图和单色图。

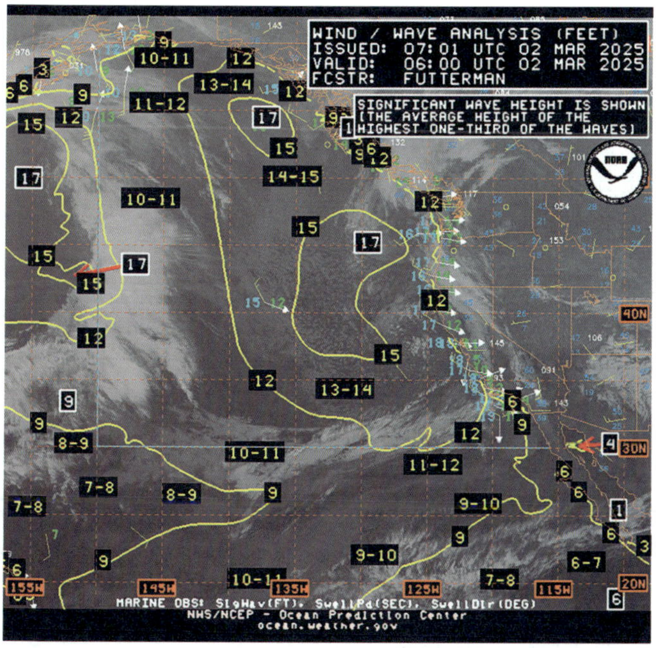

(a)

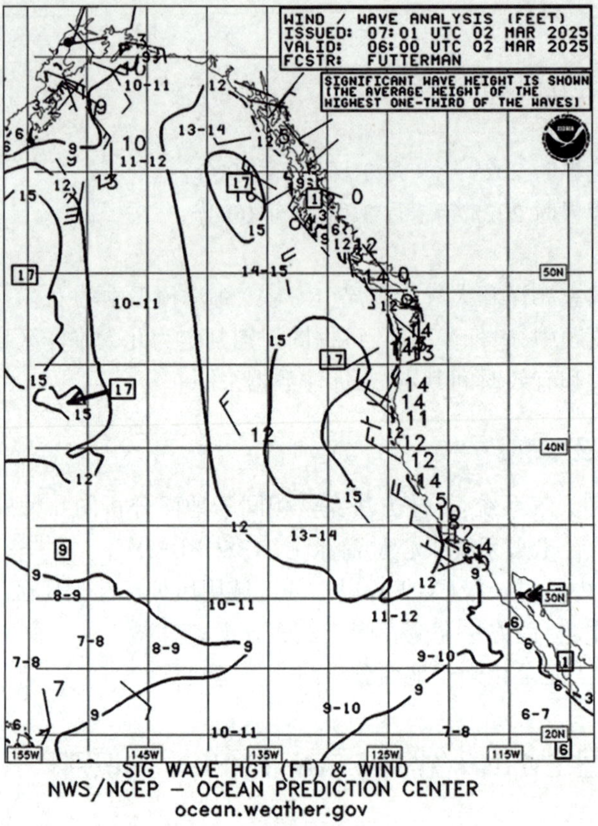

(b)

图 6-25　NOAA 风浪分析图

(一) 图题

图类：风和波浪分析图(波高单位为 ft)。

图区：据图识别判定为东北太平洋区域。

发布时间：协调世界时 2025 年 3 月 2 日 07 时 01 分。

有效时间：协调世界时 2025 年 3 月 2 日 06 时 00 分。

预报员、发布机构：(略)。

补充说明：在下方文字框内说明图中显示的波高为有效波高，并解释有效波高的定义(从某时刻一组波浪观测数据中，取其中波高最大的$\frac{1}{3}$波浪，其平均高度即为有效波高)。

(二) 填图要素及规范

(1)海上测站实况：对海上测站实况填图项目做了简化，只标注风矢、风浪高和涌浪高。

(2)有效波高：用实线绘制等波高线，单位为 ft。每条相邻等波高线间隔 3 ft，在每条等波高线上用数字标注波高。用带方框的数字在波浪中心标注(或在中心附近标注并用单箭头指向中心)最大波高值。用数字标注各海域平均波高的范围。例如，阿拉斯加湾海域最大波高为 17 (17 ft)，平均波高为 14~15 ft。

(3)浪向：在彩色图中用白色单箭头标注风浪方向。

(4)海面风:在适当位置用风矢标注各海域的风向风速,风速单位为 kn。

七、海况分析图(SEA-STATE ANALYSIS)的识别

NOAA 海况分析图(SEA-STATE ANALYSIS)是对海浪和海冰的实况分析,图 6-26(a)、(b)所示分别为同一时次该图的彩色图和单色图。

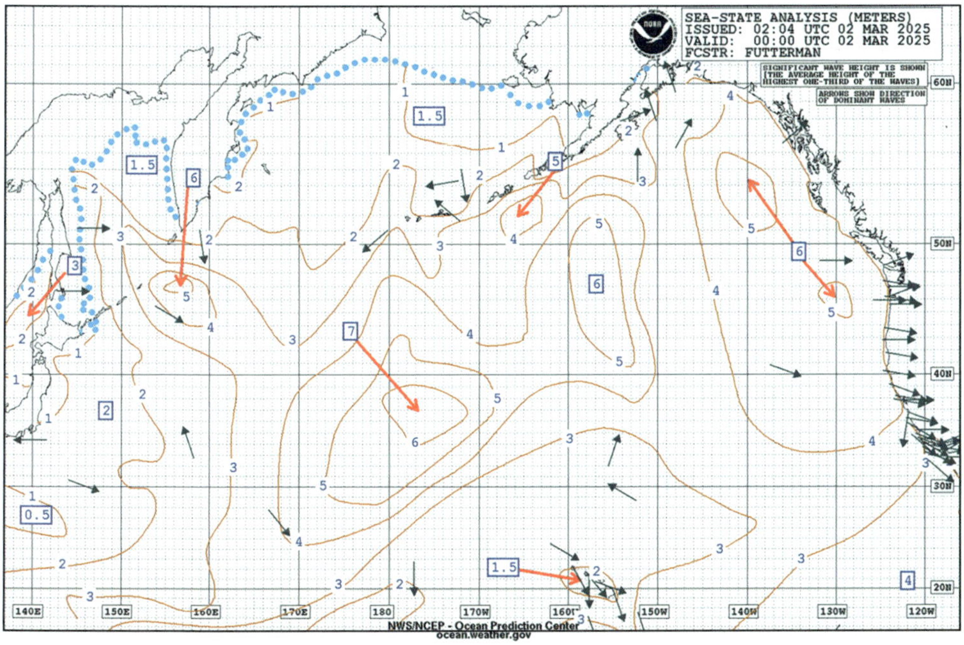

(a)

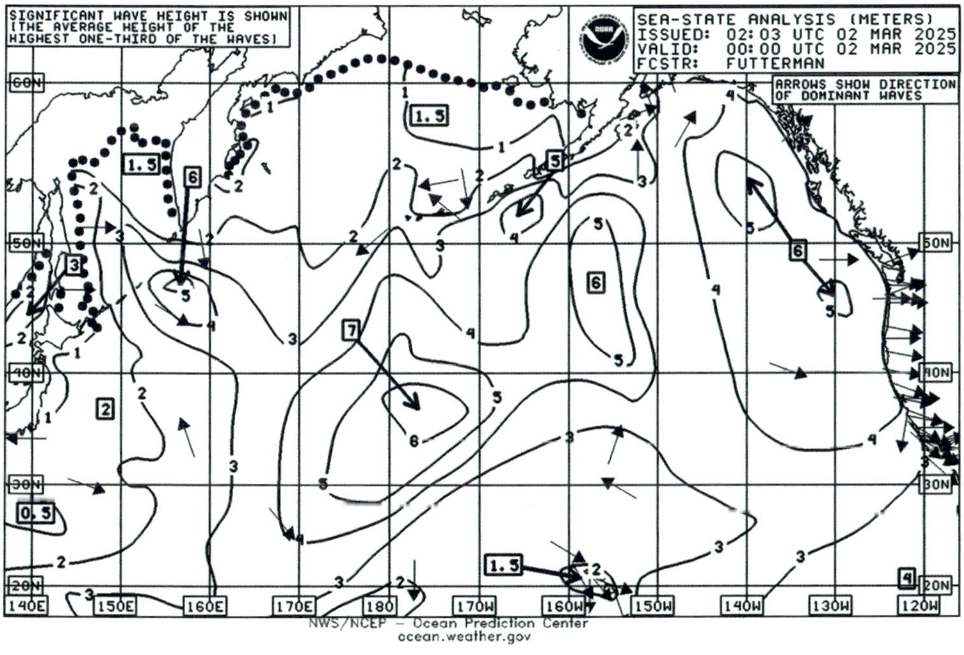

(b)

图 6-26　NOAA 海况分析图

（一）图题

图类：海况分析图（波高单位为 m）。

图区：据图识别判定为北太平洋区域。

发布时间：协调世界时 2025 年 3 月 2 日 02 时 04 分。

有效时间：协调世界时 2025 年 3 月 2 日 00 时 00 分。

预报员、发布机构：（略）。

补充说明：在下方文字框内说明图中显示的波高为有效波高。箭头表示主波向。

（二）填图要素及规范

（1）有效波高：用实线绘制等波高线，单位为 m。等波高线起始值为 1 m（注意此处与日本气象传真图中等波高线填图规范的区别），每条相邻等波高线间隔 1 m，在每条等波高线上用数字标注波高。用带方框的数字标注最大波浪中心位置（或用指向中心的单箭头）及最大波高值。例如，美国西海岸附近海域分别有两个最大波高为 17 （17 ft）的波浪中心。

（2）主波向：用单箭头标注各海域的主波向。

（3）海冰：用符号标注海上结冰状况。

八、风浪预报图（WIND/WAVE FORECAST）的识别

风浪预报图（WIND/WAVE FORECAST）是对未来某时刻海面上的海浪和海冰作出预报，预报时效分别为 24 h、36 h、48 h、72 h 和 96 h。图 6-27（a）、（b）所示分别为 NOAA 同一时次的 24 h 风浪预报图（彩色图）和 48 h 风浪预报图（单色图）。现以图 6-27（a）24 h 风浪预报图为例进行解析。

（一）图题

图类：24 h 风浪预报图（波高单位为 m）。

图区：据图识别为北太平洋区域。

发布时间：协调世界时 2025 年 3 月 2 日 06 时 42 分。

有效时间：协调世界时 2025 年 3 月 3 日 00 时 00 分。

预报员、发布机构：（略）。

补充说明：在下方文字框内说明图中显示的波高为有效波高。

（二）填图要素及规范

（1）有效波高：基本相同于海况分析图中的填图规范，不同之处：等波高线起始值为 2 m，同时还会用带方框的数字标注出最小波高中心位置及最小波高值。

（2）海面风：用风矢标注各海域未来的海面风状况（不仅限于 8 级以上大风）。

（3）海冰：用符号标注未来海上结冰状况。

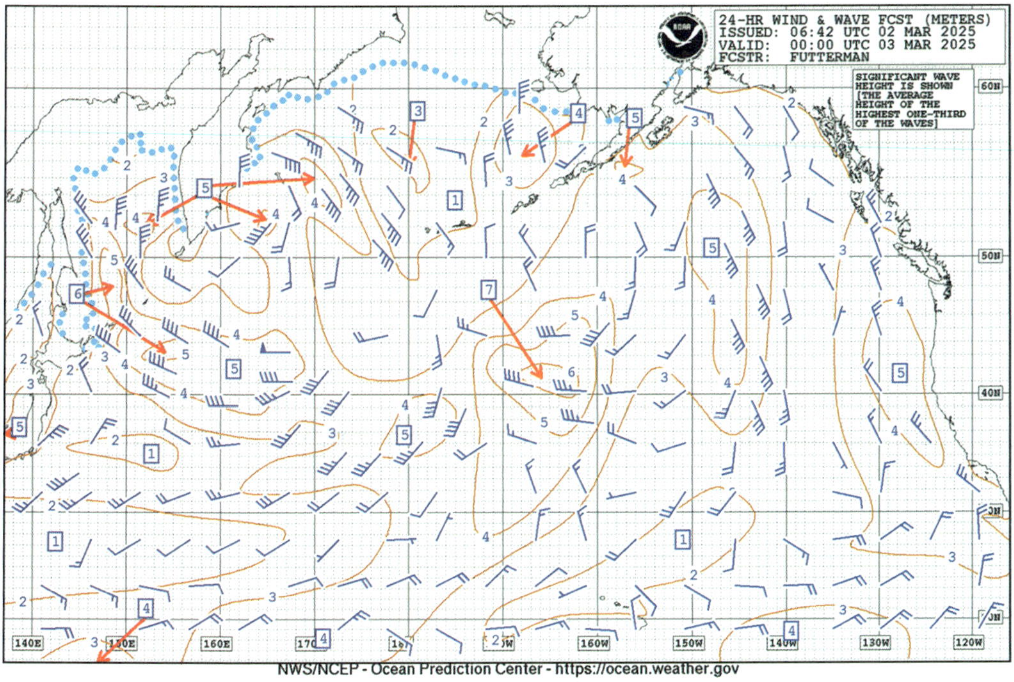

(a)

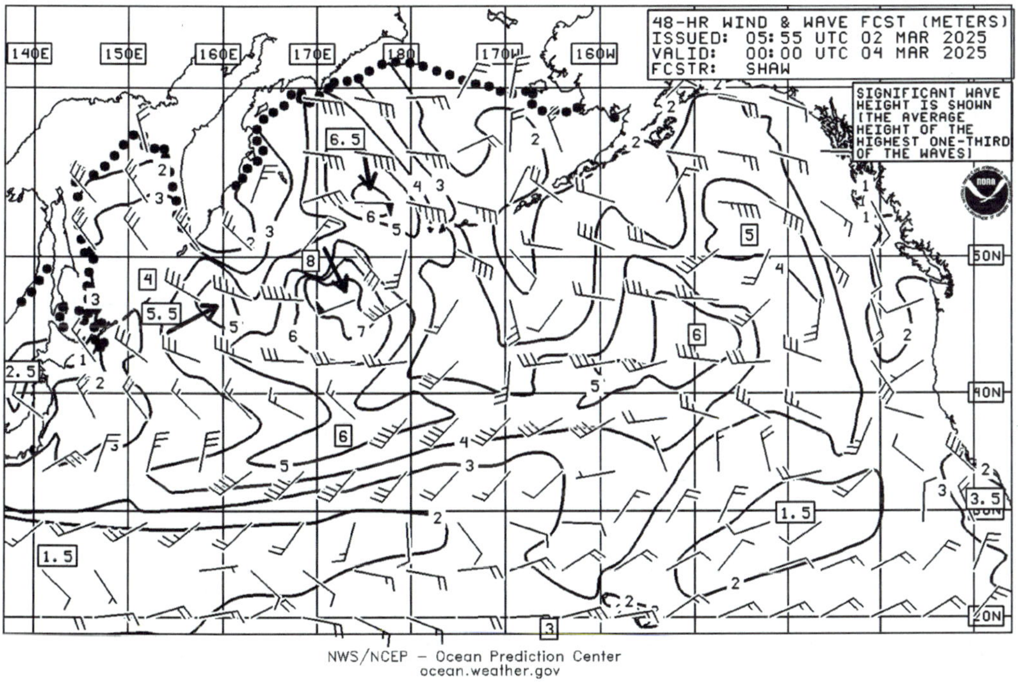

(b)

图 6-27 NOAA 风浪预报图

九、热带气旋警报图（CYCLONE DANGER AREA）的识别

热带气旋警报图是对未来热带气旋危险区域的预测。图中标注了大西洋海域和东太平洋海域未来所有活动的热带气旋的移动路径、船舶应避让的大风危险区域，预报时效为 72 h。该图为季节性播发产品，通常在每年的 5 月 15 日—11 月 30 日的热带气旋活动期内播发。图 6-28 所示为东北太平洋海域热带气旋警报图。

（一）图题

该图的图题内容分别标注在几个不同位置处。

左上角文字框内标注的内容有：图类为东太平洋区域（据图识别判定）热带气旋活动预报。填图规范：用虚线表示预计 34 kn 以上大风出现概率达到 5%的区域范围；用实线表示预计 34 kn 以上大风出现概率达到 50%的区域范围。

左下角文字框内标注的内容有：发布部门（略）。有效时间：协调世界时 2013 年 5 月 15 日（星期三）15 时 00 分。

右上角标注 NOAA 图形标志。

下方再次标注有效时间：协调世界时 2013 年 5 月 15 日（星期三）15 时 00 分。

（二）填图要素及规范

（1）热带气旋名称：在图中用英文标注热带气旋的性质（或强度）和编号。

（2）热带气旋移动路径：在热带气旋中心的当前位置处标注系统符号和“×”。在热带气旋未来 12 h、24 h、48 h、72 h 各时段的中心位置处分别标注系统符号。用实线绘制热带气旋中心的移动路径。系统符号“L”表示热带低压，“”表示热带风暴，“”表示飓风（台风）。

如果预计未来在大西洋海域或东太平洋海域内没有热带气旋活动，NOAA 也会发布热带气旋警报图，在图中标注文字说明为：在大西洋海域（或东太平洋海域）内无热带气旋活动，如图 6-28（b）所示。

（3）大风危险区域：标注热带气旋附近出现 34 kn（8 级）及以上强度大风的危险区域范围。用虚线绘制中低等级大风危险区域范围，表示预计该区域内出现大风的概率达到 5%；用实线绘制高等级大风危险区域范围，表示预计该区域内出现大风的概率达到 50%。

例如在图 6-28（a）中，在东太平洋的东南海域上，有热带低压（Tropical Depression）活动，编号“ONE-E”。预计在未来 12 h、24 h、48 h、72 h，热带气旋将分别达到热带风暴、热带风暴、飓风、飓风的强度。虚线表示中低等级大风危险区域，实线表示高等级大风危险区域。从以上介绍可以看出，美国热带气旋警报图与日本台风警报图在播发时间上的两个区别：一是 NOAA 传真台只在热带气旋活动季节内（每年的 5 月 15 日—11 月 30 日）播发热带气旋警报图；JMH 传真台全年播发台风警报图，不受季节限制。二是 NOAA 传真台在播发季节内，当相关海域内有热带气旋活动或无热带气旋活动时，均播发该产品；JMH 传真台只有当责任区内有热带气旋活动时，才播发该产品。

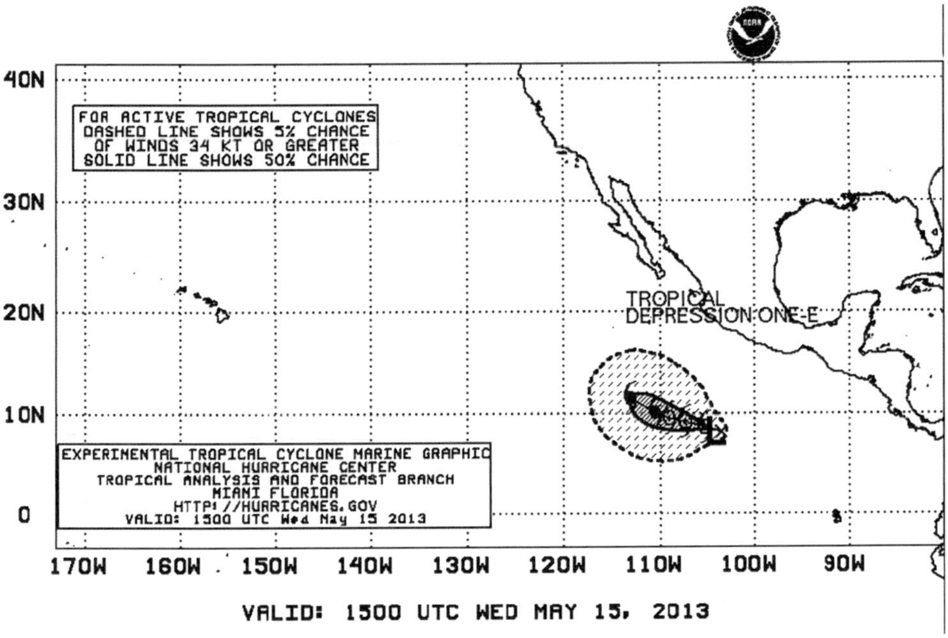

(a)

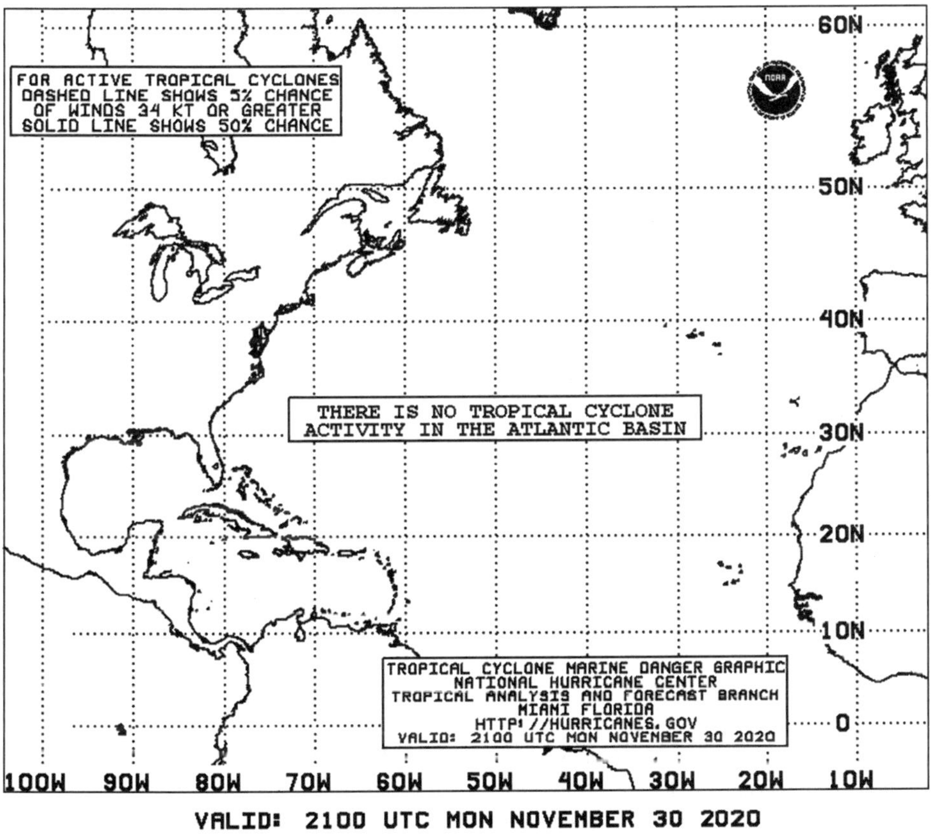

(b)

图 6-28　NOAA 热带气旋警报图

十、大风浪警报图（HIGH WIND/WAVES）的识别

大风浪警报图是季节性播发的对海上风浪危险天气进行警报和预报的气象传真图产品。通常在每年的12月1日至次年的5月14日(即非热带气旋活动期)播发,因此在播发时间上,与热带气旋警报图可以互为补充,用来分析不同季节海洋上由大风、大浪等产生的危险天气。

大风浪警报图有两种:大风浪实时警报图(即风浪实况图)和大风浪预警图。标注大风区域的标准是:在30°N以南海域,风力超过25节(6级,强风 Strong Breeze);在30°N以北海域,风力达到或超过34节(8级,大风 Gale)。

(一)大风浪实时警报图

大风浪实时警报图主要绘制了大西洋海域和东太平洋海域在非热带气旋活动期间,海上当前已经出现大风的区域,以及大风区内的浪高,如图6-29所示。

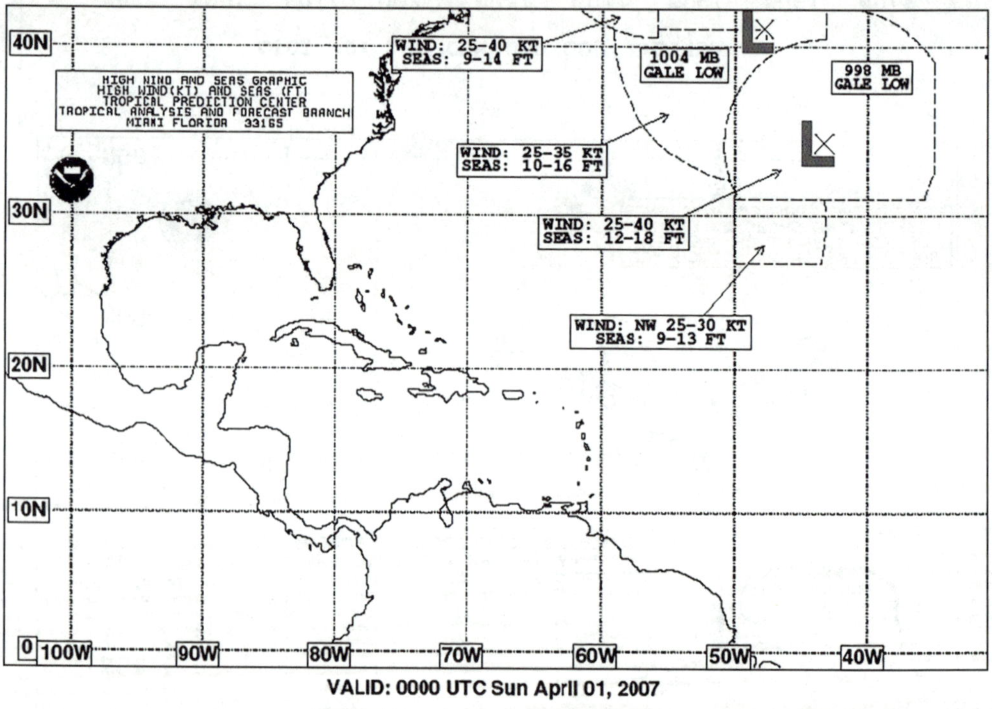

图6-29　NOAA 大风浪实时警报图1

1.图题

图幅左上角的文字框内标注,包括:图名为大风浪警报图。风力单位为kn。浪高单位为ft。发布部门(略)。从地理信息判定图区为北大西洋海域。

图幅下方标注有效时间为世界时2007年4月1日(星期日)00时00分。

2.填图要素及规范

(1)天气系统:图中主要标注低压系统的状况。在低压中心位置标注“L×”,在旁边标注低压中心的气压值和低压强度。在图6-29中,出现两个低压,分别为中心气压为998 hPa的风暴

气旋和中心气压为 1 004 hPa 的风暴气旋。

(2)大风和大浪区：用虚线绘制当前出现大风的区域，以及在大风区内的浪高。在图 6-29 中，由北至南出现 4 个大风和大浪区，分别为：风力 25～40 kn，浪高 9～14 ft；风力 25～35 kn，浪高 10～16 ft；风力 25～40 kn，浪高 12～18 ft；风力 25～30 kn，浪高 9～13 ft。

图 6-30 为东太平洋区域协调世界时 2007 年 3 月 27 日星期二 00 时 00 分的大风浪实时警报图。在该图上，由北至南出现 3 个大风和大浪区，分别为：风力 25～40 kn，浪高 10～16 ft；风力 25 kn，浪高 8～11 ft；风力 25 kn，浪高 8～12 ft。在图中未标注低压系统。

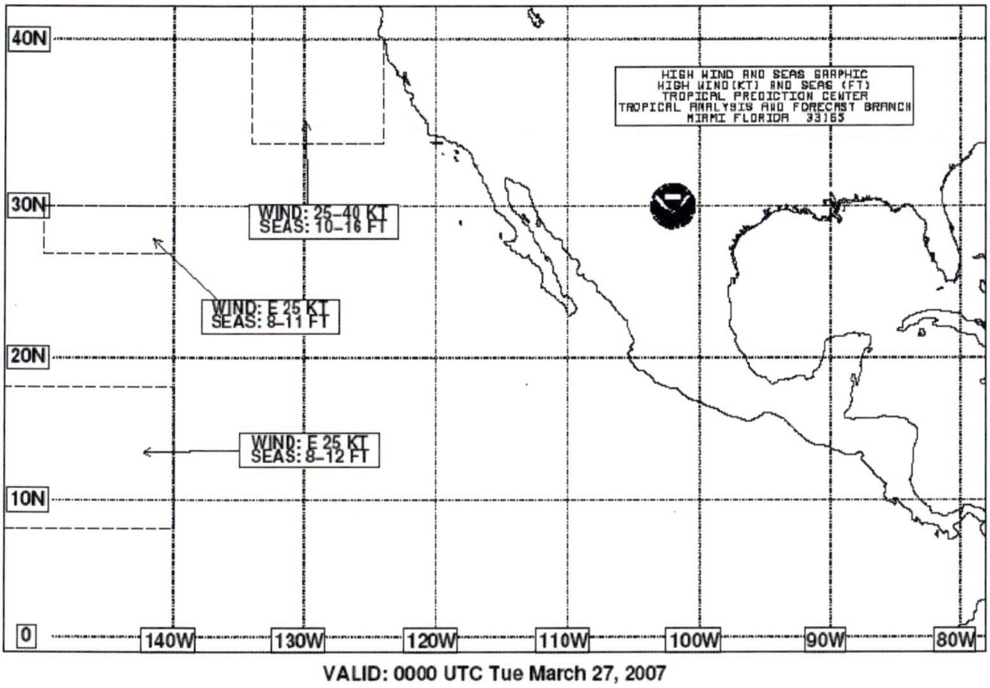

图 6-30　NOAA 大风浪实时警报图 2

(二)大风浪预警图

大风浪预警图主要绘制了大西洋海域和东太平洋海域在非热带气旋活动期间，预计海上出现大风的区域，以及预计大风区内的浪高，预报时效为 48 h，如图 6-31 所示。

1.图题

图幅左上角的文字框内标注内容包括：图名为 48 h 大风浪预警图。风力单位为 kn。浪高单位为 ft。发布部门(略)。据图识别图区为北大西洋海域。

图幅下方的文字框内标注内容包括：有效时间为协调世界时 2021 年 1 月 17 日 00 时 00 分。大风区标注标准为风力达到或超过 34 kn(8 级)。

图幅的下方再次标注有效时间为协调世界时 2021 年 1 月 17 日(星期日)00 时 00 分。

2.填图要素及规范

大风和大浪区：用虚线和阴影区绘制预计出现风力达到或超过 34 kn 大风的区域，在文字框内标注“大风警报”字样和预计出现的浪高。对较大范围无大风出现的区域在文字框内标

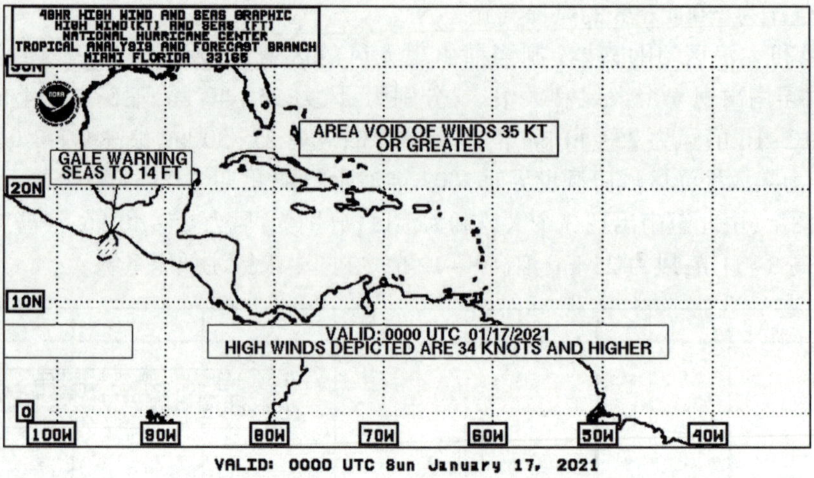

图 6-31　NOAA 大风浪预警图 1

注“无 35 节以上大风区域”字样。如在图 6-31 中，图左侧区域的阴影区为大风区在文字框内标注大风警报和浪高 14 ft；图上方的文字框内标注该区域无风力达到或超过 35 kn 的大风出现。

图 6-32 为东太平洋区域协调世界时 2021 年 1 月 17 日(星期日)00 时 00 分的大风浪预警图。在该图上，在近海海域出现 1 个大风和大浪区，文字框内标注大风警报，浪高 14 ft。

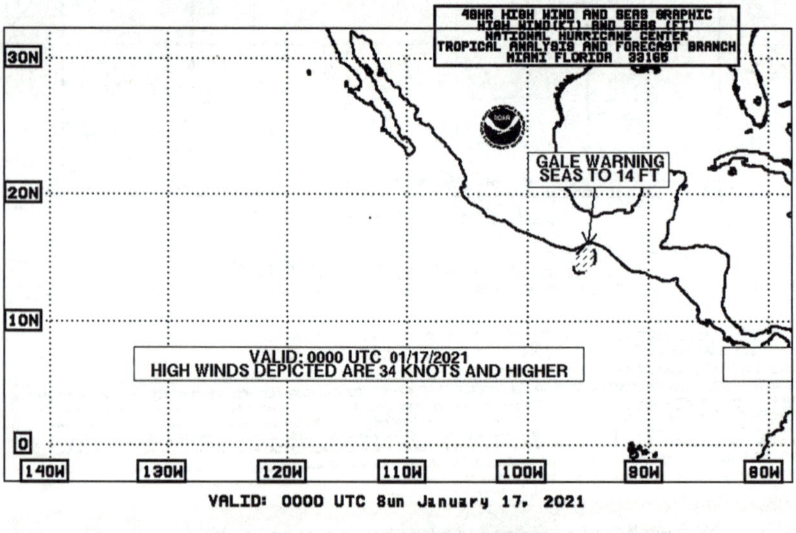

图 6-32　NOAA 大风浪预警图 2

十一、海冰分析图（ICE ANALYSIS）的识别

海冰分析图(ICE ANALYSIS)以西北大西洋为主要区域，在海上结冰期内(主要在每年的冬季)对海上冰况进行分析。通常只限定在每周的固定日期播发。按照覆盖海域的不同，传真图又可分为多种区域的冰况图。

(一)北大西洋海域海冰分析图

图 6-33 所示为北大西洋海域海冰分析图。

1.图题

图右下角文字框内标注内容包括:图名为冰山分析图。有效时间为协调世界时 2021 年 1 月 13 日 00 时 00 分。下方为查阅信息说明。

图左下角文字框内标注内容包括:发布部门为 NAIS。各种填图符号的图例。图例说明见表 6-15。

2.填图要素及规范

预计冰山界限:标注预计未来出现冰山的区域边界线,用相应的符号表示。

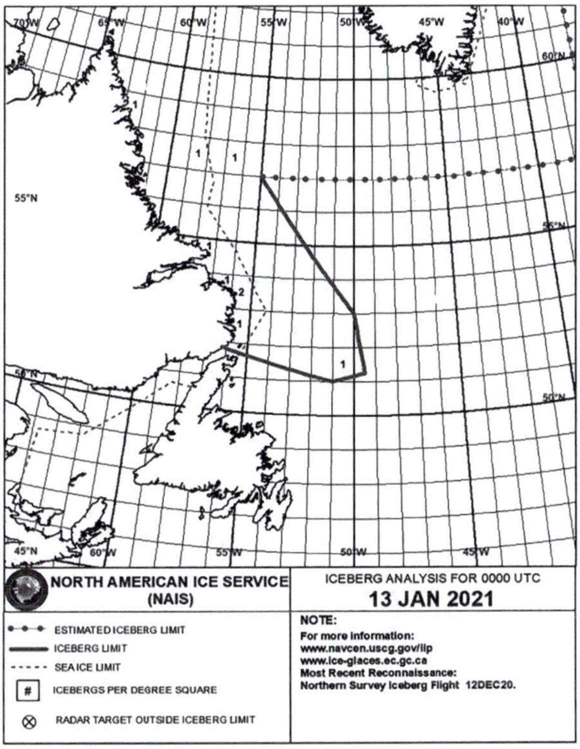

图 6-33　北大西洋海域海冰分析图

冰山界限:标注已经出现冰山的区域边界线,用相应的符号表示。

海冰界限:标注已经出现海冰(除冰山以外)的区域边界线,用相应的符号表示。

冰山量:指海上每平方度范围内冰山的覆盖率,单位为十成的占比率(即 1/10~10/10),用数字标注在相应的 1 平方度海域内。例如,由 51°N、52°N 纬线和 50°W、51°W 经线围成的 1 平方度区域内,冰山覆盖率为 1;由 53°N、54°N 纬线和 55°W、56°W 经线围成的 1 平方度区域内,冰山覆盖率为 2。

冰山外缘雷达目标物:指通过雷达探测获得的在冰山区域以外的目标物信息,用符号⊗标注在相应位置。

表 6-15　冰况图图例说明

符 号	含 义	说 明
●—●—●	Estimated Iceberg Limit	预计冰山界限
━━━━	Iceberg Limit	冰山界限
- - - - -	Sea Ice Limit	海冰界限
#	Icebergs Per Degree Square	每平方度冰山量
⊗	Radar Target Outside Iceberg Limit	冰山外缘 雷达目标物

(二)库克海海口冰况分析图

图 6-34 所示为库克海海口每日冰况分析图。

图 6-34　库克海海口每日冰况分析图

1.图题

图左上角文字框内标注内容包括:图名为库克海海口每日冰况分析图。发布部门:略。

图右下角文字框内标注内容包括:分析时间(有效时间)为 2021 年 1 月 12 日(星期二)。图例为不同海冰密集度的表示方法。

2.填图要素及规范

海冰密集度：用不同浓度的单色填涂区表示海冰的密集度，单位为十成的占比率（即 1/10~10/10）。海水密集度共分为 7 个等级，分别为：小于 1 成，1~3 成，4~6 成，7~8 成，9~10 成，固定冰，无冰区。

十二、海冰预报图（5 Day Sea Ice Forecast）的识别

海冰预报图同样以北美为主要区域，在海上结冰期内（主要在每年的冬季）对海上冰况进行预报，通常只限定在每周的固定日期播发。海冰预报图也有多种，现以白令海海域 5 日海冰预报图为例，如图 6-35 所示。

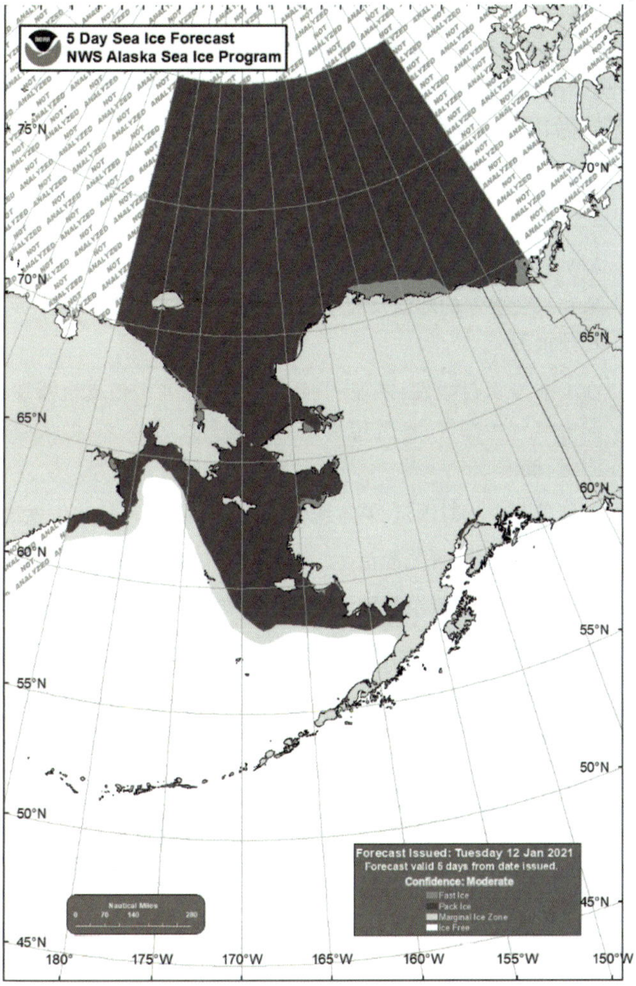

图 6-35　白令海海域 5 日海冰预报图

（一）图题

图左上角文字框内标注内容包括：图名为 5 日海冰预报图。发布部门：略。

图右下角文字框内标注内容包括：预报发布时间为 2021 年 1 月 12 日星期二。预报有效

时间为自发布之日起 5 天;图例为不同冰况及冰区的表示方法。

(二)填图要素及规范

冰况及冰区:用不同浓度的单色填涂区表示海冰的性质及结冰区域,共分为 4 个类型,即固定冰区、浮冰区、边缘冰区、无冰区。

第四节　日本气象传真图与美国气象传真图的比较

日本气象传真图与美国气象传真图同为亚太地区和大西洋地区常用航海气象信息,传真图产品都具有种类多样、覆盖区域广、功能性强、应用广泛的特点。同时,这两种产品在许多方面又有较大差别。为便于准确、熟练地识别和应用两种气象传真图,根据编者在实际应用中的体会,对两者的不同之处做以下比较,如表 6-16 所示。

表 6-16　日本气象传真图与美国气象传真图的比较

<table>
<tr><th colspan="2">比较项目</th><th>日本气象传真图</th><th>美国气象传真图</th></tr>
<tr><td colspan="2">产品种类</td><td>种类齐全,结构合理,基本涵盖主要气象和水文要素的地面及高空的分析图和预报图</td><td>海洋产品种类比较齐全,地面分析产品较少</td></tr>
<tr><td colspan="2">播发台和图区</td><td>由 1 个传真台播发,东亚和西北太平洋为唯一主图区,各类传真图的图区固定、统一</td><td>由 4 个传真台播发,图区分布在东、西太平洋,东、西大西洋,阿拉斯加湾,热带地区</td></tr>
<tr><td rowspan="7">图题格式</td><td>标注位置</td><td>在各类图中相对固定,基本统一</td><td>不统一,标注位置比较随意</td></tr>
<tr><td>图类</td><td>使用图类代码,规范简洁</td><td>使用图类全称,易于识读</td></tr>
<tr><td>图区</td><td>使用图区代码,规范简洁</td><td>使用图区全称或不标注</td></tr>
<tr><td>时间</td><td>分析图和预报图均规范标注图时或预报有效时间</td><td>格式不统一,各类图中标注播发时间、图时、有效时间的方法不一致</td></tr>
<tr><td>传真台呼号</td><td>使用传真台呼号代码</td><td>使用标志图案</td></tr>
<tr><td>预报员</td><td>不标注</td><td>标注</td></tr>
<tr><td>数据源</td><td>不标注</td><td>标注</td></tr>
<tr><td colspan="2">页面形式</td><td>按照整幅图面播发和接收</td><td>部分产品可按区域分割为多个页面播发和接收</td></tr>
<tr><td colspan="2">整体风格</td><td>填图格式规范统一,标注方法简洁清晰,各种线条和符号简练,便于识别</td><td>各类传真图的格式和样式差别较大,各种填图要素、线条、符号的标注方法和标注位置随意性强,图面有杂乱感</td></tr>
</table>

第五节　中国气象传真图业务概况

中国气象传真图目前主要由中国国家气象中心、上海气象局、上海海洋中心气象台联合制作,由东海航海保障中心上海海岸电台通过无线传真台和互联网同时播发。传真台呼号:XSG。传真台播发频率为4 170 kHz,8 302 kHz,12 382 kHz,16 559 kHz。传真图主要图区包括北太平洋海区(PN)和东亚地区(EA)。传真图底图采用墨卡托和兰伯特两种方式投影。

一、XSG 传真台播发节目表

目前 XSG 传真台播发时间主要集中在白天时段,播发节目表如图 6-36 所示。

XSG BROADCAST SCHEDULE　　EFFECTIVE:1st Sep. 2018

TOT	HEADING	OBS	CONTENT OF CHART
0800 (0000)	MANAM	08	XSG BROADCAST SCHEDULE AND MANUAL AMENDMENTS
0820 (0020)	MWEA24	08	24H MARINE WEATHER FORECAST
0840 (0040)	MWEA48	08	48H MARINE WEATHER FORECAST
0900 (0100)	MWEA72	08	72H MARINE WEATHER FORECAST
1020 (0220)	TCNWP	08	TROPICAL CYCLONE FORECAST
1040 (0240)	FXEA502	20	24H 500hPa and SURFACE FORECAST
1100 (0300)	FXEA504	20	48H 500hPa and SURFACE FORECAST
1120 (0320)	FXEA507	20	72H 500hPa and SURFACE FORECAST
1200 (0400)	FWEA24	20	24H WAVE HEIGHT FORECAST
1220 (0420)	FWEA48	20	48H WAVE HEIGHT FORECAST
1240 (0440)	FWEA72	20	72H WAVE HEIGHT FORECAST
1300 (0500)	FOEA24	20	24H OCEAN CURRENT FORECAST
1320 (0520)	FOEA48	20	48H OCEAN CURRENT FORECAST
1340 (0540)	FOEA72	20	72H OCEAN CURRENT FORECAST
1520 (0720)	ASPN	08	SURFACE ANALYSIS
1540 (0740)	FSPN24	08	24H SURFACE FORECAST
1600 (0800)	FSPN48	08	48H SURFACE FORECAST
1620 (0820)	TCNWP	14	TROPICAL CYCLONE FORECAST
2220 (1420)	TCNWP	20	TROPICAL CYCLONE FORECAST
0420 (2020)	TCNWP	02	TROPICAL CYCLONE FORECAST

4 170、8 302、12 382、16 559(kHz) F3C

SHANGHAI COAST RADIO STATION
SHANGHAI METEOROLOGICAL BUREAU/CMA

图 6-36　XSG 传真台播发节目表

二、XSG 传真台主要气象传真图产品种类

XSG 传真台主要气象传真图产品种类如表 6-17 所示。

表 6-17　XSG 传真台主要气象传真图产品种类

种类		图类代码	图名	时效 h	图时 UTC				主要填图要素
					00	06	12	18	
地面图	分析图	ASPN	北太平洋地面分析		00				等压线、天气系统、未来移动路径
	预报图	FSPN24	北太平洋 24 h 地面预报	24			12		等压线、主要天气系统、未来移动路径
		FSPN48	北太平洋 48 h 地面预报	48			12		
		MWEA24	东亚海区天气预报	24	00				云量、天气现象、能见度、风向、风速
		MWEA48	东亚海区天气预报	48	00				
		MWEA72	东亚海区天气预报	72	00				
	台风预报图	TCNWP	西北太平洋热带气旋路径预报	72	00	06	12	18	中心位置、强度、路径、风力
高空图	分析图	* AUPN	北太平洋 500 hPa 高空分析		00				
	预报图	* FUPN24	北太平洋 24 h 高空预报	24			12		等高线、天气系统、槽线
		* FUPN48	北太平洋 48 h 高空预报	48			12		
		* FXEA782	东亚 700、850 hPa 24 h 预报	24	00		12		等高线、等温线、风矢
		* FXEA784	东亚 700、850 hPa 48 h 预报	48	00		12		
		* FXEA787	东亚 700、850 hPa 72 h 预报	72	00		12		
波浪图		FWEA24	东亚 24 h 波浪预报	12/24	*00		12		有效波高
		FWEA48	东亚 48 h 波浪预报	36/48	*00		12		
		FWEA72	东亚 72 h 波浪预报	60/72	*00		12		
海流图		FOEA24	东亚 24 h 海流预报	12/24			12		流向、流速
		FOEA48	东亚 48 h 海流预报	36/48			12		
		FOEA72	东亚 72 h 海流预报	60/72			12		
卫星云图		* FYCI	风云红外卫星云图						欧亚大陆区域卫星云图
综合图		FXEA502	东亚 500 hPa 和地面 24 h 预报		*00		12		等高线、等温线、风矢 等压线、降水量、风矢
		FXEA504	东亚 500 hPa 和地面 48 h 预报		*00		12		
		FXEA507	东亚 500 hPa 和地面 72 h 预报		*00		12		
说明		标记“ * ”的产品不通过无线传真台播发，可通过其官方网站查看							

三、XSG 传真台主要气象传真图产品图例

图 6-37～图 6-40 为 XSG 传真台主要气象传真图产品图例。

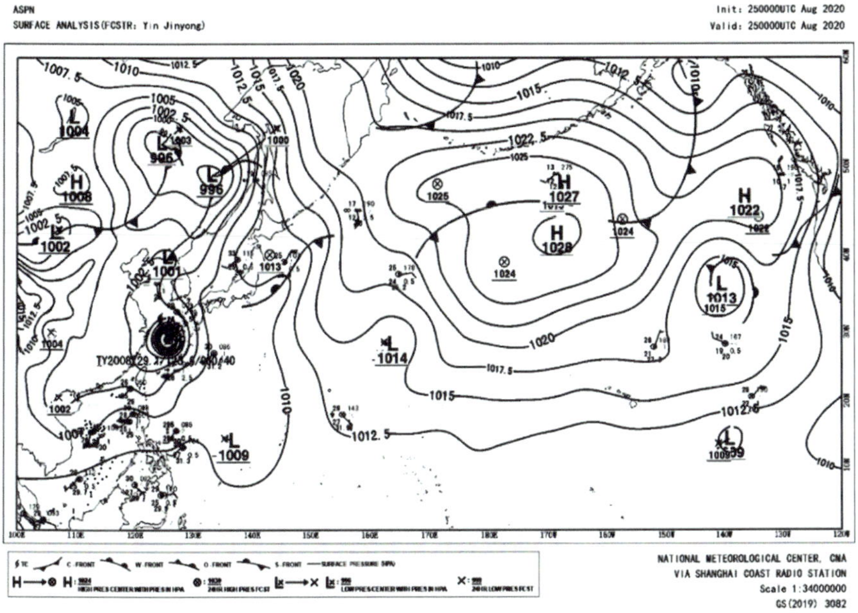

图 6-37　中国 XSG 台北太平洋地面分析图

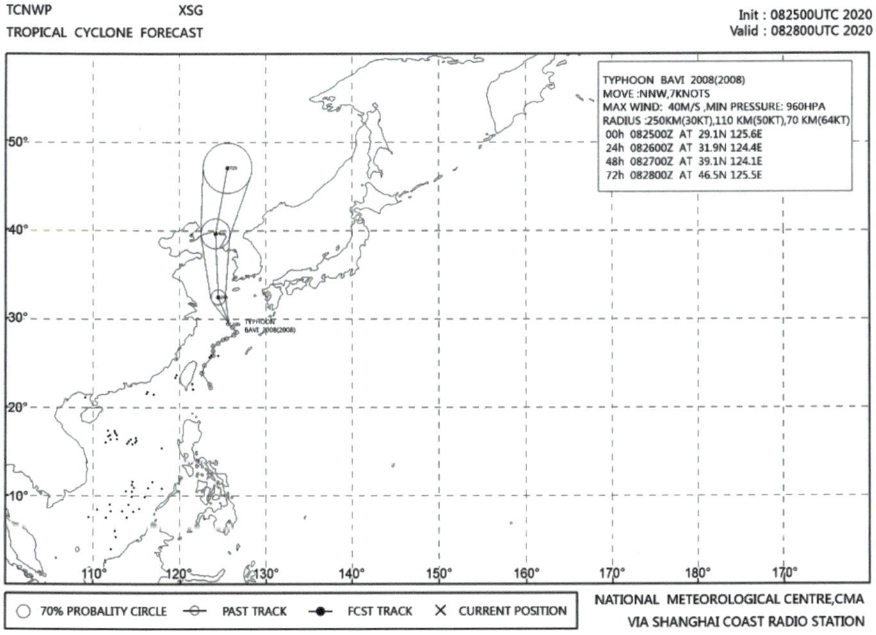

图 6-38　中国 XSG 台西北太平洋台风预报图

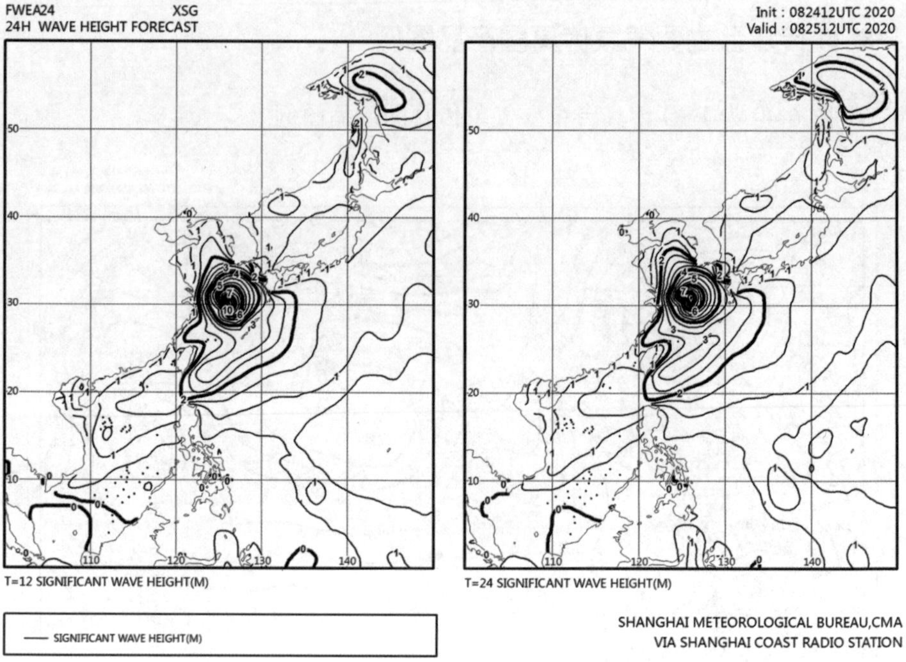

图 6-39　中国 XSG 台东亚波浪预报图

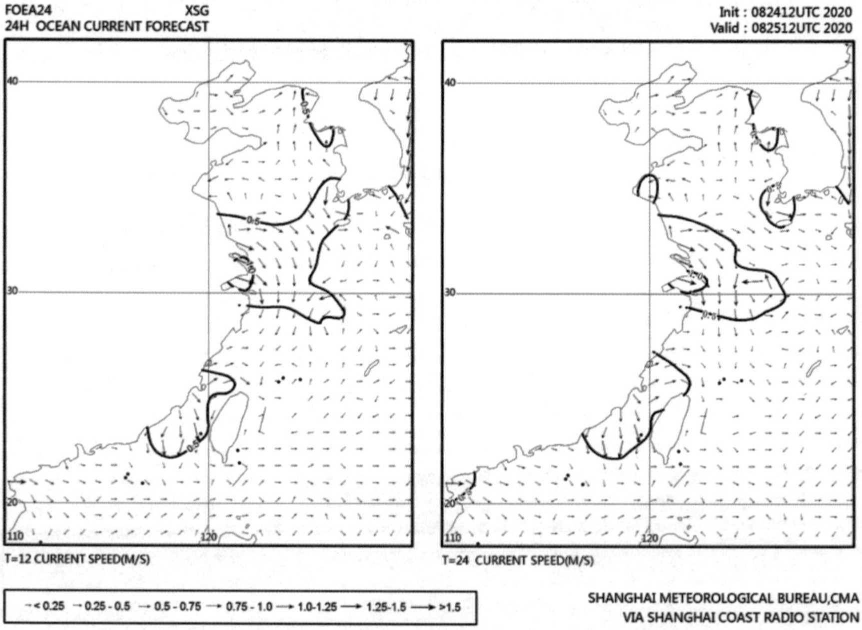

图 6-40　中国 XSG 台东亚海流预报图

第七章

气象传真图的综合分析

气象传真图展现了当前或未来某个时刻的大范围区域(海域)内海平面气压场和高空高度场的分布状态及天气海况状态。使用者可以通过对气象传真图的综合分析来了解和掌握所关注区域当前影响的天气系统及其未来的发展趋势,并以此为依据作出天气和海况预报。因此,气象传真图综合分析的对象是天气系统,目的是制作天气和海况预报,内容主要包括天气形势分析和常见天气系统天气海况表现特征分析两个方面。

第一节　天气形势分析

天气系统是指具有一定的温度、气压或风等气象要素空间结构特征的大气运动系统。天气形势是指某个大范围区域内的天气系统在天气图上的分布特征及其所表现的大气运动状态。

天气系统依据各自的生消条件和能量来源总是处在不断新生、发展和消亡的演变过程之中,在不同阶段呈现出的与之相对应的天气形势,决定了一个地区的天气及其变化。通过对天气形势发展演变的分析预报,可以比较准确地预报未来一段时间内某个区域的天气变化。

对天气形势的分析主要是识别判定以下几个项目:当前天气系统的性质,系统中心位置和影响范围,系统的强度,系统未来的移向和移速及发展趋势等。

天气系统的性质也就是天气系统的类型。一般来说,天气系统主要分为反气旋(也称高压)和气旋(也称低压)两大类。根据不同的分类方法,又可将反气旋和气旋进行分类。

反气旋的分类方法主要有地理区域分类法和热力结构分类法。其中常用方法是根据热力结构将反气旋分为冷性反气旋和暖性反气旋。常见的冷性反气旋有活动于北半球中高纬度对流层中下层的温带反气旋,习惯上称为冷高压。典型的暖性反气旋有副热带高压、阻塞高压。

气旋的分类方法比较复杂。根据气旋形成和活动的地理区域,将气旋分为极地气旋、温带气旋和热带气旋。根据气旋的热力结构,将气旋分为锋面气旋和无锋面气旋。无锋面气旋包括热带气旋和热低压等。另外,气旋之间并不存在不可逾越的鸿沟,不同类型的气旋在一定条件下会互相转化。如锋面气旋可在一定条件下转化为无锋面气旋(冷涡),无锋面气旋(包括热低压、热带气旋等)也可在一定条件下转化为锋面气旋。

天气系统的中心位置和影响范围、系统强度、未来的移向移速和发展趋势等要素识别判定的方法可以参考第六章第二节“日本气象传真图的识别”和第三节“美国气象传真图的识别”,这里就不再赘述。

第二节　常见天气系统天气海况表现特征分析

天气海况表现特征分析就是在准确判断、识别天气形势的基础上,根据不同类型天气系统的基本天气表现,并结合气候、季节、地理环境等因素,确定所关注海区或航线上当前或未来的具体天气(如气温、气压、风向、风速、能见度、天气现象等)和海况(如海浪、海流、海温、海冰等)表现。

影响航海的常见天气系统主要有锋面气旋、爆发性气旋、热带气旋、冷高压、副热带高压等,各个类型的天气系统都具有明显的天气特征。

一、锋面气旋天气特征

(一)锋面气旋概述

锋面气旋(Frontal Cyclone)是频繁产生和活动于温带地区的温带气旋,是温带地区最重要的天气系统之一。发展强烈的锋面气旋,可带来强烈的降水、雷暴、大风、低能见度等恶劣天气,在海上还可引起大范围的大风浪区,是影响中高纬度大洋航线天气的主要风暴系统。

从平面看锋面气旋的结构,在北半球是一个逆时针方向旋转的涡旋,中心气压最低,自中心向前方伸出一条暖锋,向后方伸出一条冷锋,在冷、暖锋之间的气团是暖气团,在暖锋前和冷锋后的气团是冷气团。

锋面气旋的演变过程,大致可分为初生阶段、发展阶段、成熟阶段(锢囚阶段)及消亡阶段(填塞阶段)等四个阶段(如图 7-1 所示)。锋面气旋的生命史一般是 5~7 天。

(二)锋面气旋的天气特征

锋面气旋天气,可以看作以气旋的空气运动特征为背景的气团天气与锋面天气的综合。锋面气旋的天气特征不仅是复杂的,而且随着生命史的不同阶段、季节和地区的不同而有所差异。

1.锋面气旋不同阶段的天气特征

锋面气旋是由锋面上发生的波动发展而形成的。开始时,在锋面上形成一个波动,并在波动顶点附近出现一条闭合等压线,此后逐渐发展,形成一个完整的气旋。

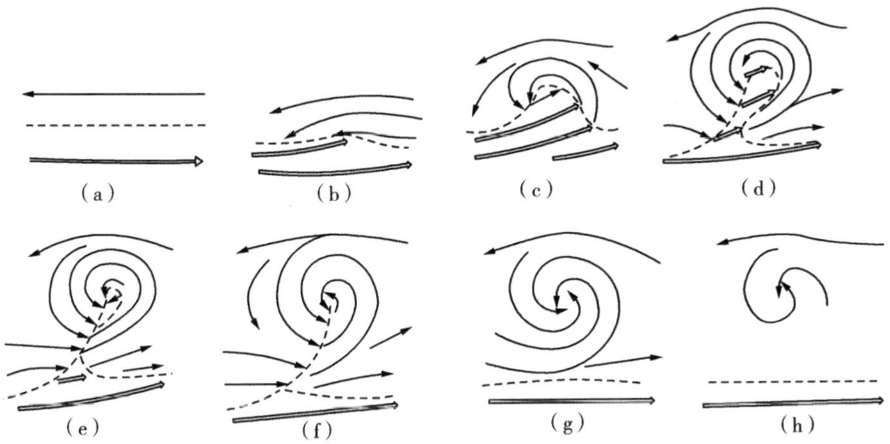

图 7-1　锋面气旋生命史

(1)初生阶段

强度一般较弱,坏天气区域不广。暖锋前会形成雨层云,伴有连续性降水及较差的能见度,云层最厚的地方在气旋中心附近。当大气层结构不稳定时,如夏季,暖锋上也可出现雷阵雨天气。在冷锋后,大多数是第二型冷锋天气。在气旋的暖区,如果是热带海洋气团,水汽充沛,则易出现层云、层积云,有时可出现雾和毛毛雨等天气现象。如果是热带大陆气团,则由于空气干燥,无降水,最多只有一些薄的云层。

(2)发展阶段

气旋区域内的风速普遍增大,气旋前部具有暖锋云系及其伴随的天气特征。云系向前伸展很远,尤其靠近气旋中心部分,云区最宽,离中心越远,云区越窄。气旋后部的云系和降水特征是属于第一型冷锋还是第二型冷锋,则要视高空槽与地面锋线的配置情况及锋后风速分布情况而定。若高空槽线在地面锋线的后部,地面上垂直于锋的风速小,则属于第一型冷锋;若地面锋线位于高空槽线附近或后部,则属于第二型冷锋。

(3)成熟阶段(锢囚阶段)

气旋区内地面风速较大。当条件充足时,云和降水天气加剧,云系比较对称地分布在锢囚锋的两侧。

(4)消亡阶段(填塞阶段)

云和降水开始减弱,云底抬高。随着气旋消亡,云和降水区也逐渐减弱,最后消失。

2.锋面气旋的天气模式

从大量的个例中略去比较次要的差别,归纳出基本相同点,便可概括出一个发展成熟的典型锋面气旋的天气模式(见图 7-2)。

(1)气旋前部(暖锋前)

气旋前部的天气主要为宽阔的暖锋云系及相伴随的连续性降水天气。云系向前伸展很远,最前面的是卷云(Ci),依次为卷层云(Cs)、高层云(As)、雨层云(Ns)。降水位于地面暖锋前 200~400 km,靠近气旋中心部分最宽,一般为连续性降水。若气层不稳定,还会出现积雨云、阵性大风和雷阵雨。随着地面锋线的接近,气温升高,气压明显降低。北半球暖锋前多吹 E~SE 风(南半球吹 E~NE 风),风力一般为 4~6 级。此外,在锋前 50~100 n mile 常有锋

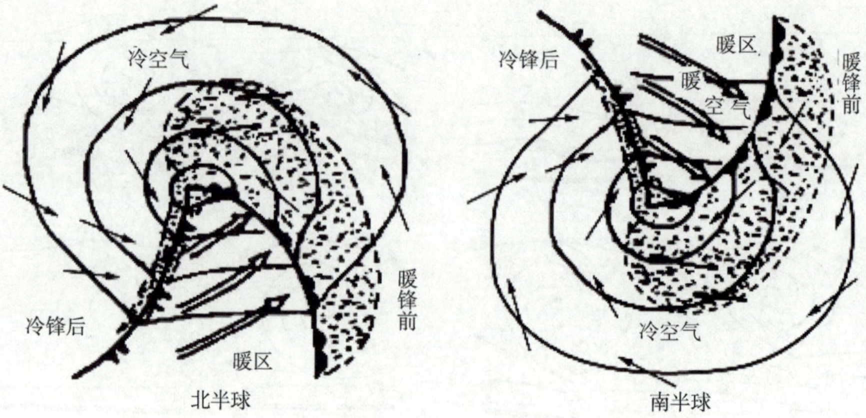

图 7-2　北半球和南半球典型锋面气旋天气模式

面雾。

(2)气旋中部(暖锋后,冷锋前)

气旋中部是暖气团天气,气温高,气压基本停止下降。北半球风向多为 S~SW 风(南半球吹 N~NW 风),陆地上风力一般为 2~4 级,海上风力可达 7~8 级。天气特征主要取决于暖气团的性质。如果暖气团比较潮湿,靠近中心的地方会有层云(St)、层积云(Sc),有时可出现大片平流雾和毛毛雨,离中心较远的地方通常是少云。如果暖气团比较干燥,至多有一层薄云而没有降水出现。

(3)气旋后部(冷锋后)

冷锋过后,气温急速下降,气压迅速回升。北半球风向多转为 N~NW 风(南半球吹 S~SW 风),风力一般为 6~9 级,最大可达 11~12 级。气旋后是比较狭窄的冷锋云系和降水天气。如果是第一型冷锋,一般以层状云为主,依次为雨层云(Ns)、高层云(As)、卷层云(Cs)、卷云(Ci),产生连续性降水和锋面雾。如果是第二型冷锋,则伴有积状云(Cu、Cb)、阵性大风和雷阵雨。

锋面气旋的天气模式可以归纳总结为如表 7-1 所示的内容。

表 7-1　锋面气旋的天气模式

	暖锋前	暖区(暖锋后,冷锋前)	冷锋后
云系	暖锋云系:卷云、卷层云、高层云、雨层云(或积雨云)	靠近中心为层云、层积云,离中心较远为少云;暖气团干燥时为薄云	冷锋云系:雨层云、高层云、卷层云、卷云(或积状云)
降水	雨层云下有降水	层云下有降水或毛毛雨	雨层云下有降水
气温	升高	高	急速下降
气压	明显降低	停止下降	迅速回升
风	北半球多为 E~SE 风;南半球多为 E~NE 风;一般 4~6 级(或阵性大风)	北半球多为 S~SW 风;南半球多为 N~NW 风;陆地上 2~4 级;海上 7~8 级	北半球多为 N~NW 风;南半球多为 S~SW 风;一般 6~9 级;最大可达 11~12 级
天气现象	连续性降水,气旋中心范围最广;锋面雾或雷阵雨	如果暖气团比较潮湿,可出现大片平流雾和毛毛雨;暖气团比较干燥,至多有一层薄云而没有降水出现	连续性降水(或雷阵雨);锋面雾

(三)船舶通过锋面气旋伴随的天气

船舶在海上通过锋面气旋时,天气和海况会发生急剧变化,直接影响航行安全,应准确选择通过时的航线。

根据发展成熟的锋面气旋天气模式图(如图 7-3 所示)可知,如果船舶沿 AB 线从锋面气旋中心以南(低纬度一侧)通过时,会先后遇到上述暖锋前、暖区和冷锋后三个不同部位的天气;如果船舶沿 CD 线从锋面气旋中心以北(高纬度一侧)通过时,则遇到的是锋面附近冷气团里的天气。靠近气旋中心时,有很厚的云层和较强的降水,云系依次为卷云(Ci)、卷层云(Cs)、高层云(As)、雨层云(Ns)。在北半球观测到风向随时间逆时针方向变化:SE→E→NE→N→NW;在南半球风向随时间顺时针方向变化:NE→E→SE→S→SW。

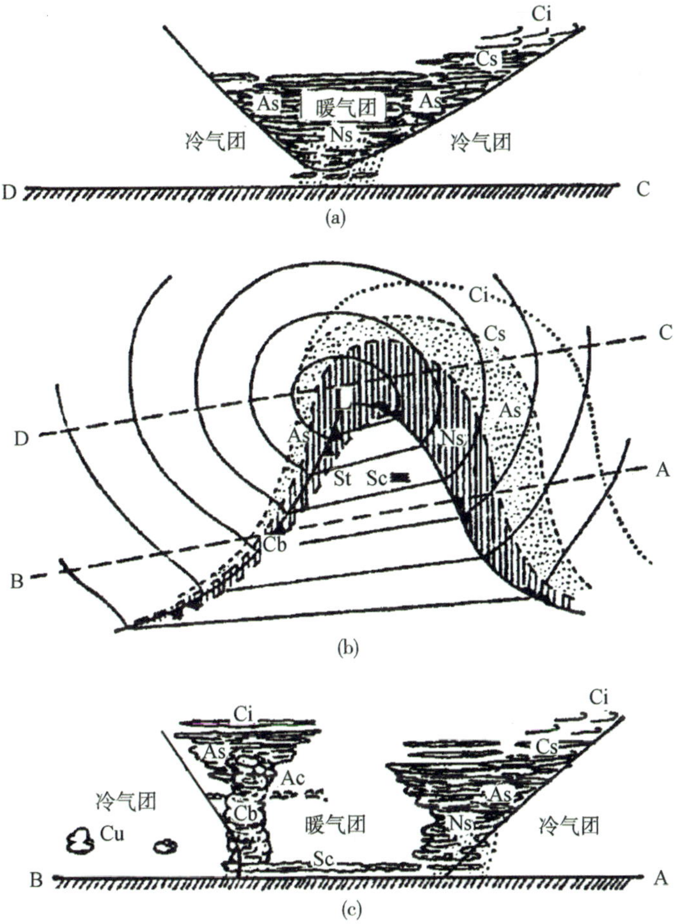

图 7-3　船舶通过锋面气旋的天气

因此,船舶可以根据观测风和云系的变化,判断船舶从锋面气旋的哪一侧通过。

(1)当测到风向随时间顺时针方向变化,北半球船舶通过气旋中心低纬度一侧(南半球高纬度一侧);

(2)当出现云系依次为 Ci→Cs→As→Ns→As 时,船舶通过气旋中心高纬度一侧。

(3)当测到风向随时间逆时针方向变化,北半球船舶通过气旋中心高纬度一侧(南半球低纬度一侧)。

(4)当出现云系依次为 Ci→Cs→As→Ns→St→Cb 时,船舶通过气旋中心低纬度一侧。

(四)锋面气旋中的波浪分布

对西北太平洋上冬季锋面气旋进行研究的资料表明,气旋中的大风和波浪分布不对称,气旋南侧的强风、大浪大于北侧,最大的强风中心和大浪中心出现在气旋中心西南偏南方向上。图 7-4 给出锋面气旋中风、浪不对称分布的特征。图中同心圆表示与低压中心的距离分别为 60 n mile、300 n mile 和 600 n mile,低压中心南侧的强风、大浪比北侧显著,而且不对称性在冬季表现特别强;在锋面气旋中心西南侧相当远处仍有强风和大浪,特别是波高 7 m 的大浪中心区域出现在低压中心 SSW 300~600 n mile 处。因此,船舶航行应尽量避开这一区域。

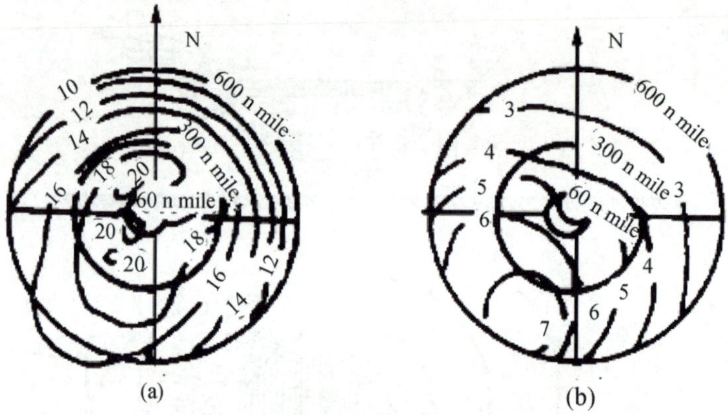

图 7-4　锋面气旋的风、浪分布

(五)锋面气旋的移向和移速

(1)移向:锋面气旋形成后,其移动方向主要受西风带基本气流引导,总趋势都是自西向东移动。如东亚气旋移动路径主要有三种情况:一是自西向东;二是自西南向东北;三是先自西北向东南,然后折向东北。东亚气旋若在移动中不消失,最终都将进入阿留申群岛附近海域锢囚消失。

(2)移速:锋面气旋平均移速为 30~40 km/h,慢的只有 15 km/h,快的可达 100 km/h。通常气旋在初生和发展阶段移动快,在锢囚阶段和消亡阶段移动慢;气旋强度减弱时移动快,加强时移动慢;春季移动最快,夏季最慢。锋面呈南北向时的气旋移动快,锋面呈东西向时的气旋移动慢。

二、爆发性气旋天气特征

(一)爆发性气旋概述

在北太平洋和北大西洋的中高纬度海域,常会出现一种迅速发展加深的温带气旋。当气旋发展速度达到 $(\Delta P\times\sin 60°)/(24\ \text{h}\times\sin\varphi)\geq 1$($\varphi$:气旋中心所在纬度;$\Delta P$:气旋中心气压 24 h 降压幅度,单位为 hPa)时,称为爆发性气旋,也称“气象炸弹”。为了方便船舶实际应用,所采用的定义法为:气旋中心不论在哪一纬度上,其中心气压的加深率只要达到每 24 h 降低 24 hPa 或每 12 h 降低 12 hPa,就定义为爆发性气旋。

这种气旋是冬半年中高纬度洋面强烈发展的温带气旋,平均风速在 20 m/s 以上,有的达到 40~60 m/s。气旋爆发前的中心气压一般比较高,往往被认为是弱气旋而忽视,而经 12 h 或 24 h 强烈爆发后,伴随产生的狂风恶浪常常使远洋船舶猝不及防,航行安全受到威胁。

(二)爆发性气旋的天气特征

(1)爆发性气旋主要出现在冬半年(11 月—次年 3 月),约占全年总数的 90%,其中冬季(12 月至次年 2 月)频率最高,夏季十分罕见。约有 1/3 的北太平洋的温带气旋要经历爆发性发展。

(2)爆发性气旋集中发生区域在北太平洋和北大西洋的西部洋面。其中,北太平洋爆发性气旋主要发生在日本以东、阿留申群岛以南、160°W 以西、35°N 以北的洋面。最大密集区位于日本北海道至千岛群岛以东洋面,即 35°N~50°N、145°E~160°E 区域。日本海北部和阿拉斯加湾西南部有一个爆发次中心。

(3)北太平洋爆发性气旋经历生成、爆发、强盛和消亡四个阶段。大多数气旋在日本以东洋面生成,向东北方向移动并逐渐加强,到千岛群岛以东爆发性发展,而后东移到阿留申群岛周围的中太平洋,达到强盛阶段,中心气压一般在 970 hPa 及以下,以后开始减弱向东北方向移动,最终消亡在阿拉斯加地区。也有个别气旋移过阿留申群岛后再生,重新爆发性发展,威胁沿大圆航线跨洋航行船舶的安全。

(4)气旋爆发前,中心气压一般比较高(985~1 010 hPa),平均为 997 hPa,经 24 h 爆发性发展,气压下降到 980~950 hPa,平均为 970 hPa。

(5)气旋在爆发前,最大风力为 6~8 级,24 h 爆发后猛增至 9~11 级。个别强爆发性气旋风速可达 70~80 kn。爆发性气旋的大风分布范围广且不均匀。若以气旋中心为原点,按经纬线将其分为四个区域,即东北、西北、西南和东南,最大风速多出现在西南区,约占 55%,其次为东南区,约占 25%,西北区约占 12%,东北区约占 8%。

(6)冬季,东亚大陆的寒潮爆发所伴随的大尺度环流调整给西北太平洋地区爆发性气旋的发生、发展提供了必要的环境条件。大陆冷高压越强,维持时间越长,西北太平洋爆发性气旋的强度也越强,甚至连续几天爆发性发展。

因此,在冬半年(11 月—次年 3 月),在西北太平洋和北大西洋上航行的船舶,应不间断地接收气象传真图,密切关注爆发性气旋的发展演变,及时做好应对决策。

三、热带气旋天气特征

(一)热带气旋概述

热带气旋(Tropical Cyclone)是发生在热带洋面上的一种发展强烈的暖性气旋性涡旋,是对流层中最强大的风暴,被称为“风暴之王”。它像在流动江河中前进的涡旋一样,一边绕自己的中心急速旋转,一边随周围大气向前移动。在北半球热带气旋中的气流绕中心呈逆时针方向旋转,在南半球则绕中心呈顺时针方向旋转。热带气旋来临时,会带来狂风暴雨天气,海面产生巨浪和风暴潮,严重威胁海上船舶安全。因此,掌握热带气旋的发生、发展和活动规律极为重要。

1.热带气旋产生的大风

发展成熟的热带气旋,最大风速一般可达 30~60 m/s,少数可超过 100 m/s。热带气旋中心附近最大风速与中心气压有密切关系,一般来说气压越低,风速越大,但不是一一对应的关系。如 1979 年 10 月发生在太平洋西北部的台风"泰培"(Tip),中心气压值达到 870 hPa,风速 80 m/s;1959 年 14 号强台风"琼安"(Joan),中心气压值达到 885 hPa,最大风速达到 100 m/s。

2.热带气旋带来的降水

热带气旋常伴有惊人的降水,一次台风登陆,降雨中心一天之中可降下 100~300 mm 的大暴雨,甚至可达 500~800 mm 的特大暴雨,个别登陆台风造成的过程降水量超过 1 000 mm。如 1975 年 8 月 03 号"莲娜"(Nina)台风登陆后侵入我国河南境内,造成过程降水量达到 1 631 mm,日最大降水量达到 1 005.4 mm,1 h 最大降水量达 235 mm,创造多项纪录,属于特大暴雨。台风暴雨造成的洪涝灾害,是最具危险性的灾害。台风暴雨强度大,洪水出现频率高,波及范围广,来势凶猛,破坏性极大。

3.热带气旋引起的海浪

热带气旋中心的极低气压和云墙区的强风,使海面产生巨大的风浪和涌浪。在热带气旋大风区中,海浪都在 5 m 以上,强热带气旋可达 10 m 以上。狂涛巨浪会使船体结构变形,严重时造成船体断裂,导致重大海难。

4.热带气旋造成的风暴潮

热带气旋在沿海登陆时,由于台风的强风和低气压的作用,使海水向海岸方向强力堆积,潮位猛涨,水浪排山倒海般向海岸压去,常造成风暴潮。强台风的风暴潮能使沿海水位上升 5~6 m。风暴潮与天文大潮高潮位相遇,产生高频率的潮位,导致潮水漫溢、海堤溃决,冲毁房屋和各类建筑设施,淹没城镇和农田,造成大量人员伤亡和财产损失。如 1970 年 11 月一个热带气旋在天文大潮时在孟加拉湾登陆,暴潮高达 3~9 m,巨浪高达 20 m,直冲沿海地区,一些岛屿被淹没,死亡人数达 30 万。

(二)热带气旋的分级和警报

1.热带气旋的等级标准

国际上根据热带气旋中心附近最大平均风速对其进行分级,1989 年世界气象组织规定,按照热带气旋中心附近平均最大风力的大小,把热带气旋划分成热带低压、热带风暴、强热带风暴和台风或飓风 4 类。

(1)热带低压 TD(Tropical Depression):风速 22~33 kn(风力 6~7 级);

(2)热带风暴 TS(Tropical Storm):风速 34~47 kn(风力 8~9 级);

(3)强热带风暴 STS(Severe Tropical Storm):风速 48~63 kn(风力 10~11 级);

(4)台风 T(Typhoon)或飓风 H(Hurricane):风速≥64 kn(风力≥12 级)。

需要注意,各国家、地区和组织对于热带气旋分类等级标准有所不同。表 7-2 列出了主要国家气象机构的热带气旋分类的等级标准。

表 7-2　主要国家气象机构的热带气旋分类的等级标准

主要国家气象机构	热带气旋等级名称	中心附近最大风速	风力
中国国家气象中心(NMC)	热带低压(Tropical Depression)	10.8～17.1 m/s	6～7 级
	热带风暴(Tropical Storm)	17.2～24.4 m/s	8～9 级
	强热带风暴(Severe Tropical Storm)	24.4～32.6 m/s	10～11 级
	台风(Typhoon)	32.7～41.4 m/s	12～13 级
	强台风(Severe Typhoon)	41.4～50.9 m/s	14～15 级
	超强台风(Super Typhoon)	≥51.0 m/s	16 级或以上
日本气象厅(JMA)	热带低压(Tropical Depression)	22～33 kn	6～7 级
	热带风暴(Tropical Storm)	34～47 kn	8～9 级
	强热带风暴(Severe Tropical Storm)	48～63 kn	10～11 级
	台风(Typhoon,"强")	64～80 kn	12～13 级
	台风("非常强")	81～102 kn	14～15 级
	台风("猛烈")	103 kn 以上	16 级或以上
美国国家大气与海洋管理局(NOAA)	热带低压(TD)	≤33 kn	6～7 级
	热带风暴(TS)	34～63 kn	8～11 级
	一级飓风(CATEGORY 1,简称 CAT.1)	64～82 kn	12～13 级
	二级飓风(CAT.2)	83～95 kn	14～15 级
	三级飓风(CAT.3)	96～113 kn	16～17 级
	四级飓风(CAT.4)	114～135 kn	
	五级飓风(CAT.5)	>135 kn	

注意,不同地区对风力≥12 级热带气旋的称呼:在西北太平洋称为台风(Typhoon);菲律宾群岛称为巴加峨斯(Baguious);北大西洋、加勒比海、墨西哥湾、墨西哥西岸、西印度群岛、北太平洋东部、南太平洋 140°W 以西等区域称为飓风(Hurricane);澳大利亚西北海岸称为威力威力(Willy-willy);阿拉伯海、孟加拉湾、南印度洋称为气旋(Cyclone);马达加斯加岛东部称为

毛里求斯(Mauritius)。

2.热带气旋的警报

根据热带气旋未来影响到预报责任区的时间,按其等级(如热带风暴、强热带风暴、台风等)发布消息、警报和紧急警报。远离或尚未影响到预报责任区时,根据需要可以发布“消息”,报道已编号热带气旋的情况,警报解除时也可用“消息”方式发布;预计未来 48 h 内将影响本责任区的沿海地区或登临时发布“警报”;预计未来 24 h 内将影响本责任区的沿海地区或登临时发布“紧急警报”。

台风预警信号分为 4 级,分别以蓝色、黄色、橙色、红色表示。

台风蓝色预警信号表示 24 h 内可能或者已经受热带气旋影响,沿海或者陆地平均风力达 6 级以上,或者阵风 8 级以上并可能持续。

台风黄色预警信号表示 24 h 内可能或者已经受热带气旋影响,沿海或者陆地平均风力达 8 级以上,或者阵风 10 级以上并可能持续。

台风橙色预警信号表示 12 h 内可能或者已经受热带气旋影响,沿海或者陆地平均风力达 10 级以上,或者阵风 12 级以上并可能持续。

台风红色预警信号表示 6 h 内可能或者已经受热带气旋影响,沿海或者陆地平均风力达 12 级以上,或者阵风 14 级以上并可能持续。

(三)热带气旋的天气结构

发展成熟的热带气旋多呈圆形对称分布,圆形涡旋的直径一般为 600~800 km,个别可达 1 000 km 以上。热带气旋垂直伸展一般到对流层上部,个别可达到平流层下部(15~20 km)。热带气旋的垂直尺度与水平尺度的比值约为 1∶50。由此可知,热带气旋是一个扁圆形的气旋性涡旋。

1.气压场

强烈发展的热带气旋海平面中心气压一般都可达到 950 hPa 以下。在地面天气图上,热带气旋区域内等压线非常密集,从外围至中心,气压急剧降低,中心附近呈漏斗状陡降和陡升,这是热带气旋的一个显著特征。

2.风场

热带气旋的地面流场,按风速大小通常可分为外围区、涡旋区和眼区 3 个区域。

(1)外围区,又称大风区,自台风边缘到涡旋区外缘,半径在 200~300 km。其主要特点是风速向中心急增,风力可达 6 级以上。

(2)涡旋区,从大风区边缘到台风眼壁,平均宽 10~100 km。风的径向分布特征是越往中心风力越大,在近中心附近为围绕台风眼的最大风速区,其宽度与围绕眼区的云墙区重合。涡旋区是台风中对流和风、雨最强烈的区域,破坏力最大。

(3)眼区,又称台风眼,半径 5~30 km。风速迅速减小到 3~4 级,有时几乎是静风。

3.眼区和云墙区特征

发展到热带风暴等级以上强度的热带气旋,在深厚云区的中间,往往存在一个直径为几十千米,近似圆形的晴空少云区,称为眼区。在卫星云图上,眼区表现为密蔽云区中心附近的一个黑点。眼区外围的一圈环状的云区称为云墙或眼壁。

眼区通常呈圆形,也有椭圆形或不规则的形状。在热带气旋的发展初期,眼区形状一般不规则，范围也较大；而热带气旋强烈发展时，眼区范围缩小呈圆形，并呈轴对称分布。

眼区基本上是晴空少云区，只在低层有少量层积云。眼区中心的气压最低，风速也很小，为微风或静风。而眼壁附近，风速急剧增大，达到极大值。

（四）热带气旋的天气模式

热带气旋所伴随的天气主要有大风、暴雨、巨浪及在海湾引起的风暴潮，它们往往造成巨大的灾害。气象要素多呈圆形对称分布，大体分为外围区、涡旋区、眼区 3 个区域。热带气旋结构垂直剖面示意图如图 7-5 所示。

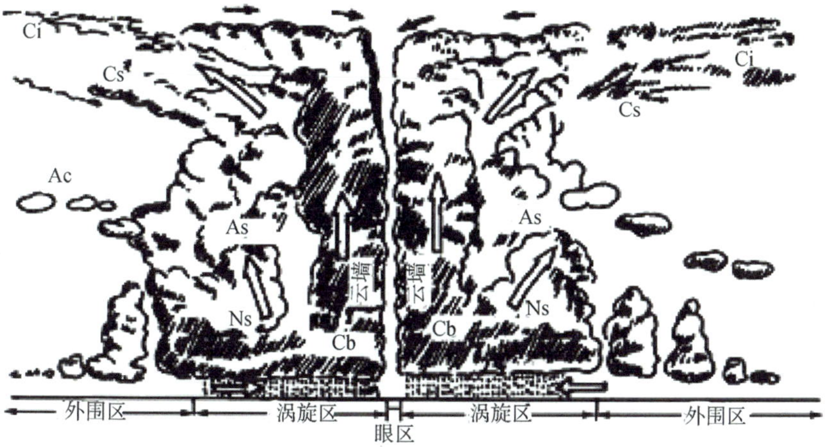

图 7-5　热带气旋结构垂直剖面示意图

表 7-3 为热带气旋的一般天气模式。

表 7-3　热带气旋的一般天气模式

气象水文要素	外围区	涡旋区	眼区
气温	向中心逐渐升高，呈闷热	向中心迅速升高	达到最高，形成暖中心
气压	向中心逐渐下降	呈漏斗状急速下降，梯度大，等压线特别密集	降至最低
风速	向中心逐渐增大	达到最大，在眼壁附近，强台风最大风速可达 60~70 m/s 及以上	突降至 4 级以下
云系	以 Sc、Cu、Fn 等中低云为主的螺旋云带	Cb 和 Ns 组成庞大的云墙	晴天少云，偶有 Ac
降水	阵性，强度向中心增大	雷鸣电闪，暴雨倾盆，日降水量可达 100~200 mm，严重可达 1 000 mm	突然停止
能见度	向中心逐渐变差	极度恶劣，昏天黑地	仍然很差
海况	自中心传出涌浪，向中心逐渐增大	恶浪滔天，浪柱高达十几米，引起沿海风暴潮，最大风浪在右后	三角浪或金字塔式浪，十分恶劣

（五）热带气旋与温带气旋的比较

热带气旋和温带气旋的流场特征均为低层北半球逆时针（南半球顺时针）旋转向中心辐合，高层北半球顺时针（南半球逆时针）旋转向四周辐散，伴有上升运动。热带气旋与温带气旋的不同之处可以归纳为表7-4所列的几个主要方面。

表7-4 热带气旋与温带气旋的比较

	热带气旋	温带气旋
发生源地	热带高温高湿的低纬度洋面上	中高纬度大陆和海洋上
移动路径	在热带洋面上一般自东向西偏向高纬度移动,或转向后进入西风带,且偏向高纬移动,多为直线型和抛物线型一般自西向东移动	
结构	在一个气团内部形成,不存在锋面。在发展强烈的热带气旋中心,有一个直径10~60 km的眼区,风力很小,天气晴朗少云,眼区外部属于狂风暴雨、巨浪暴潮、电闪雷鸣的涡旋区	由2~3个气团组成,有锋面,很少有眼区,阴雨天气不对称出现在中心及锋面附近
影响范围	范围小,一般为几百千米	范围大,一般在1 000 km或更大
气压场和风场	外围气压变化平缓,在涡旋区呈漏斗状降低,眼区达到最低值。环绕眼区存在一个能量(动能)高度集中的特大风区,最大风速大于温带气旋,但8级以上大风范围远小于温带气旋	从外围到中心呈线性缓慢降低
温压场	基本对称分布,典型的暖性低气压,属于特殊的深厚系统	基本不对称,随着发展演变最终变为冷性低涡
能量源泉	主要来自潜热能的释放	主要来自位能的释放
降水量	十分惊人,过程降水量总在几百毫米,甚至上千毫米	完全不可与之相比
避离方法	一定要避离或绕航,与气旋中心保持一定距离,绝对不能穿越中心航行	影响范围广大,跨洋航行时采用绕航方法不可取。因为最大风浪区位于中心的西南偏南部位,必要时完全可以穿越其中心区域

图7-6是热带气旋与温带气旋气压场和风场的比较。图中取13个中心气压接近950 hPa的冬季太平洋强温带气旋及25个太平洋热带气旋的平均值,得出的风速分布曲线和气压分布曲线。

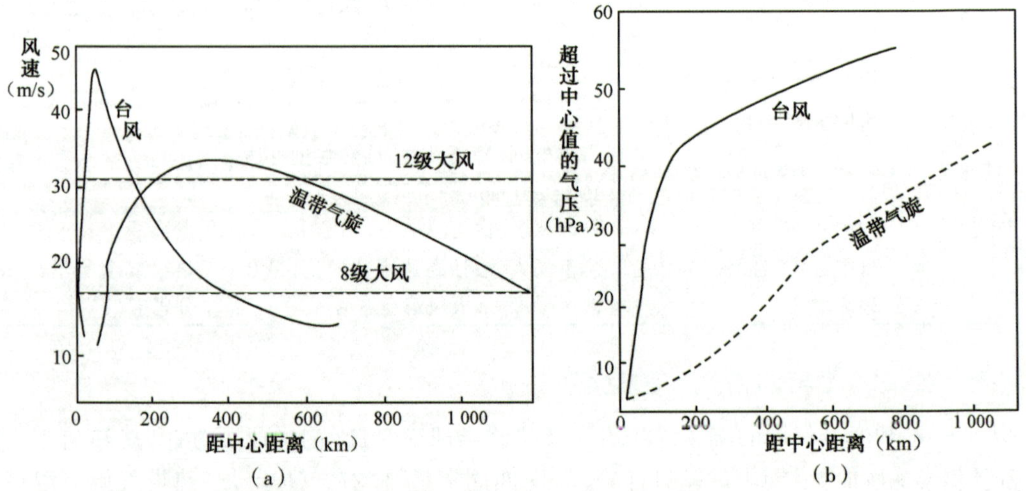

图7-6 热带气旋与温带气旋气压场和风场的比较

四、冷高压天气特征

(一)冷高压概述

冷高压(Cold High)形成于寒冷的中高纬度地区,一年四季均有活动,冬季最频繁。冷高压势力强大,影响范围广阔,往往给活动地区造成降温、大风和降水天气,是冬季影响中高纬广大地区最重要的天气系统之一。冷高压出现在中高纬度对流层下层,由冷空气聚集形成,随高度上升强度减弱,平均厚度不到5 km,因而属于冷性浅薄天气系统。图7-7所示为北半球冷高压天气模式。冷高压的影响范围一般比锋面气旋大得多,最大的冷高压影响范围可与最大的大陆或海洋相比。

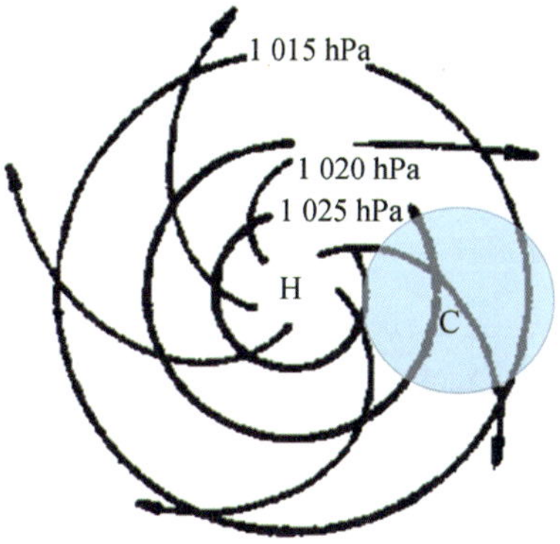

图7-7　北半球冷高压天气模式

冷高压在其发展、增强时期常常静止少动,但当高空形势发生改变时,就会受高空气流引导而移动。当其南移时,就会造成一次冷空气袭击。如果冷空气十分强大,如同寒冷潮流滚滚而来,给流经地区带来剧烈的降温、霜冻、大风等灾害性天气,这种大范围的强烈冷空气活动,称为寒潮。冬季一次强冷高压活动过程,平均为7天左右,我国东南沿海民间对此就有"三寒四暖"的说法。

(二)冷高压天气特征

根据冷高压控制地区的不同天气特征,通常可将冷高压分为前部、内部和后部3个天气区,各天气区的天气特征为:

1.冷高压前部(东部区域)

冷高压侵入时,它所造成的恶劣天气主要出现在冷高压前部的冷锋附近及锋后。在这里等压线较密集,水平气压梯度大,冷平流较强。其主要天气特征是气温明显下降,北半球吹偏北风(南半球吹偏南风),并常伴有雨雪。降温幅度和风力大小则由冷空气强度、路径及季节的不同而有差异。冬半年,寒潮或强冷空气带来的天气最为剧烈。船舶在中高纬度海上航行时,在冷高压前部除可能遭遇强风大浪外,由于气温剧降,还容易引起船体积冰等危害。

2.冷高压内部(中心区域)

进入冷高压中心区域,等压线变稀疏,风速明显减小。由于气团干冷,盛行下沉气流,天气以晴朗、低温、微风、少云为主。在内陆、港口附近和沿海容易出现辐射雾、烟、霾等天气现象。冬季可能有层云、层积云出现，夏季可能有淡积云出现。高压中部天气一般可以维持2~3天，以后随着气团的变性增暖，气温略有回升。

3.冷高压后部(西部区域)

冷高压后部，北半球伴随偏南气流（南半球伴随偏北气流），气温回升，湿度增大，出现类似暖气团的天气。春季，当亚洲冷高压中心入海后，我国沿海地区处在变性冷高压后部，常出现平流雾、毛毛雨或层云。

当一个规模较小的反气旋位于2个气旋之间时，其天气特征是：前部具有冷锋后部的天气特征，后部具有暖锋前部的天气特征。

冷高压的天气特征可归纳总结为表7-5所示。

表7-5　冷高压的天气特征

天气区	气压场	风场	云	气温	天气现象
前部	刚刚侵入，实质为冷锋附近及锋后。气压梯度大，冷平流强	北半球吹偏北风，南半球吹偏南风。风速通常较大	冷锋后的层状云系	明显下降	常伴有雨雪
中部	等压线稀疏	风速明显减小，微风	晴朗、少云	低温	内陆、港口、沿海易出现辐射雾、烟、霾
后部	气压梯度较小	南~南西风（北半球），风速较大，尤其春季易出现西南大风	近似暖气团中层状云系	气温回升	沿海出现平流雾、毛毛雨

五、副热带高压天气特征

（一）副热带高压概述

在南、北半球副热带地区，经常维持着沿纬线圈分布的稳定而深厚的暖性高压带，称副热带高压带（Subtropical High），简称副高。在北半球，由于海陆分布的影响，副高不是沿纬圈连续均匀分布的，而是断裂成若干个具有闭合中心的高压单体，分布在北太平洋西部、北太平洋东部、北大西洋中部、北大西洋西部和北非等地。在南半球，海陆分布相对均匀，副高仍然保持带状的结构。此外，夏季大陆高原上空出现的青藏高压和墨西哥高压，也属副高。这些高压并不是同时都很明显，而是有强有弱、有分有合。副高占据广大空间，稳定少动，成为副热带地区最重要的大型天气系统。

副高是控制热带、副热带地区的大尺度的、永久性的大气活动中心。它的维持和活动对低纬度地区与中高纬度地区之间的水汽、热量、能量、动量的输送和平衡起着重要的作用，对低纬度环流和天气变化具有重大影响。

(二)西太平洋副热带高压天气特征

出现在西太平洋上的副热带高压称为西太平洋高压(简称西太副高)。西太副高与西太平洋及东亚地区的天气密切相关,具有明显的带有规律性的季节性天气特征,并且副高不同部位的天气特征也不相同。图 7-8 为西太副高天气分布特征示意图。

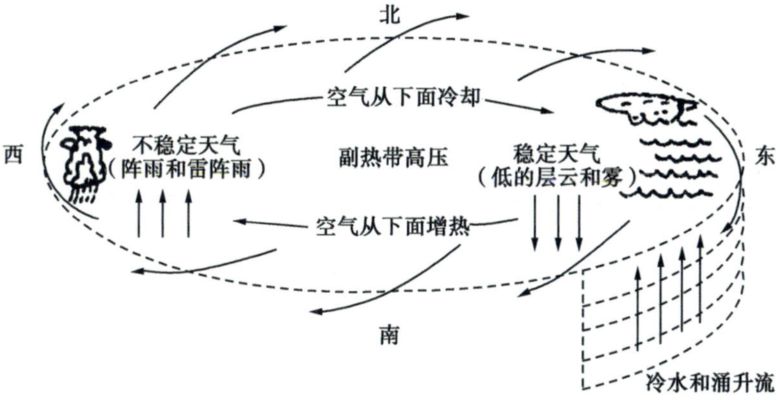

图 7-8　西太副高天气分布特征

西太副高各部位的天气特征可归纳总结为表 7-6。

表 7-6　西太副高各部位的天气特征

部位	天气特征
内部	一般辐散气流占优势,为下沉气流区,特别是副高广大中心区域和脊线附近盛行下沉气流,经常是万里无云。由于水平气压梯度小,风力微弱,天气温暖。其西伸脊控制大陆时则十分炎热
东部	为偏北冷气流,因为大洋东部存在着冷的涌升流,所以下层数百米高度内成为相对的冷空气层,大气层结稳定,大洋上有时会出现低的层云或雾。长期受其控制的一些陆地,因久旱无雨而变成沙漠
西部	偏南暖湿气流,而且位于暖流上空,大气层结不稳定,多雷阵雨和大风
北部(高纬一侧)	与盛行西风带交界,多锋面和气旋活动,上升运动强,多阴雨和风暴天气
南部(低纬一侧)	信风气流,通常风向稳定,风力不大,低层潮湿、闷热,天气晴好。但当有热带气旋、东风波等热带天气系统活动时,也可能产生大范围暴雨和中小尺度雷阵雨及大风天气

第八章

航线天气海况预报

第一节　天气海况预报内容

航线(海区)天气海况预报就是应用大气变化的规律,根据当前及近期的天气形势,对未来一定时期内的天气和海洋状况进行预测。天气海况预报包括天气形势预报和气象水文要素预报两部分,前者是对天气系统(高压、低压、槽脊、锋面等)的移动、强度变化和生成、消亡的预报;后者是对气温、气压、湿度、能见度、风、云、降水、海浪、海温、海冰等气象水文要素的预报。两者密切相关,准确判定天气形势是预报天气和海况的基本前提和依据。

预报时效包括短时预报、短期预报、中期预报和长期预报。通常称时效在几个小时内的预报为短时预报,时效为 1~3 天的预报为短期预报,时效为 3~10 天的预报为中期预报,时效为 10 天以上的月、季、年预报为长期预报,时效为 1 年以上的预报称为超长期预报。

第二节　天气海况预报方法

一、航线(海区)天气海况预报的着眼点

1.了解预报区域的海况、气候条件和环流特点

掌握航区海流性质、流向、流速和分布特点;熟悉航区气候和季节环流特点,如风、浪、浓雾以及对船舶有较大影响的天气系统的时空分布等。

2.确定预报区域的天气系统

通过分析最新获取的气象传真图等气象水文信息,结合对当前航区天气海况的判断,确定

当前和未来影响船舶航区的天气系统。需要注意的是，有时候会出现多个天气系统同时影响航区的情况，应准确判定影响航区的主要天气系统。

3.对天气形势的演变过程和天气变化做连续分析

任何天气系统的发展变化都有一个演变过程，应通过分析过去几天的天气图、天气实况等信息，追踪天气系统的移动和强度变化过程，从而对天气系统未来的发展趋势作出准确的判断。

二、航线（海区）天气海况预报方法

1.接收气象传真图

在航海中，船舶主要接收地面分析图、地面预报图、海浪分析图、海浪预报图等气象传真图资料。接收预报图时应根据航行任务的实际需求接收不同预报时效的气象传真图。另外，根据实际出现的天气形势和预报需求，还应增加接收热带气旋警报图、海温图、海冰图等信息。

2.确定和分析当前影响航线（海区）的天气系统

确定和分析当前影响航区（海区）的天气系统时，应准确抓住造成影响的主要天气系统，并准确判断出船舶当前处在该天气系统的哪个部位。在天气图上确定天气系统的部位时，习惯上对应天气系统的移动方向，把天气系统周围的不同部位分为前部、后部、顶部、底部。在北半球，对应的大致方向即东部、西部、北部、南部。天气系统的不同部位表现出不同的天气特征。

确定和分析未来影响航区的天气系统时，应准确判断周围天气系统的未来发展趋势，尤其是天气系统的移向、移速等要素。一般来说，天气系统是在大气环流的引导下运动的，所以在不同的纬度地区受不同的大气环流影响也有不同的运动方向。当船舶在中高纬度的西风带海域航行时，天气系统总是大致自西向东移动和发展演变的，因此，未来影响的天气系统将是在航区附近及其以西（即上游天气区）区域活动的天气系统，如温带气旋（锋面气旋）、冷高压等活跃在中高纬度的系统；当船舶在低纬度东风带（信风带）海域航行时，天气系统总是大致自东向西移动和发展演变，因此，未来影响的天气系统将是在航区附近及其以东（即上游天气区）区域活动的天气系统，如热带气旋等活跃在低纬度和热带地区的天气系统。

3.作出天气系统移动轨迹曲线

在天气图上，以最新分析图时间为现在时刻，以历史分析图资料为过去时刻（取前 6 h 或 12 h 时资料，不宜太早），以不同预报时效的预报图为未来时刻（24 h、36 h、48 h 等），分别标绘出过去、现在和未来影响船舶的天气系统的位置和强度，作出天气系统的移动轨迹曲线。

4. 作出船舶航行轨迹曲线

在天气图上，分别标绘出船舶的当前船位以及按照计划航线的未来 24 h、36 h、48 h 船位，在当前船位点上按照单站填图模式填绘当前时刻的观测数据。

5.对比分析天气系统移动轨迹曲线和船舶航行轨迹曲线

将系统移动轨迹曲线与船舶航行轨迹曲线做对比分析，确定航区未来各时刻的天气系统形势，作出天气和海况预报。

第三节　应用气象导航信息设计和修正航线

一、气象导航概述

气象导航是为使船舶达到安全、省时、经济的航行目的，根据较准确的短中期及有效的长期天气和海洋预报，结合船舶性能、装载特点、技术条件、航行任务等因素，为远洋航行船舶选择和设计适应天气的最佳航线。

船舶气象导航又称船舶气象定线，目前大多由专业气象导航公司提供服务，全航程指导船舶确保完成安全、经济的航行。船舶在航行途中，船舶管理人员应熟练掌握船舶自行气象导航技术，根据当前天气和海况的变化及实际形势，及时、正确地设计和修正本船的最佳气象航线。

船舶气象导航将气象学、海洋学、航海学和计算机应用等学科有机地结合起来，从而使船舶在海上的航行能够达到最佳效果。

二、影响船舶运动的气象海洋环境因素

在船舶气象导航中欲设计和选择出最佳航线，首先要分析影响船舶运动和航线选择的客观因素，这些因素主要包括气象海洋环境因素和船舶自身的约束条件。其中影响船舶运动的气象海洋环境因素主要有风、海浪、洋流、雾、海冰等。

1.风的影响

在海上，风是影响船舶航行最重要的气象要素之一。风不仅直接影响船舶运动，风的作用还会通过海浪和海流间接表现出来。

风对船舶的影响，一方面使船舶向下风漂移，另一方面使船舶产生偏转。船舶因风压产生的横向漂移速度与风速、风舷角、船速、船舶水上受风面积和船舶形状等因素有关。

风对船速的影响，一般情况下，顶风减速，顺风增速。当风速小于 20 kn 时，顶风约减速 5%，顺风约增速 2%，其他舷角时介于两者之间。当风速较大时，风引起的中、大浪对船速影响很大，无论顺、逆风均使船速减小。当船速与风速相当时，既影响航速又影响航向，导致船舶发生偏荡运动。

2.海浪的影响

海浪是发生在海洋中的一种波动，是海水运动的主要形式之一，同时也是影响船舶运动的重要因素。船舶在海浪的作用下可以产生摇摆、偏荡、砰击、上浪和失速等现象。

当浪较小时，顶浪航行可使船速降低，顺浪航行可稍增加船速。当达到中大浪或以上时，无论顺浪或顶浪航行都会减小船速。狂浪不仅使船舶减速，还会使船舶产生纵摇、横摇和升降运动。

3.洋流的影响

洋流是海水具有稳定流向、流速的水平流动。它主要受大气环流的影响，同时还受海底地

貌、海陆岸形和岛屿等因素的影响。

洋流主要影响船舶的航速和航迹。顺流增加船速，逆流降低船速，横流主要影响航迹，其他舷角时既影响航迹又影响航速。气象导航中经常利用有利的顺流条件以达到增加船速的目的。

4.雾的影响

雾是影响海上能见度的主要因素之一。在雾中航行，稍有不慎，就会发生偏航、触礁、搁浅或碰撞等危险。

5.海冰的影响

结冰季节，船舶在积冰海域航行时，常常会受到海冰和冰山的影响，由于海冰在水下的体积远大于水面上的体积，因此对船舶航行的威胁很大，轻者会使船体受到损伤，严重时会造成船舶倾覆。

三、应用气象导航信息设计和修正航线

应用气象导航信息设计和修正航线是船舶自行气象导航的主要任务，一般应按以下步骤进行。

(1)及时获取气象导航信息。船舶可通过现场水文气象观测、利用船载气象传真接收机接收各种气象传真图和查阅水文气象资料等手段，不间断获取本船航行所需的各种气象导航信息。

(2)准确分析气象导航信息。根据各种气象导航信息，准确分析判断天气形势，对航区未来天气和海况作出准确预报。

(3)设计和修正航线。根据天气和海况的预报结果以及船舶计划航线，如果判断船舶未来会受到天气海况的严重影响甚至危及船舶安全，应及早作出调整航行方案的决定。此时，大多数气象导航公司也会给出航行建议，但如果气象导航公司没有及时预警或提出的航行方案不合理时，船长应主动联系和商讨，阐明当前的航行状况和自己的观点，共同制定出更合理、更安全的航行方案。同时，结合船舶自身情况，制定出适合本船的合理化航行调整方案，及时采取避风、改向、减速与滞航等措施。

第四节　天气海况预报应用实例

一、应用实例一

利用图 8-1～图 8-4，完成以下问题：

(1)分析 2025 年 3 月 9 日 12 时(协调世界时)，当前影响日本海的天气系统的性质、强度、未来移动路径，以及日本海的最大浪高。

(2)预报2025年3月10日12时(协调世界时)该天气系统的强度,以及日本海的最大浪高。

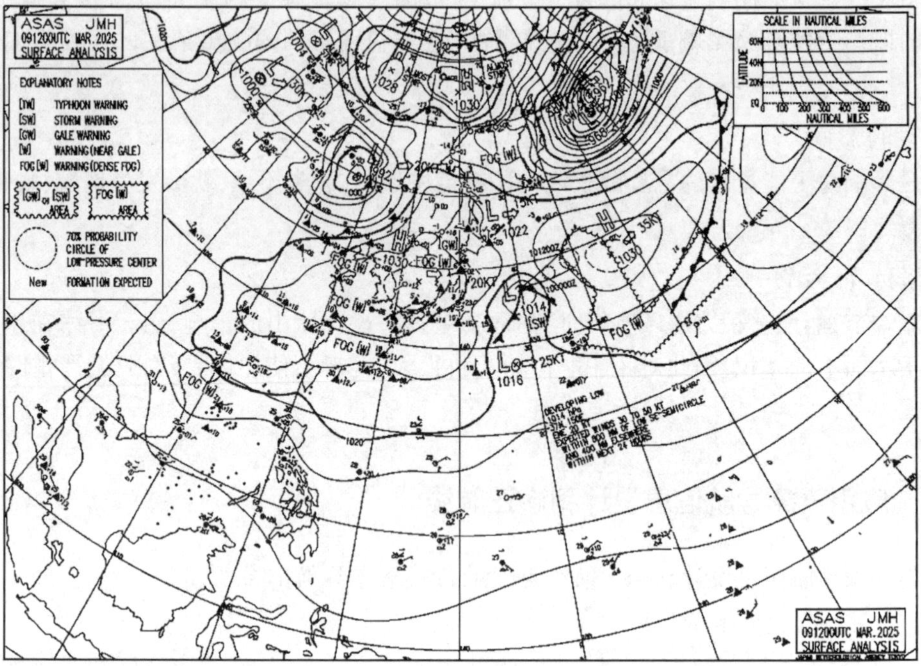

图8-1 例图一

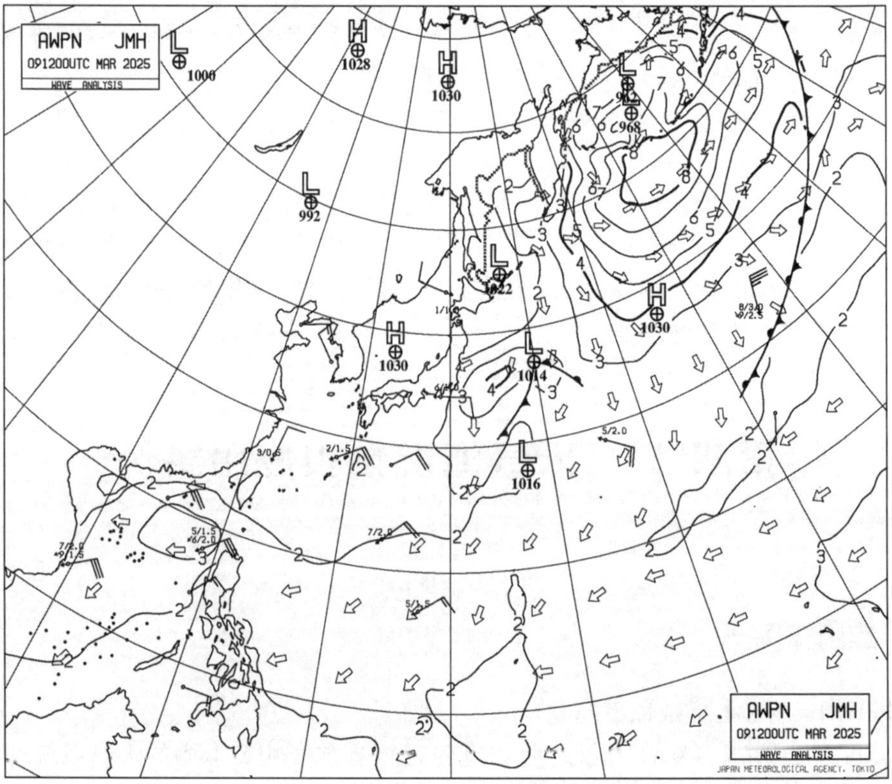

图8-2 例图二

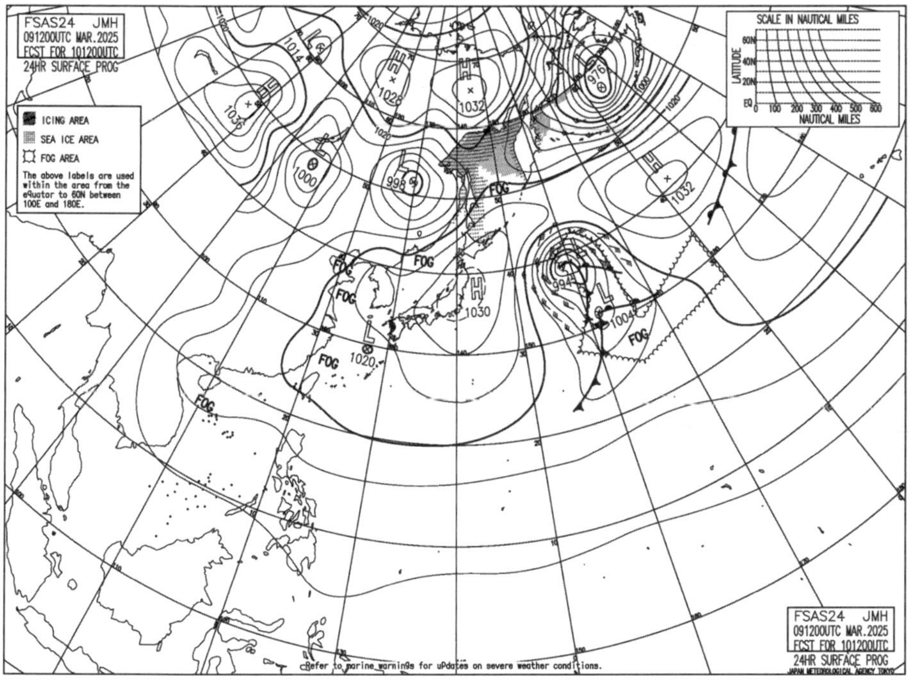

图 8-3　例图三

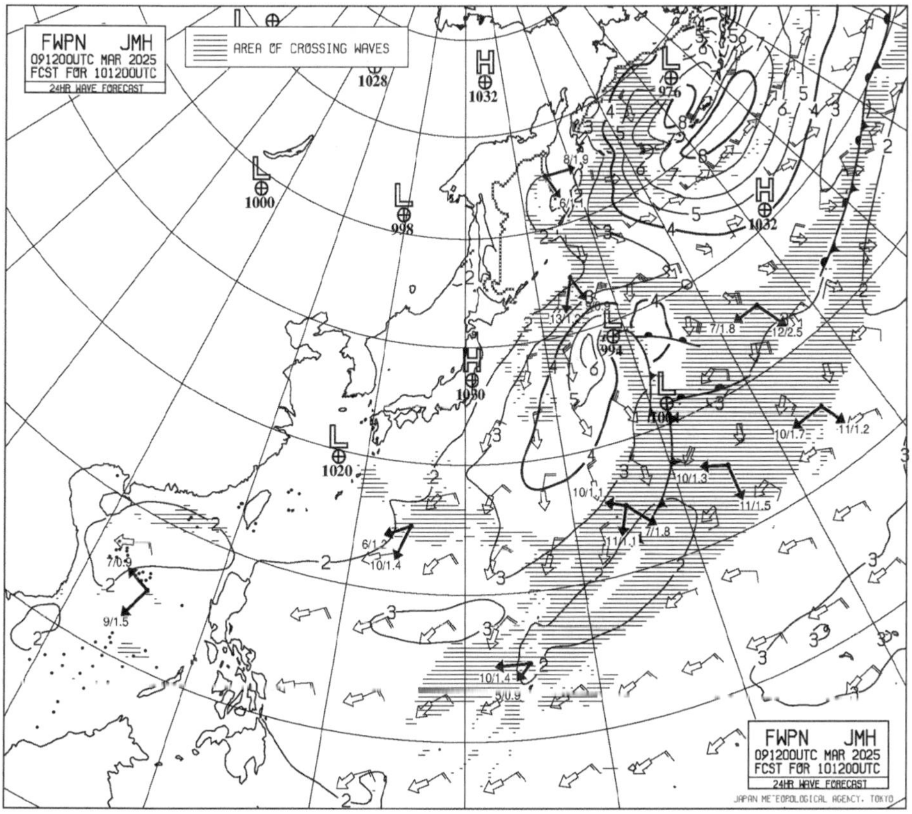

图 8-4　例图四

分析思路：

(1)2025 年 3 月 9 日 12 时(协调世界时)，影响日本海的天气系统属于冷高压，气压中心强度为 1 030 hPa，高压中心以 20 kn 速度向东移动，日本海的最大浪高小于 2 m。

(2)2025 年 3 月 10 日 12 时(协调世界时)，该高压中心强度为 1 030 hPa，日本海的最大浪高小于 2 m。

二、应用实例二

利用图 8-5~图 8-8，完成以下问题：

2025 年 3 月 15 日 00 时(协调世界时)，某船位于 43°N，176°E，航向西，航速 15 kn(不考虑失速)。

(1)分析 2025 年 3 月 15 日 00 时(协调世界时)，船舶当前所在位置的天气形势，以及风向、风力和浪高状况。

(2)预报未来 24 h 内，船舶航行途中将经过海域的天气形势如何演变，气压、风向如何变化。

(3)预报 2025 年 3 月 16 日 00 时(协调世界时)，船舶可能到达位置的主波向，浪高大约为多少。

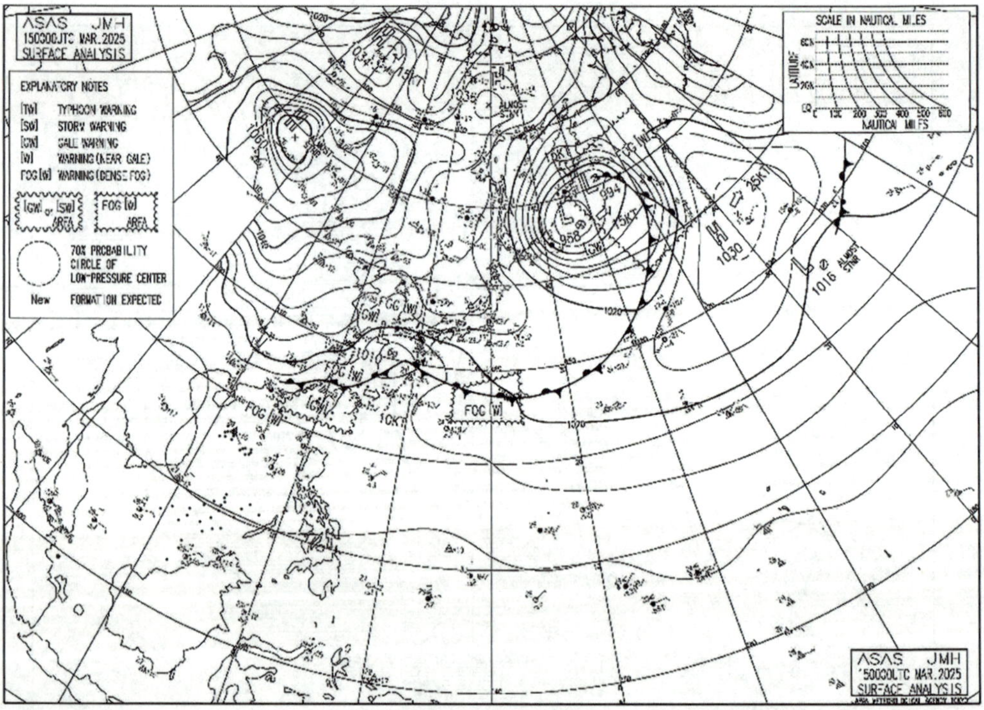

图 8-5　例图五

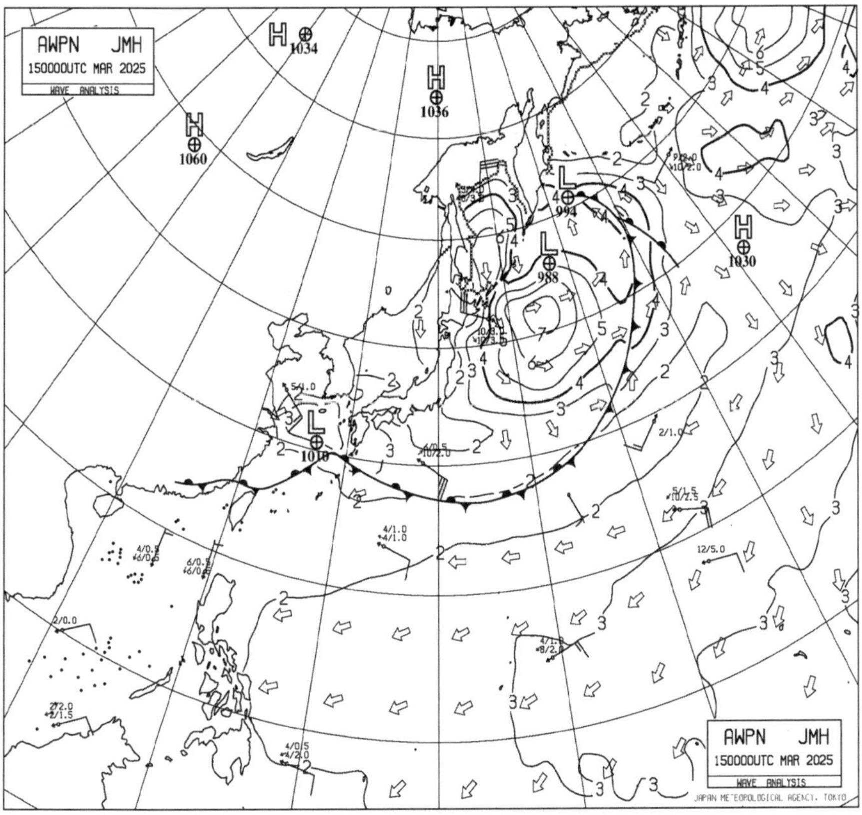

图 8-6　例图六

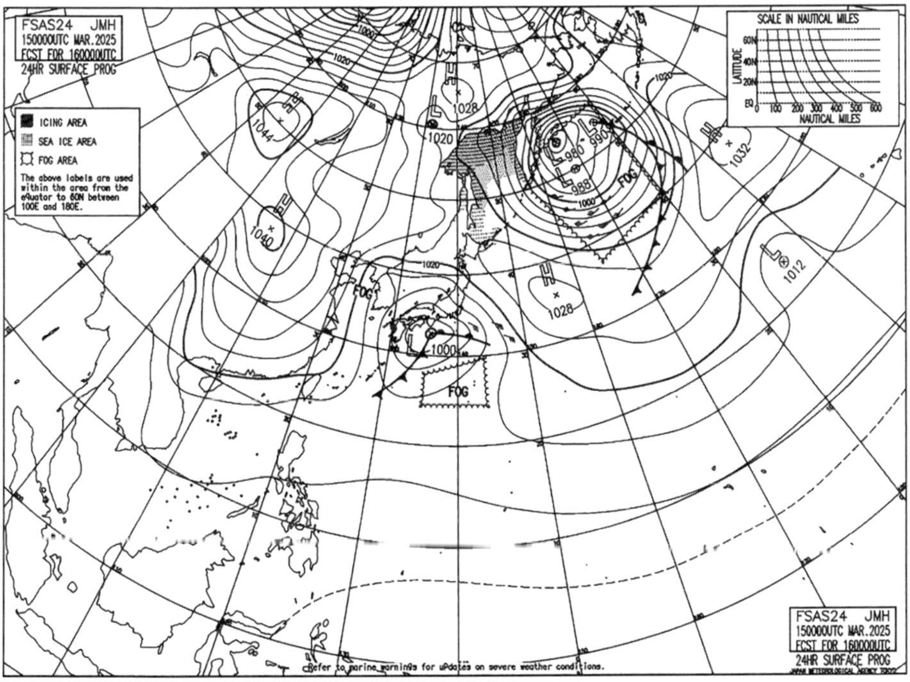

图 8-7　例图七

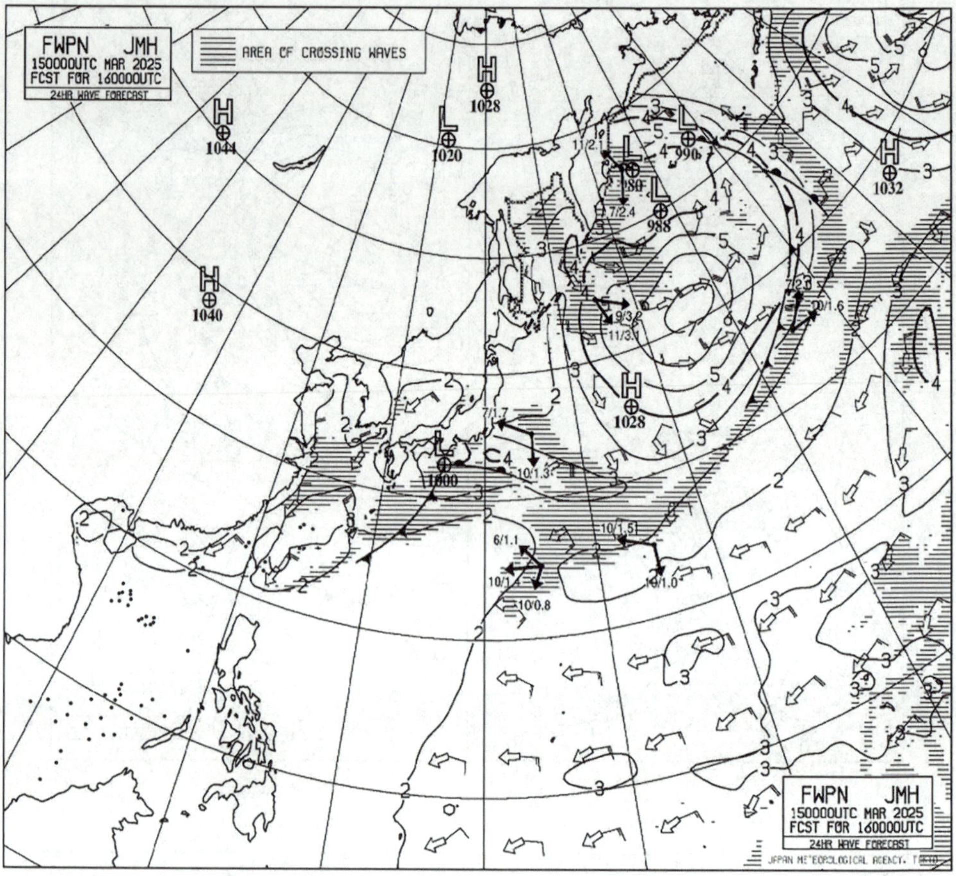

图 8-8 例图八

分析思路：

（1）2025 年 3 月 15 日 00 时（协调世界时），船舶当前处在温带气旋外围（温带气旋与高压之间），偏南风 7~8 级，浪高 2~3 m。

（2）未来 24 h 内，船舶将穿越锋面气旋，气压降低，风向顺时针变化，由偏南风变为偏西风。

（3）2025 年 3 月 16 日 00 时（协调世界时），船舶可能到达位置的主波向为西，浪高为 6~7 m。

三、应用实例三

利用图 8-9~图 8-12，完成以下问题：

2025 年 1 月 23 日 12 时（协调世界时），某船位于 46°N，10°W，向西航行，航速 15 kn（不考虑失速），看图分析：

（1）当前船舶重点应关注哪个天气系统，未来该天气系统的强度、移动速度和方向、风力将如何发展。

（2）如果船舶按当前计划航行，航行中未来 24 h 天气和海况将如何变化（包括气压、风向、风速、浪高等）。

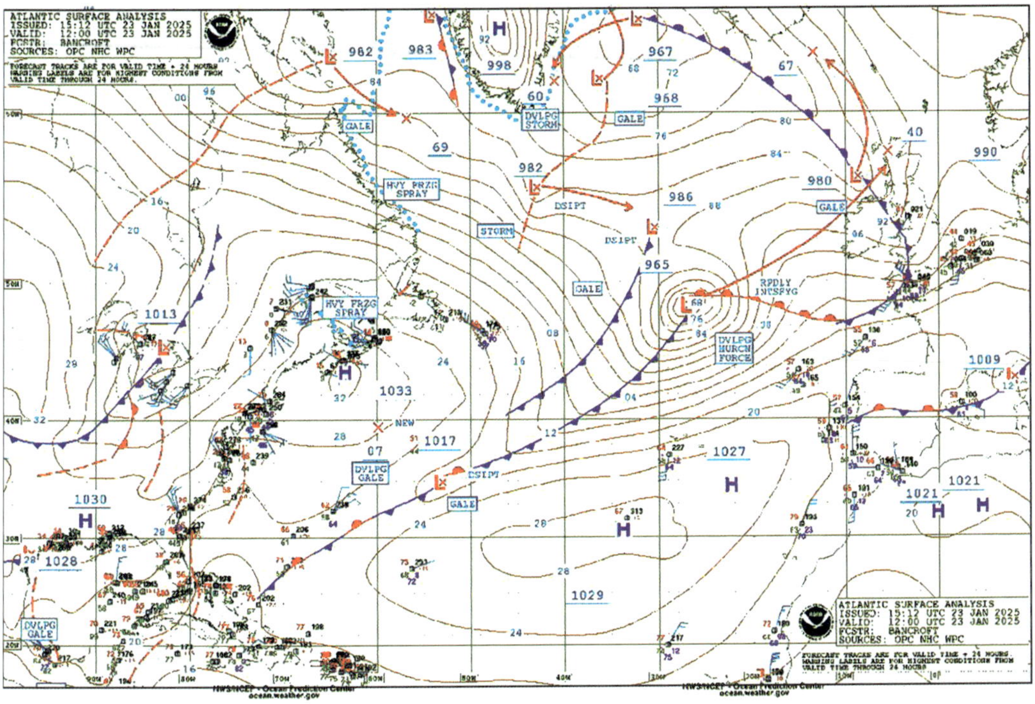

图 8-9　例图九

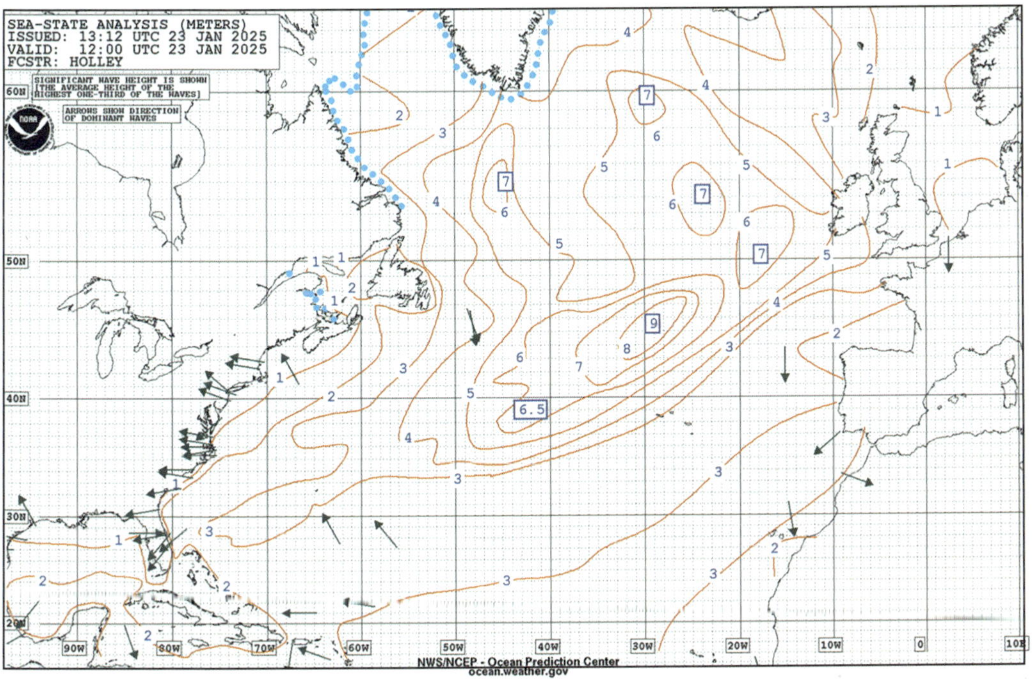

图 8-10　例图十

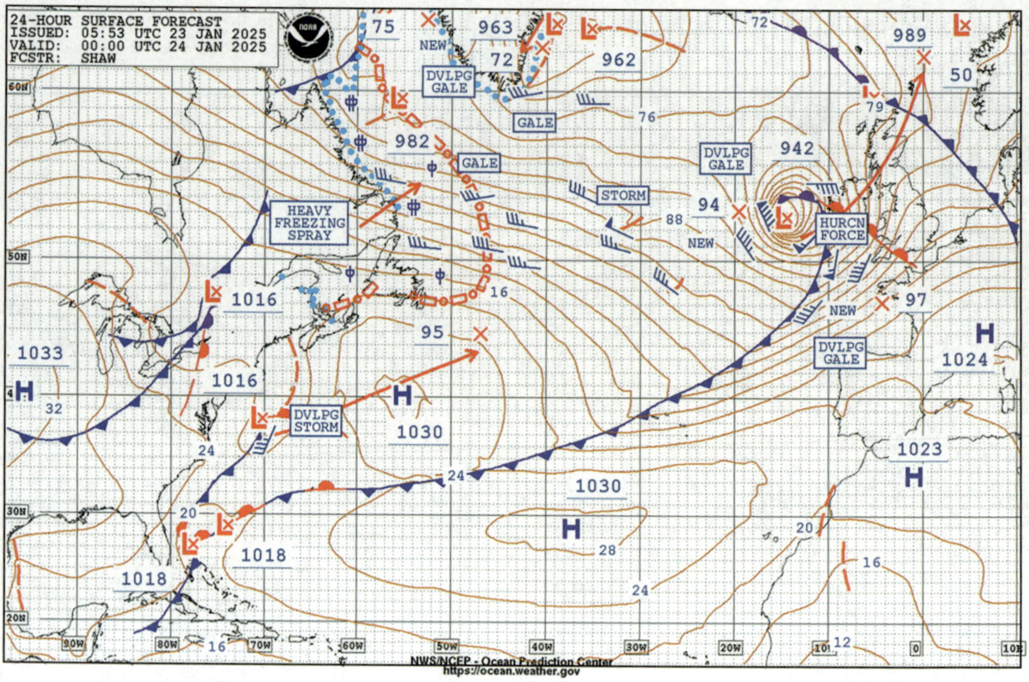

图 8-11　例图十一

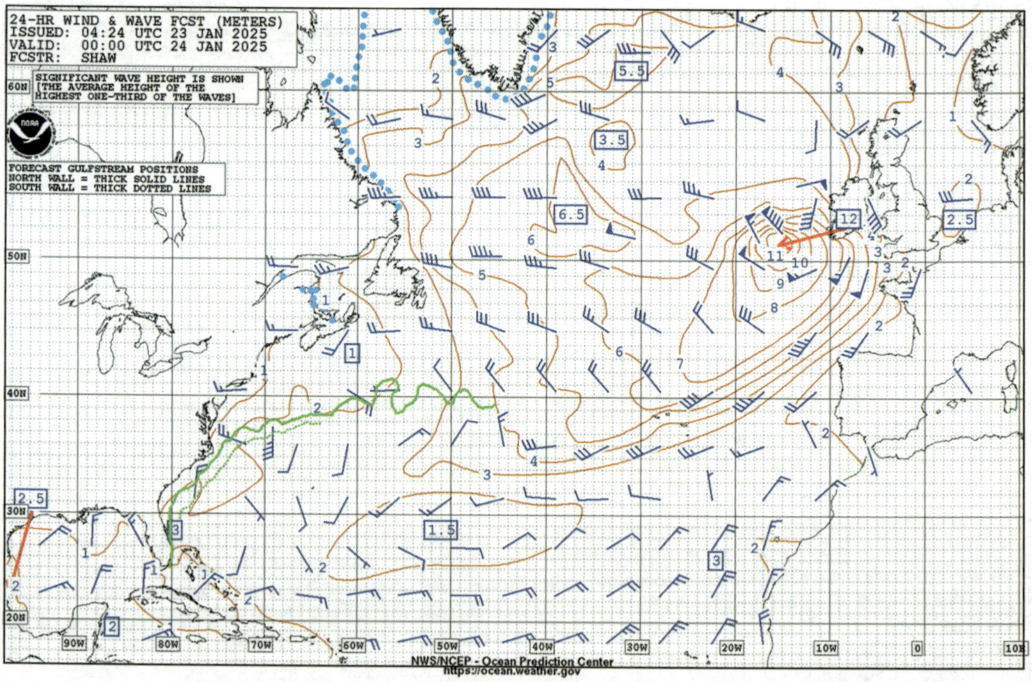

图 8-12　例图十二

分析思路：

(1)船舶当前需要密切关注中心气压值为 965 hPa 的锋面气旋，该系统未来 12 h 将强烈加深，并向东北方向快速移动，风力大于 12 级。

(2)如果船舶按当前计划航行，未来 24 h 内，气压将由当前的 1 014 hPa 左右增强到 995 hPa 左右，风向由西南风转为西北风，风速迅速增大，浪高由目前的 2~3 m 增大到 7~8 m。

四、应用实例四

利用图 8-13~图 8-16，完成以下问题：

2024 年 2 月 2 日 00 时(协调世界时)，某船在北太平洋中部海域以 15 kn 的速度按照气导公司指示的航线航行，当前船位 48°N，178°E，航向 225°(不考虑失速)。结合天气图分析：

(1)船舶当前主要受什么天气系统影响，所处海域的浪高和天气状况如何。

(2)如果船舶沿当前航线航行，未来的天气(风力、浪高、天气状况)如何。

(3)为了避离大浪区，气象导航公司和船舶应采取什么措施，并说明原因。

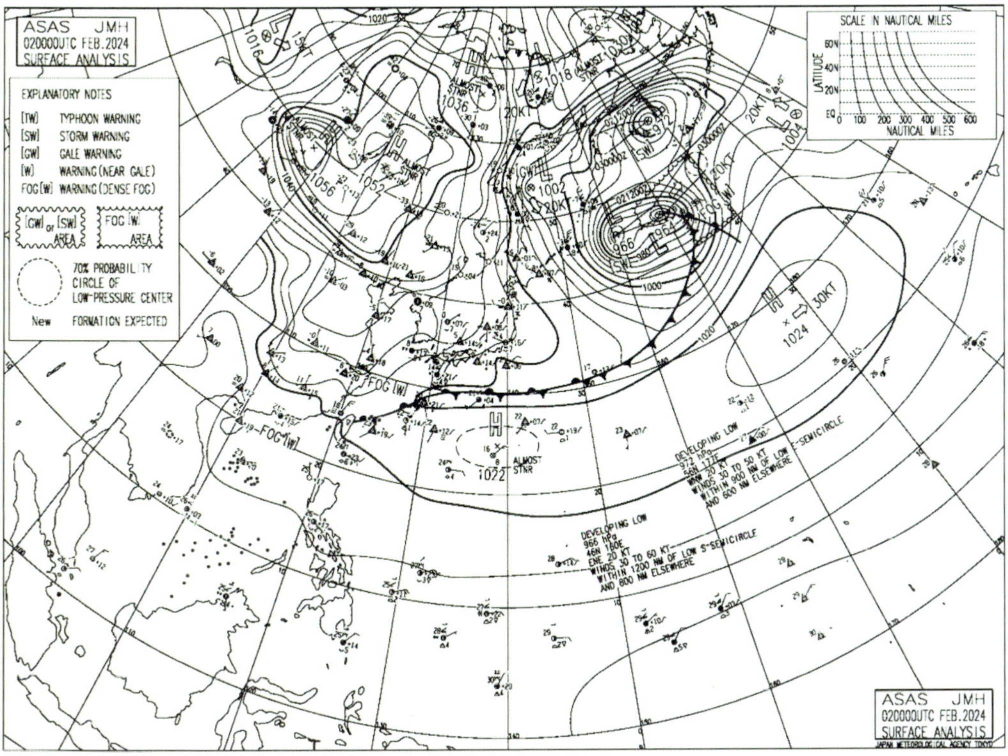

图 8-13　例图十三

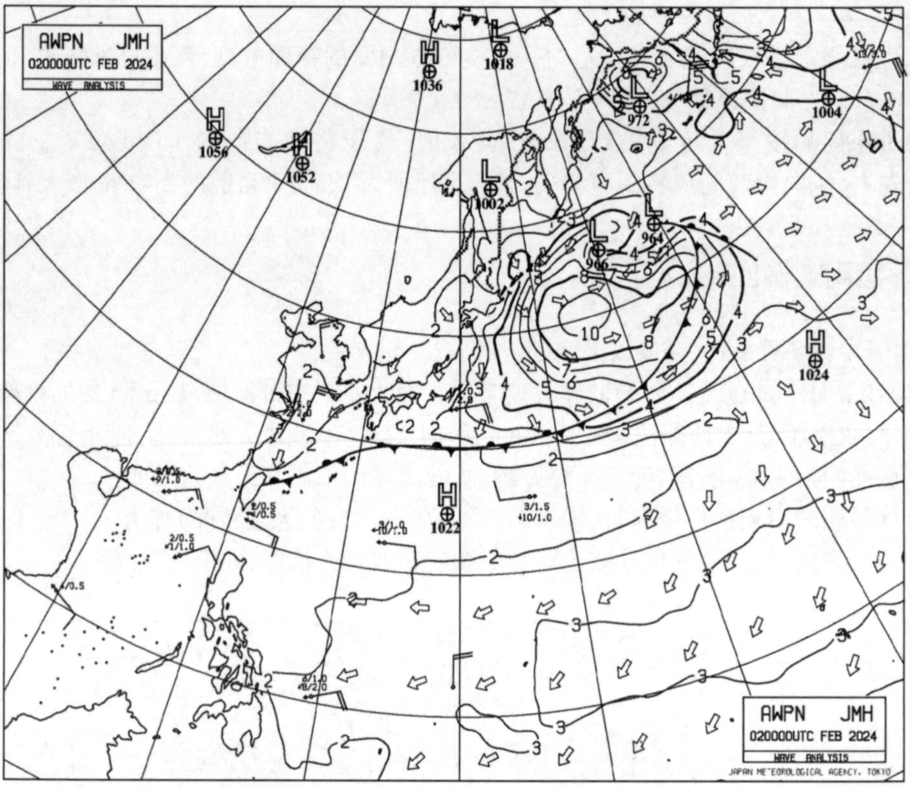

图 8-14　例图十四

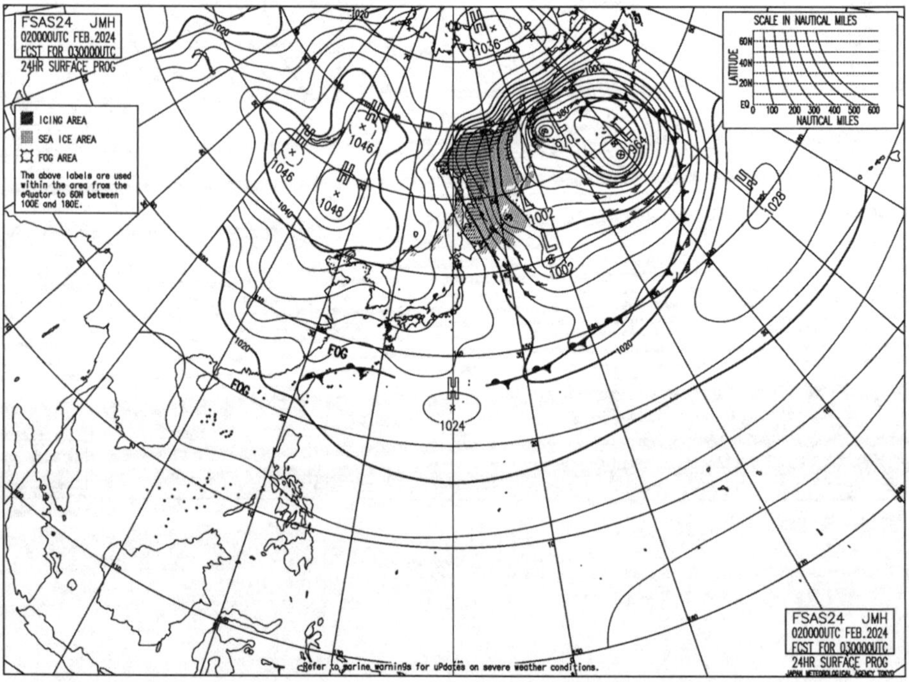

图 8-15　例图十五

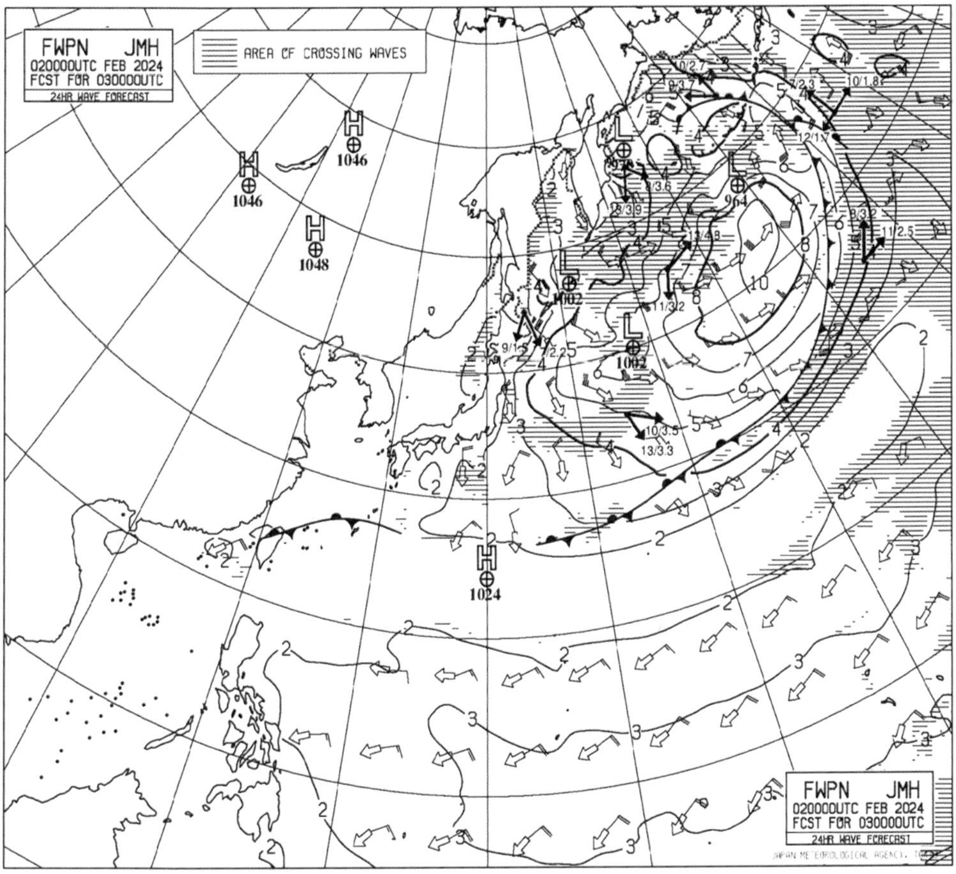

图 8-16　例图十六

分析思路：

(1)船舶当前和未来主要受西南方向的锋面气旋(分裂成 966 hPa、964 hPa 两个中心)的影响,该气旋未来 12~24 h 将向东和东北方向以 20 kn 左右的速度移动;同时,在船舶北部有一个中心气压为 972 hPa 的气旋,未来将向偏西方向移动。当前浪高 3~4 m,有浓雾。

(2)船舶如果沿当前航线航行,未来将穿越气旋的中心。风力逐渐增大,浪高逐渐增强至 8 m 以上,雾将消散。

(3)由于当前和未来在气旋的南侧有 8~10 m 的大浪,而气旋的北侧风浪相对较小,所以建议船舶暂时转向西北航向,这样还可以得到顺风的相对有利条件。当未来风浪转小后,再择机恢复航向。

附　录

附录 1　评估标准表

1.航次计划（500 总吨及以上船舶船长）评估标准表

适任要求	评估任务	评估实施	评估要素	评价标准
1.1 制订航次计划并引导航行	1. 获取计划航线的航海安全信息	1.评估方式： 利用电子海图或纸质海图进行实际操作。 2.任务(场景)描述： (1)海图室具有相关航线(包括跨洋航线、沿海航线、狭水道、船舶定线水域等航区环境)的中英版海图、相关航海图书资料(或:使用英版数字出版物 ADP 和 e-NPs 等电子图书资料)及作图工具；或使用电子海图系统或模拟设备(性能满足行业标准 JT / T 1379.4—2021《海船船员培训模拟器技术要求》第 4 部分电子海图显示与信息系统)。 (2)航次命令包括从某始发港至某目的港(经纬度)、开航时间、预定航速、货物种类和载货量等信息	◎1.1 熟悉航海图书资料配备要求	1.熟悉我国海事主管机关对海船应配备航海图书资料的要求； 2.熟悉国际海事组织及世界各主要航海国家对远洋船舶应配备航海图书资料的要求
			◎1.2 抽选航用海图及其他图书资料	1.掌握利用《航海图书总目录》抽选航用海图和相关航海图书资料的方法与流程,所选海图比例尺大小合适,抽图无中断； 2.对航次所需图书资料熟悉,能准确说明《航路设计图》《航路指南》《航行指南》《进港指南》《港口指南》《世界大洋航路》《无线电信号表》《灯标表和雾号表》《航标表》《潮汐表》等图书资料的作用及获取途径； 3.如使用数字出版物 ADP,也能熟练应用
			●1.3 审核航海图书资料的适用性、完整性	1.能审核图书资料的适用性；检查海图及有关资料的更新情况。 2.掌握海图与资料更新改正的方法

续表

<table>
<tr><th>适任要求</th><th>评估任务</th><th>评估实施</th><th>评估要素</th><th>评价标准</th></tr>
<tr><td rowspan="4">1.1 制订航次计划并引导航行</td><td rowspan="3">1. 获取计划航线的航海安全信息</td><td rowspan="4">(3)航线设计工作在电子海图或纸质海图上提前准备。
(4)现场提供本船相关船舶资料和航次计划书模板。
3.操作要求:
(1)逐项完成相关评估任务并编制航次计划报告书;
(2)沿海航区仅要求中国沿海航线及使用中版海图和图书资料;
(3)分组方式:以集中作业方式独立完成;
(4)完成时间:不超过120 min。
4.获取评估证据的方法:
(1)评估员逐项检查航次计划书的相关内容完成情况;
(2)抽查考生查询航海图书资料和航海安全信息的方法;
(3)视航次计划书完成情况,可与考生就航线审核、风险评估和制定安全措施等内容进行面试交流;
(4)评估时间:不超过30 min,考生完成所有任务后进行</td><td>◎1.4 获取及选用推荐航线</td><td>1.正确使用《航路设计图》。
2.熟练使用《世界大洋航路》《航路指南》及相关中版图书查阅有关推荐航线;或通过各种手段获取船舶习惯航路信息。
3.正确理解并使用船舶定线制</td></tr>
<tr><td>◎1.5 获取航路安全信息</td><td>根据航区特点,可采取适合当时航行条件的方法获取有关航海安全信息:
1.能综合利用《航路指南》《进港指南》《港口指南》查询有关水文气象、碍航物、航道、锚地、港口服务等信息;
2.熟练使用《灯标和雾号表》《航标表》《无线电信号表》《潮汐表》;
3.熟练使用《航海通告》(改正通告)</td></tr>
<tr><td>◎1.6 获取航行规定与港口业务信息</td><td>1.熟悉港章、安全航行规定的查询与使用;
2.熟悉《船舶定线制的一般规定》的主要内容;
3.熟悉 VTS 指南、船舶报告制度</td></tr>
<tr><td>2. 审核计划航线</td><td>◎2.1 审核航线设计工作的规范性</td><td>能从以下各项审核航线设计的规范性:
1.综合考虑本船技术条件及海区通航环境合理选择航路、确定转向点。
2.合理的安全富余水深和离岸距离、离危险物距离;满足安全航行要求。
3.要求海图中规范标注风险,标明避航区、特殊功能区以及有关安全注意事项。
4.根据航次计划标明机舱备车点、引航员登离船点、船舶报告点等。
5.海图航线标注清晰、规范,易于理解</td></tr>
</table>

续表

适任要求	评估任务	评估实施	评估要素	评价标准
1.1 制订航次计划并引导航行	2. 审核计划航线		◎2.2 审核计划航线的完整性	能从以下各项检查航线设计的完整性: 1.根据航区条件,合理选择航线类型(恒向线航线、大圆航线或组合航线);航线应是始发港泊位到目的港泊位连续的一条航线,中间不得缺省、中断; 2.使用海图比例合理,覆盖航线海区,海图接图点标注准确、连续; 3.预算航行时间,安排航次计划(候潮、过桥、运河等时间点)
			●2.3 审核计划航线的安全性、合理性	能从包括且不限于以下各项内容对航线进行审核: 1.航线水深满足富余水深要求; 2.航线不得穿过或者不合理地接近危险沉船、浅滩、陆地、平台、障碍物、礁石、禁航区、岛屿、渔栅等有碍船舶安全航行的水域; 3.航线符合定线制有关规定; 4.航线符合推荐航路的一般要求,无不合理绕航等
			◎2.4 运用ECDIS审核计划航线	能正确运用电子海图开展航线有效性检验
	3. 评估计划航线的航行风险		●3.1 复杂航区风险识别与评估	准确识别并评估航线所涉复杂航区的航行风险,包括但不限于: 1.准确识别与评估进/出港、狭水道航行风险; 2.准确识别与评估渔区航行、交通流密集水域航行风险; 3.准确识别与评估岛礁区航行风险
			◎3.2 恶劣天气下风险识别与评估	准确识别并评估航线所涉恶劣天气条件下的航行风险,包括但不限于:能见度不良、冰区、大风浪

续表

适任要求	评估任务	评估实施	评估要素	评价标准
1.1 制订航次计划并引导航行	3. 评估计划航线的航行风险		◎3.3 特定水域风险识别与评估	准确识别航线所涉及特定水域的航行风险,包括但不限于: 1.定线制水域; 2.桥区等架空构筑物水域; 3.航行受限水域; 4.其他特定水域(战区、海盗多发区等)
	4. 制定航行安全措施		◎4.1 制定各种航行条件下的航行安全措施	1.结合航线实际,根据前述评估的航行风险,制定了适合当时条件的航行安全措施,措施合理可行,具有可操作性; 2.充分注意到风流浪等外部因素的影响以及外部保障条件(如拖船等)的影响; 3.有关应急措施/反应(能见度不良、主机失灵、舵机失灵、雷雨大风等)合理
			●4.2 遵守分道通航制、VTS 区域等航行规定;熟悉船舶报告程序与方法	1.可准确查取所经海区和港口涉及的 VTS 细节和规定(航行方法及报告要求等); 2.可准确查阅并正确理解 TSS 有关规定,遵守航行规定; 3.掌握船舶报告的种类及程序:航次计划报告、船位报告、变更报告、最终报告等及其报告程序; 4.熟悉国内外有关船舶报告系统
	5. 完成航次计划书		◎5.1 完成航次计划书	能正确、规范地填写航次计划书

2.航次计划（未满500总吨船舶船长）评估标准表

<table>
<tr><th>适任要求</th><th>评估任务</th><th>评估实施</th><th>评估要素</th><th>评价标准</th></tr>
<tr><td rowspan="5">1.1 计划并引导沿海航行</td><td rowspan="3">1. 准备航次图书资料</td><td rowspan="5">1.评估方式：
利用电子海图信息显示系统或纸质海图进行实际操作。
2.任务(场景)描述：
(1)海图室具有航线相关的中版纸质海图(或电子海图)、相关航海图书资料及作图工具，还配有与航线相关的航行通(警)告；
(2)航次命令包括始发港和目的港(经纬度)、船舶吃水、计划开航时间和预定航速等信息，且提供本船相关船舶资料；
(3)航线设计在纸质海图资料或电子海图信息显示系统提前准备。
3.操作要求：
(1)根据航次任务抽选所需海图及其他航海图书资料，审核现有图书资料的适用性、完整性，并按照要求改正相关海图；
(2)查询航次所需的航海安全信息，审核航线完整性、安全性、合理性和经济性；
(3)制定各种条件下航行安全措施与应急预案；
(4)分组方式：独立操作；
(5)完成时间：不超过120 min。</td><td>◎1.1 熟悉航海图书资料配备要求</td><td>熟悉我国海事主管机关对海船应配备航海图书资料的要求，如《海船航海图书资料配备要求》等</td></tr>
<tr><td>◎1.2 抽选航用海图及其他图书资料</td><td>1.掌握利用《航海图书总目录》抽选航用海图和相关航海图书资料的方法与流程，所选海图比例尺大小合适，抽图无中断；
2.对航次所需图书资料熟悉，能准确说明《航路指南》《港口指南》《航标表》《潮汐表》等图书资料的作用及获取途径</td></tr>
<tr><td>●1.3 审核航海图书资料的适用性、完整性</td><td>1.能审核图书资料的适用性；检查海图及有关资料的更新情况。
2.掌握海图与资料更新改正的方法</td></tr>
<tr><td rowspan="2">2. 获取航海安全信息</td><td>◎2.1 获取及选用推荐航线</td><td>1.熟练使用《航路指南》等有关资料查阅有关推荐航线；或通过互联网或其他手段获取船舶习惯航路信息。
2.正确理解并使用船舶定线制</td></tr>
<tr><td>◎2.2 获取航路安全信息</td><td>根据航区特点，可采取适合当时航行条件的方法获取有关航海安全信息：
1.综合利用《航路指南》《港口指南》查询有关水文气象、碍航物、航道、锚地、港口服务等信息；
2.熟悉使用《航标表》《潮汐表》；
3.熟练使用《航海通告》(改正通告)；
4.熟悉《船舶定线制的一般规定》的主要内容；
5.查询使用 VTS 有关资料</td></tr>
</table>

续表

适任要求	评估任务	评估实施	评估要素	评价标准
1.1 计划并引导沿海航行	3. 审核计划航线	4.获取评估证据的方法获取方法： (1)评估员检查航线报告书的相关内容完成情况和海图改正的情况； (2)抽查考生查询航海图书资料和航海安全信息的方法； (3)视航次计划书完成情况，可与考生就航线审核和制定安全措施等内容进行面试交流； (4)评估时间：不超过30 min，考生完成后续所有任务后进行	◎3.1 熟悉航次计划的要求	1.掌握航线设计的方法，可综合考虑本船技术条件及海区通航环境合理选择航路、确定转向点。 2.确定合理的安全富余水深和离岸距离、离危险物距离；满足安全航行要求。 3.指出航线所涉的避航区、特殊功能区以及有关安全注意事项。 4.海图航线标注清晰、规范，易于理解
			◎3.2 审核计划航线的完整性	1.航线应是始发港泊位到目的港泊位连续的一条航线，中间不得缺省、中断； 2.航行时间、航程计算准确； 3.海图接图点标注准确、连续
			●3.3 审核计划航线的安全性、合理性	1.航线水深满足富余水深要求； 2.航线不得穿过或者不合理地接近危险沉船、浅滩、陆地、平台、障碍物、礁石、禁航区、岛屿、渔栅等有碍船舶安全航行的水域； 3.航线符合定线制有关规定； 4.航线符合推荐航路的一般要求，无不合理绕航等
	4. 制定航行安全措施		◎4.1 恶劣天气条件下的安全航行措施	结合航线实际，制定了适合当时条件(热带气旋、雷雨大风、能见度不良等)的航行安全措施，措施合理可行，具有可操作性
			●4.2 复杂航区的安全航行措施	制定了航线所涉及的复杂航区(交通密集区、渔区、岛礁区、狭窄航段等)的安全航行措施，措施合理可行，具有可操作性

附录2 评估记录表

1.航次计划（500总吨及以上船舶船长）评估记录表

考生姓名		准考证号		考生序号(组号)		
评估任务	题卡编号	评估要素	表现记录	评价结果		评估员签名
1.获取计划航线的航海安全信息		◎1.1 熟悉航海图书资料配备要求		☞合格	☞不合格	
		◎1.2 抽选航用海图及其他图书资料		☞合格	☞不合格	
		●1.3 审核航海图书资料的适用性、完整性		☞合格	☞不合格	
		◎1.4 获取及选用推荐航线		☞合格	☞不合格	
		◎1.5 获取航路安全信息		☞合格	☞不合格	
		◎1.6 获取航行规定与港口业务信息		☞合格	☞不合格	
2.审核计划航线		◎2.1 审核航线设计工作的规范性		☞合格	☞不合格	
		◎2.2 审核计划航线的完整性		☞合格	☞不合格	
		●2.3 审核计划航线的安全性、合理性		☞合格	☞不合格	
		◎2.4 运用ECDIS审核计划航线		☞合格	☞不合格	
3.评估计划航线的航行风险		●3.1 复杂航区风险识别与评估		☞合格	☞不合格	
		◎3.2 恶劣天气下风险识别与评估		☞合格	☞不合格	
		◎3.3 特定水域风险识别与评估		☞合格	☞不合格	

续表

评估任务	题卡编号	评估要素	表现记录	评价结果		评估员签名
4.制定航行安全措施		◎4.1 制定各种航行条件下的航行安全措施		☞合格	☞不合格	
		●4.2 遵守分道通航制、VTS 区域等航行规定;熟悉船舶报告程序与方法		☞合格	☞不合格	
5.完成航次计划书		◎5.1 完成航次计划书		☞合格	☞不合格	
			总评结果	☞合格	☞不合格	

每位考生共有 16 项评估要素,其中关键要素(以●符号标注)4 项,一般要素(以◎符号表示)12 项。关键要素全部合格,且所有要素合格率达 80%及以上(不少于 13 项)的,则本项目合格,否则不合格。

2.航次计划（未满500总吨船舶船长）评估记录表

考生姓名		准考证号		考生序号(组号)		
评估任务	题卡编号	评估要素	表现记录	评价结果		评估员签名
1.准备航次图书资料		◎1.1 熟悉航海图书资料配备要求		☞合格	☞不合格	
		◎1.2 抽选航用海图及其他图书资料		☞合格	☞不合格	
		●1.3 审核航海图书资料的适用性、完整性		☞合格	☞不合格	
2.获取航海安全信息		◎2.1 获取及选用推荐航线		☞合格	☞不合格	
		◎2.2 获取航路安全信息		☞合格	☞不合格	
3.审核计划航线		◎3.1 熟悉航次计划的要求		☞合格	☞不合格	
		◎3.2 审核计划航线的完整性		☞合格	☞不合格	
		●3.3 审核计划航线的安全性、合理性		☞合格	☞不合格	
4.制定航行安全措施		◎4.1 恶劣天气条件下的安全航行措施		☞合格	☞不合格	
		●4.2 复杂航区的安全航行措施		☞合格	☞不合格	
		●4.3 定线制水域航行安全措施		☞合格	☞不合格	
			总评结果	☞合格	☞不合格	

每位考生共有11项评估要素，其中关键要素（以●符号标注）4项，一般要素（以◎符号表示）7项。关键要素全部合格，且所有要素合格率达60%及以上（不少于7项）的，则本项目合格，否则不合格。

附录 3 气象传真图分析评估标准表

1.气象传真图分析（无限航区 500 总吨及以上船舶船长）评估标准表

适任要求	评估任务	评估实施	评估要素及评价标准
1.7 利用气象传真收到的信息，理解和解释天气图并预报地区天气的能力	1.掌握气象传真图的识别，其中传真图包括地面分析、地面预报、海浪分析、海浪预报、台（飓）风警报图、海流图、海冰图等	1.评估方式： 使用计算机终端评估。 2.任务（场景）描述： 根据给定的气象传真图进行作答。 3.操作要求： （1）填空题：在空格中填入正确答案； （2）选择题：选择正确选项。 4.获取评估证据的方法： 由计算机自动评判	1.评估要素（至少包括以下要素）： （1）图类、图区和图时； （2）传真台呼号及预报时效； （3）图中气象符号的含义； （4）图中英文缩写的含义； （5）英文简报内容。 2.评价标准： 填写或选择正确得分，每题 1 分
	2.气象传真图综合分析运用，包括天气系统分析、海区天气、海况分析	1.评估方式： 使用计算机终端评估。 2.任务（场景）描述： 根据给定的气象传真图进行作答。 3.操作要求： （1）选择题：选择正确选项； （2）主观题：考生在计算机上作答。 4.获取评估证据的方法： 选择题由计算机自动评判；主观题由评估员根据考生的答题情况进行人工评判	1.评估要素： （1）天气系统的发展及变化： .1 天气系统的中心位置； .2 天气系统的强度变化； .3 天气系统的移向、移速； .4 大风、浪范围及其变化。 （2）给定船位的天气系统、天气特征： .1 船舶受何天气系统控制； .2 船舶处在该天气系统的何部位； .3 主要天气特征如何（包括风、浪、气压、天气现象和能见度等）。 2.评价标准： 选择题每题 1 分，答题正确得分； 主观题根据天气图和参考答案人工评阅
	3.航线天气海况分析和预报 4.应用气象导航信息设计和修正航线	1.评估方式： 使用计算机终端评估。 2.任务（场景）描述： 根据给定的气象传真图进行作答。 3.操作要求： 主观题：考生在计算机上作答。 4.获取评估证据的方法： 由评估员根据考生的答题情况进行人工评判	1.评估要素： 结合气象导航信息和天气海况图分析当前和预报未来航线上的天气和海况： （1）航线当前天气分析和前方未来 24 h 或 48 h 天气预报（风向、风速、气压、天气现象和能见度等）； （2）航线当前海况分析和前方未来 24 h 或 48 h 海况预报（浪向、浪高）。 2.评价标准 主观题根据天气图和参考答案人工评阅

2.气象传真图分析（沿海航区500总吨及以上船舶船长）评估标准表

适任要求	评估任务	评估实施	评估要素及评价标准
1.7 利用气象传真收到的信息，理解和解释天气图并预报地区天气的能力	1.掌握气象传真图的识别，其中传真图包括地面分析、地面预报、海浪分析、海浪预报、台风(飓)警报图、海流图、海冰图等	1.评估方式： 使用计算机终端评估。 2.任务(场景)描述： 根据给定的气象传真图进行作答。 3.操作要求： (1)填空题：在空格中填入正确答案； (2)选择题：选择正确选项。 4.获取评估证据的方法： 由计算机自动评判	1.评估要素(至少包括以下要素)： (1)图类、图区和图时； (2)传真台呼号及预报时效； (3)图中气象符号的含义； (4)图中英文缩写的含义； (5)英文简报内容。 2.评价标准： 填写或选择正确得分，每题1分
	2.气象传真图综合分析运用。包括天气系统分析、海区天气、海况分析。 3.航线天气海况分析和预报	1.评估方式： 使用计算机终端评估。 2.任务(场景)描述： 根据给定的气象传真图进行作答。 3.操作要求： (1)选择题：选择正确选项； (2)主观题：考生在计算机上作答。 4.获取评估证据的方法： 选择题由计算机自动评判；主观题由评估员根据考生的答题情况进行人工评判	1.评估要素： (1)天气系统的发展及变化： ①天气系统的中心位置； ②天气系统的强度变化； ③天气系统的移向、移速； ④大风、浪范围及其变化。 (2)给定船位的天气系统、天气特征： ①船舶受何天气系统控制； ②船舶处在该天气系统的何部位； ③主要天气特征如何(包括风、浪、气压、天气现象和能见度等)。 (3)分析当前和预报未来航线上的天气和海况： ①航线当前天气分析和前方未来24 h或48 h天气预报(风向、风速、气压、天气现象和能见度等)； ②航线当前海况分析和前方未来24 h或48 h海况预报(浪向、浪高)。 2.评价标准： 选择题每题1分，答题正确得分。 主观题根据天气图和参考答案人工评阅

附录 4　气象传真图分析双向细目表

1.气象传真图分析（无限航区 500 总吨及以上船舶船长）双向细目表

<table>
<tr><th>评估任务</th><th>评估题型</th><th>评估内容</th><th>题量</th><th colspan="2">分值</th></tr>
<tr><td rowspan="10">1.气象传真图的识别</td><td rowspan="5">填空题</td><td>地面天气图</td><td>3</td><td>3</td><td rowspan="5">10</td></tr>
<tr><td>热带气旋(预)警报图</td><td>3</td><td>3</td></tr>
<tr><td>波浪图</td><td>2</td><td>2</td></tr>
<tr><td>海冰图</td><td>1</td><td>1</td></tr>
<tr><td>海流图</td><td>1</td><td>1</td></tr>
<tr><td rowspan="5">单选题</td><td>地面天气图</td><td>17</td><td>17</td><td rowspan="5">30</td></tr>
<tr><td>热带气旋(预)警报图</td><td>6</td><td>6</td></tr>
<tr><td>波浪图</td><td>5</td><td>5</td></tr>
<tr><td>海冰图</td><td>1</td><td>1</td></tr>
<tr><td>海流图</td><td>1</td><td>1</td></tr>
<tr><td rowspan="4">2.气象传真图综合分析运用</td><td rowspan="2">单选题</td><td>天气系统分析</td><td>5</td><td>5</td><td rowspan="2">10</td></tr>
<tr><td>海区天气、海况分析</td><td>5</td><td>5</td></tr>
<tr><td rowspan="2">主观题</td><td>天气系统分析</td><td>1</td><td>10</td><td rowspan="2">30</td></tr>
<tr><td>海区天气、海况分析</td><td>2</td><td>20</td></tr>
<tr><td>3.航线天气海况分析和预报
4.应用气象导航信息设计和修正航线</td><td>主观题</td><td>结合气象导航信息和天气海况图分析当前和预报未来航线上的天气和海况</td><td>1</td><td>20</td><td>20</td></tr>
</table>

2.气象传真图分析（沿海航区500总吨及以上船舶船长）双向细目表

评估任务	评估题型	评估内容	题量	分值	
1.气象传真图的识别	填空题	地面天气图	3	3	10
		热带气旋(预)警报图	3	3	
		波浪图	2	2	
		海冰图	1	1	
		海流图	1	1	
	单选题	地面天气图	17	17	30
		热带气旋(预)警报图	6	6	
		波浪图	5	5	
		海冰图	1	1	
		海流图	1	1	
2.气象传真图综合分析运用	单选题	天气系统分析	5	5	10
		海区天气、海况分析	5	5	
	主观题	天气系统分析	1	10	30
		海区天气、海况分析	2	20	
3.航线天气海况分析和预报	主观题	航线天气、海况预报	1	20	20

参考文献

[1] 中华人民共和国海事局.交通运输部海事局关于发布《中华人民共和国海船船员适任评估规范(2024 版)》的通知[EB/OL]. [2024-12-24].https://www.msa.gov.cn/html/xxgk/tzgg/cygl/20241224/A7C47D46-9F38-492E-823B-16BE8CC0313B.html.

[2] 中华人民共和国海事局.海船船员考试大纲(2022 版)[M].大连:大连海事大学出版社,2022.

[3] 王越,贺国峰,陈金福.航海学:天文、地文、仪器篇(船长/大副)[M].大连:大连海事大学出版社,2021.

[4] 郭禹,张吉平,戴冉.航海学[M].大连:大连海事大学出版社,2014.

[5] 吴卫兵.极地航海[M].大连:大连海事大学出版社,2021.

[6] 张永宁,王辉.航海气象学与海洋学[M].2 版.大连:大连海事大学出版社,2022.

[7] 张永宁.航海气象学与海洋学[M].大连:大连海事大学出版社,2014.

[8] 高等学校交通运输类专业教学指导委员会航海技术教学指导分委员会.航海学:航海气象与海洋学篇(船长/大副)[M].大连:大连海事大学出版社,2018.

[9] 张永宁,白春江,王艳玲,等.航海学:航海气象与海洋学(二/三副)[M].大连:大连海事大学出版社,2020.

[10] 张进峰,文元桥.航海气象与海洋学[M].2 版.武汉:武汉理工大学出版社,2019.

[11] 日本气象厅.天气符号和填写格式国际标准[EB/OL]. [2025-03-22]. https://www.jma.go.jp/jma/kishou/know/kurashi/symbols.html.

[12] 日本气象厅.气压配置及台风术语[EB/OL]. [2025-03-22].https://www.jma.go.jp/jma/kishou/know/yougo_hp/haichi2.html.

[13] 美国国家海洋和大气管理局. Terminology and Weather Symbols[EB/OL]. [2025-03-27].https://ocean.weather.gov/product_description/keyterm.php.

[14] 美国国家海洋和大气管理局. OPC's Radiofacsimile Charts User's Guide[EB/OL]. [2025-03-27].https://ocean.weather.gov/UsersGuide/UGprint.php.

[15] 交通运输部南海航海保障中心.气象传真[EB/OL].[2025-04-01]. https://www.nhhb.org.cn/menuAction? pid=11&selectId=194#.